よくわかるお経読本

瓜生 中

角川文庫
18782

目次

第二章　仏典の基礎知識

第三章　日本でよく読まれるお経

第四章　宗派の特徴と拠り所とするお経

はじめに

紀元前五世紀、釈迦《しゃか》はインドのブッダガヤというところの菩提樹《ぼだいじゅ》の下で悟りを開き、ブッダとなった。三十五歳のときだった。それから八十歳で亡くなるまでの四十五年間インド各地を巡って教えを説いた。その教えの内容をまとめた初期のお経には釈迦の肉声に近いものが含まれていると考えられている。

そして、紀元前後に大乗《だいじょう》仏教が興ると、釈迦の教えをもとにさまざまなお経が作られるようになった。一人でも多くの人が救われることを目指した大乗《だいじょう》仏教では、釈迦《しゃか》如来《にょらい》のほかに阿弥陀《あみだ》如来《にょらい》や薬師《やくし》如来《にょらい》、毘盧遮那《びるしゃな》如来《にょらい》、大日《だいにち》如来《にょらい》などといった多くのブッダが出現した。

大乗仏典はそれらのブッダのプロフィールや救済の方法を具体的に示している。そして、それぞれのブッダに救われたいと思った人々がグループを作り、それがやがて宗派になっていった。

たとえば、阿弥陀如来《あみだにょらい》に救われて極楽往生《ごくらくおうじょう》を果たしたいと考えた人々のグループは早くにインドで浄土信仰を形成し、中国を経て日本に伝えられて、浄土宗や浄土真宗に発展した。

これらの宗派では、阿弥陀如来《あみだにょらい》の来歴や救済の方法を説いた「浄土三部経《じょうどさんぶきょう》」が所依の経典になっている。また、天台宗《てんだいしゅう》や日蓮宗《にちれんしゅう》は『法華経《ほけきょう》』を拠り所としている。このように同じ仏教でも、大乗仏教の場合は拠り所とする経典によって異なる宗派を形成するようになったのである。

小著では各宗派で葬儀や法要、あるいは、日常的に読まれる経典を紹介し、これに現代語訳と注釈を付した。お寺に行って僧侶の読経を聞いても、あるいは、経本を読んでもさっぱり分からないという声をしばしば耳にする。小著はそんな声に応えるべく企画されたものである。

紙幅の関係もあり、経典のすべてを収録することはできなかった。他にも各宗派で読経されている経典は数多い。また、密教の真言《しんごん》（陀羅尼《だらに》）の経典については、正確な翻訳が不可能なことから、真言宗などでよく読まれていても収録していないものもある。

しかし、各宗派の代表的なものは納めてある。小著がお経にはどんなことが書かれているのか、さらには、日本の仏教とはどんなものなのかを御理解いただくための一助となれば幸いである。

平成二十六年秋

瓜生　中

第一章　仏教の基礎知識

◆釈迦《しやか》の生涯

仏教の開祖として知られる釈迦《しやか》は、今から約二千五百年前、現在のネパール領のカピラヴァストゥという王国の王子として生まれた。父は浄飯王《じようぼんのう》、母は隣国の皇女で摩《ま》耶夫人《やぶにん》といった。

幼名はシッダールタ、悟りを開いた後には尊称して釈迦牟尼世尊《しやかむにせそん》と呼ばれるようになる。略して世尊《せそん》、または、最初と最後の一字ずつをとって釈尊《しやくそん》などとも言われ、ふつうは「釈迦」あるいは親しみを込めて「お釈迦さま」と呼ばれている。

釈迦の名は、彼が属していたシャカ族という部族名に由来し、牟尼は聖者、世尊は文字通り尊敬に値する人を表す。つまり、釈迦牟尼世尊《しやかむにせそん》とは釈迦族出身の聖者で尊敬に値する人という意味である。

生後、七日目に実母の摩耶夫人《まやぶにん》を亡くしたが、乳母に育てられ王子として何不自由のない幼少時代を過していたという。

しかし、幼いころから聡明で思慮深かった釈迦は、成長するに従い次第に人生の問題に悩むようになる。そして二十九歳のとき、人生の一大事を解決する道を求め、地位・財産・家族などすべてを捨てて出家し、一枚の粗末な衣服をまとって修行の旅に上った。

それから六年間、死に至るほどの苦行をしたが、ついに求める道には至ることができなかった。苦行では道を極められないとさとった釈迦は、あっさりと苦行を捨ててナイランジャーという川のほとりの一本の菩提樹《ぼだいじゅ》の下で座禅を組んだ（深い瞑想に入った）。そして数日後の暁近く、ついに偉大な悟りを開きブッダとなったといわれる。釈迦、三十五歳のときだった。

釈迦はその悟りの内容を、苦行をともにしていた五人の修行者に説いた。この最初の説法を「初転法輪《しょてんぽうりん》」といい、ここに釈迦の教えが他者に伝えられ、仏教伝播の基ができたのである。これ以降、釈迦はインド各地を巡って仏教の教えを広め、八十歳のとき、クシナガラという町の沙羅双樹《さらそうじゅ》の下で弟子たちに遺訓《いくん》を残しこの世を去った。多くの弟子や在家の信者たちが集まってその最期を惜しみ、遺骸は在家の信者の手で丁重に荼毘《だび》にふされた。遺骨は八つの部族に公平に分配され、塔をたててまつられたという。

このような釈迦の伝記は二千年以上にわたって語り継がれ、かってはその存在を歴史的に考証しようとする人はいなかった。偉大な仏教の開祖が実在していたか否か、疑うなどとんでもないことと考えられていたのだ。そして時代とともに、伝記にさまざまな伝説が付け加えられていく。

たとえば、釈迦は摩耶夫人《まやぶにん》の右脇腹から生まれ、生まれてすぐに七歩あるいて「天上天下唯我独尊《てんじょうてんげゆいがどくそん》」といった。また、生まれたときや悟りを開いたとき、あるいは亡くなったとき、ときならずしてあらゆる花が満開になった、などである。そして仏教徒の多くは、これらの伝説をほとんど盲目的に信じていた。釈迦の実像がしだいに明らかになっていくのは、近代以降のことである。

インドに進出したヨーロッパ人たちの中に、インドの文化や歴史、仏教に興味を持つ人々があらわれた。彼らは仏教の科学的・学問的研究を行ない、仏典を他の古文書と同じように研究し、さまざまな考古学的資料を発掘して史実を一つずつ確かめていった。

一八九八年には、イギリス人のウィリアム・C・ペッペが釈迦の遺骨をまつった仏塔《ぶっとう》を発掘し、その中から壷に入った遺骨を発見する。壷には釈迦族の聖者をまつったという銘文が刻まれており、その後、文献などの記述と照合した結果、これが釈迦のほんものの遺骨であることが判明した。これにより、釈迦が歴史的人物であることが証明されたのである。

ちなみに、このとき発見された仏舎利《ぶっしゃり》（釈迦の遺骨）はタイ国王が譲り受け、その一部が日本に贈られて名古屋の覚王山日泰寺《かくおうざんにったいじ》に納められている。

◆中道《ちゅうどう》とは何か

対立する二つの極端（二辺）を離れた、偏りのない正しい道。単に物事の中間という意味ではなく、執着を捨て去ったところに自ずから顕れてくる考え方、生き方と考えられている。

中道は仏教の基本的な考え方、生き方を最も端的に示したもので、思想の中核をなす理念として重要視されている。仏教の思想は、釈迦在世当時の仏教（原始仏教）から小乗《しょうじょう》仏教（部派《ぶは》仏教）、そして大乗《だいじょう》仏教と大きく変容を遂げたが、その中で一貫した理念が中道《ちゅうどう》といえる。

【八不中道《はっぷちゅうどう》】

後世の仏教徒は中道《ちゅうどう》をさまざまな角度から研究し、中道《ちゅうどう》に基づいて哲学を作り上げてきた。その中の代表的なものが「八不中道《はっぷちゅうどう》」といわれる、三世紀ごろにインドの龍樹《りゅうじゅ》（ナーガールジュナ）という人物が打ち立てた説である。

「およそ縁起《えんぎ》であるもの、それを、われわれは中道《ちゅうどう》と呼ぶ。それは因って施設《せせつ》することであり、すなわち中道《ちゅうどう》である」（『中論頌《ちゅうろんじゅ》』）。すべての存在現象は「これあるときかれあり。これ生ずるよりかれ生ず」というように相対的な関係にある。たとえば、「上」というのは「下」があってはじめて成立する概念である。

そして、それらのものはすべてそれ自身で単独では成立せず、他があってはじめて成立する。このことを「無自性《むじしょう》」と呼ぶ。無自性《むじしょう》とは特定の（固定的な）性質を持たないということだ。そして、無自性《むじしょう》であることを「空」という。一切は縁起である故に無自性《むじしょう》であり、空《くう》である。これが世界の真実の姿であると知ることがすなわち悟りの智慧である。

そして、すべての事物が無自性《むじしょう》・空《くう》であると認識したところに世界の真実の姿が自ずから顕れる。つまり、生滅《しょうめつ》・断常《だんじょう》・一異《いちい》、去来《きょらい》の四つの概念をすべて否定する。ただし、この場合、「不」という不定辞を冠しても、一般にいう不定の意味ではない。

個々の事物に特定の性質がないということを認識するという意味である。不滅《ふめつ》・不生《ふしょう》・不断《ふだん》・不常《ふじょう》・不一義《ふいちぎ》・不異義《ふいぎ》・不来《ふらい》・不去《ふきょ》の「八不」によって一切の存在現象にまつわる概念が否定される。

この「八不中道《はっぷちゅうどう》」の思想は後世の大乗仏教に多大な影響を及ぼし、『般若心経《はんにゃしんぎょう》』などで徹底した否定が行なわれるのも、この思想に基づいている。

◆四諦《したい》・八正道《はっしょうどう》

中道《ちゅうどう》の立場から、世の中の本質的な在り方と、その世の中で身を処する実践を説いたものが「四諦《したい》」「八正道《はっしょうどう》」である。

【四諦《したい》】

釈迦が最初の説法（初転法輪《しょてんぽうりん》）で説いたと伝えられる仏教の根本教説。四聖諦《ししょうたい》ともいわれ、苦《く》（諦《たい》）・集《じゅう》（諦《たい》）・滅《めつ》（諦《たい》）・道《どう》（諦《たい》）の四つを表す。諦《たい》は真理のことで、世界の真実の姿とそれを克服する方法を説いたもの。

（1）苦諦《くたい》――この世は苦であるという真理。

（2）集諦《じゅうたい》――苦の原因は世の無常《むじょう》と人間の執着にあるという真理。
（3）滅諦《めったい》――無常《むじょう》の世を超え、執着をたつことが苦を滅する悟りの世界であるという心理。
（4）道諦《とうたい》――苦を滅するためには八正道《はっしょうどう》の正しい道によるべきであるという真理。

【八正道《はっしょうどう》】

正見《しょうけん》・正思《しょうし》・正語《しょうご》・正業《しょうごう》・正命《しょうみょう》・正精進《しょうしょうじん》・正念《しょうねん》・正定《しょうじょう》の八つで、初期の仏教（原始仏教）で重視された四諦《したい》の観念に基づく実践徳目。

（1）正見《しょうけん》――四諦《したい》の道理を正しく見極めること。つまり、世の中の現実をありのままに受け止めること。
（2）正思《しょうし》――正しく四諦《したい》の道理を思惟（考える）すること。つまり、正しく理解すること。
（3）正語《しょうご》――真実味のある言葉を語ること。すなわち、美辞麗句、虚言を用いないこと。
（4）正業《しょうごう》――正しい職業につき、清浄な生活をすること。
（5）正命《しょうみょう》――身口《しんく》意《い》の三業《さんごう》（身体的な行いと言葉と心の働き）を清浄に保ち、正法《しょうぼう》（仏教の正しい教え）に従って生活すること。

（6）正精進《しょうしょうじん》――涅槃《ねはん》（悟り）に至る努力を継続すること。

（7）正念《しょうねん》――邪念を離れ、正しい道を憶念すること。つまり、常に心を正しい方向に向かわせること。

（8）正定《しょうじょう》――精神を集中し、安定して、迷いのない清浄な境地に入ること。

◆諸行無常《しょぎょうむじょう》

鴨長明《かものちょうめい》の『方丈記《ほうじょうき》』の冒頭に「行く河の流れは絶えずして、しかも、もとの水にあらず（後略）」という有名な一文がある。「諸行《しょぎょう》」とはこの世の中で起こる一切の現象のことである。その一切の現象は生々流転《せいせいるてん》して、河の流れのように一瞬たりとも止まることがない。つまり、「無常《むじょう》」であるということだ。

にも拘らず、人は身分や財産、家族や縁者などに執着し、それが絶え間なく苦しみを生んでいる。このことを痛感した釈迦は、二十九歳のときに王子の地位や財産、家族など一切のものを捨てて無一物になって修行の旅に上った。そして、三十五歳のときに偉大な悟りを開いたのである。

　この諸行無常《しょぎょうむじょう》は仏教の根幹をなす思想で、「諸法無我《しょほうむが》」「涅槃寂浄《ねはんじゃくじょう》」とともに「三宝《さんぼう》印《いん》」と呼ばれて重要視されている。つまり、世の中のすべての存在現象には固定的な実体がない（諸法無我《しょほうむが》）。すべては、生々流転《せいせいるてん》して一瞬たりともひと所に止まっていない（諸行無常《しょぎょうむじょう》）。この二つの真理を知って修行することによって、悟り（涅槃寂浄《ねはんじゃくじょう》）の世界に到達することができる、と説くのである。

　また、この言葉は『涅槃経《ねはんぎょう》』という経典で「諸行無常《しょぎょうむじょう》、是生滅法《ぜしょうめっぽう》、生滅滅已《しょうめつめつい》、寂滅《じゃくめつ》為楽《いらく》」という四句の偈文《げもん》（詩文）にまとめられている。この偈文《げもん》を「雪山偈《せっせんげ》」という。

　雪山童子《どうじ》という求道心《ぐどうしん》に溢れた童子（十歳ぐらいの子ども）が雪山（ヒマラヤのこと）の山中で修行しているときに、「諸行無常《しょぎょうむじょう》、是生滅法《ぜしょうめっぽう》」という言葉が聞こえてきた。これを聞いた童子は悟りの切っ掛けを示す重要な言葉だと悟り、その後半を是が非でも聞きたいと思って、声が聞こえてきた方に近づいて行った。

　すると、そこには世にも恐ろしい羅刹《らせつ》（鬼）がおり、童子が問うとその言葉を述べたのは自分であることを告げる。求道心に燃える童子は、恐ろしさも忘れて羅刹《らせつ》に是非とも後半の言葉を聞かせてくれるように懇願する。

　すると、羅刹《らせつ》は聞かせてやらないでもないが、自分はいまとても腹がへっている。だから、後半の言葉を語った暁には、お前を食べさせてくれという。童子は二つ返事で了承して、後半の言葉を聞き、落ち着き払った態度で羅刹《らせつ》に身体を投げ出す。その瞬間、羅刹《らせつ》は慈悲深い神の姿になって童子の求道心を讃える。実は神が羅刹《らせつ》に化けて童子の求道心がいかほどのものかを試したのである。

「諸行無常偈《しょぎょうむじょうげ》」の意味は、諸行無常をさとれば、世の中の存在現象はことごとく生滅を繰り返すということが分かり、これを悟ることによって永遠に寂浄の世界に安住することができるというものだ。

◆無我《むが》とは何か

人間は自分自身のうちに、中核となって自らを支配している永遠の実体である自我（我）を想定して、自分自身にとらわれている。「私の性格ではそういうことはできない」などと勝手に思いこんでいるのである。われわれの身体を含むあらゆるもの（五蘊《ごうん》。59ページ▼2参照）が、実体のない仮の存在であってみれば、自我もまた実体のないものであることは明白である。このことを仏教では無我といい、すべてのものは永遠の実体がなく生々流転するものであるから、無常なのである。

このように、われわれ人間の存在を含むすべてのものに永遠の実体がないことを

『般若心経《はんにゃしんぎょう》』では「五蘊皆空《ごうんかいくう》」といっている。

【五取蘊《ごしゅうん》から生まれる苦】

われわれは五蘊《ごうん》にとらわれて生きているが、その五蘊《ごうん》はどれ一つ現実のものではない。たとえば美しく咲いている花は、間もなく枯れて跡形もなくなってしまうのが現実である。そして、われわれは期待と現実の相違に気付いたとき、苦悩し不安に陥るのである。

しかし、すべてのものを五蘊《ごうん》に分析してよく観察してみれば、どこにも永遠の実体がないことに気付く。五蘊《ごうん》説はすべての存在を分析し、われわれを誤った自我の意識から解放するために説かれたものである。

あらゆる存在は生々流転するものであり、無常である。しかし、われわれには常住（永遠不滅であること）を求めて止まない欲望がある。その欲望と無常《むじょう》という現実が矛盾するところに苦しみが生じる。だから無常《むじょう》ということを正しく認識することができれば、苦しみから解放されるのである。

『般若心経《はんにゃしんぎょう》』が「五蘊皆空《ごうんかいくう》」といっているのは、自我に執着して止まないわれわれ人間に、その執着が誤りであることを厳しく戒めているのだ。そして「五蘊皆空《ごうんかいくう》」であることを正しく認識すると、「一切の苦厄《くやく》、すなわち苦しみから解放される（度《ど》一切《いっさい》苦厄《くやく》）」のである。

【色即是空《しきそくぜくう》】

『般若心経《はんにゃしんぎょう》』では、五蘊《ごうん》の一つひとつについて検討し、それが空《くう》（実体がない）であることを繰り返し述べている。しかし、すべてが空《くう》だと言っていたのでは現実の生活が成り立たない。そこで、「空不異色《くうふいしき》」「空即是色《くうそくぜしき》」と逆説的に切り返し、世俗的な意味では現実を肯定するのである。「受想行識《じゅそうぎょうしき》。亦復如是《やくぶにょぜ》。」は五蘊《ごうん》のうちの受想行識《じゅそうぎょうしき》も色と同じくその真理としては空《くう》であるということである。

◆唯識《ゆいしき》の思想

『般若心経《はんにゃしんぎょう》』で説く「空《くう》」の思想とともに大乗仏教の根幹をなす思想で、世の中のあらゆる存在現象はわれわれの心の本体である「識《しき》」の働きによって仮に創り出されたものであるという説である。

われわれは身の回りにある存在や現象が実在していると思っている。しかし、それは実際に存在しているのではなく、認識の対象に似た姿を心に浮かべて、それが実在していると思っているのだ。唯識《ゆいしき》思想は深層心理を追求した心理学で、近代ヨーロッパでフロイトやユングが登場するはるか以前に、人間の真理を徹底的に分析したのである。

仏教では輪廻転生《りんねてんしょう》を基本に据えたが、諸行無常《しょぎょうむじょう》、諸法無我《しょほうむが》を説いた。つまり、あらゆる存在現象は生々流転《せいせいるてん》して、人間存在の中核にも固定的な実体がないと説いたのである。それでは、未来にわたって輪廻転生《りんねてんしょう》する主体は何かということが問題になった。唯識《ゆいしき》思想はこの問題を解決するためにも有効な理論だった。

日常的な浅い段階からしだいに深まって行った、いわゆる深層心理に至るまで、唯《ゆい》識《しき》では人の心を八段階に分けて考察した。そして、心のいちばん深いところには阿頼《あら》耶識《やしき》という深層心理があるとした。この阿頼耶識《あらやしき》は瞬間、瞬間に点滅しているのだが、その点滅が連続して、われわれの目の前にさまざまな存在や現象を映し出しているというのである。

たとえば、映画のフィルムの一コマ一コマが回転して、映写機を通してスクリーンに映像を映し出しているようなものだ。われわれはその映像を認識し、喜怒哀楽の感情を抱いたりするのだが、それは単なる映像に過ぎず、実在しないのである。

唯識《ゆいしき》思想は玄奘三蔵《げんじょうさんぞう》が七世紀にインドに行って学び、中国に伝えた。これを玄奘《げんじょう》の弟子の慈恩大師窺基《じおんだいしきき》が組織化して法相宗《ほっそうしゅう》（260ページを参照）を開いた。日本には白雉《はくち》四年（六五三）に道昭《どうしょう》が入唐《にっとう》（中国に留学）して玄奘《げんじょう》に学び伝えたのがはじまりである。その後、奈良時代の霊亀《れいき》三年（七一七）には政僧としても知られる玄昉《げんぼう》が入唐して伝え、奈良の興福寺を拠点に広めた。その後、法隆寺や薬師寺などいわゆる南《なん》都六宗《とろくしゅう》の大寺院が法相宗《ほっそうしゅう》の寺院となり、奈良仏教の中心として栄えたのである。

◆戒律《かいりつ》とは何か

サンスクリット語でシーラといい、尸羅《しら》と音写される。「習慣性」「行為」「性格」「傾向」などの原義がある。習慣性や行為には善いものと悪いものとがあるが、単に戒《かい》と言ったときには「善戒《ぜんかい》」を意味する。この場合戒《かい》は「善い習慣性」「善い行為」「善い性格」などの意味で使われる。インド思想一般にはシーラという語は「戒め」「慎み」「道徳的行為」「倫理道徳」などの意味で用いられる。

一般に仏教では「戒律《かいりつ》」という複合語で用いられるが、本来、戒《かい》と律《りつ》とは異なる概念である。律《りつ》はサンスクリット語でヴィナヤといい、元来の意味は「除去」「教導」

「訓練」で、これが転じて「規則」「規律」「規範」の意味で用いられる。

経典の中で律《りつ》は経《きょう》・律《りつ》・論《ろん》の三蔵《さんぞう》の一つに数えられ、比丘《びく》・比丘尼《びくに》（男性の僧侶と尼僧）が守るべき二百五十（尼僧は三百四十八）の戒律《かいりつ》の条文を解釈、説明したもので、教団の運用規定の総称として用いられた。

戒《かい》は生活のあるいは修行の指針として守るべきもの。律《りつ》はそれを犯したときの罰則規定などが詳細に説かれたものだ。たとえば比丘《びく》が淫《いん》・盗《とう》・殺《さつ》・妄《もう》の四種の罪を犯した場合は教団から追放される。これは最も重い罰則規定で波羅夷《はらい》と呼ばれる。

仏教では在俗信者（在家《ざいけ》）のための「五戒《ごかい》」「八斎戒《はっさいかい》」、沙弥《しゃみ》（見習の僧）のための「十戒《じっかい》」、比丘《びく》（正式な僧侶）のための「二百五十戒《かい》」などがある。

「五戒《ごかい》」は、不殺生《ふせつしょう》（生き物を殺さない）、不偸盗《ふちゅうとう》（人のものを盗まない）、不邪淫《ふじゃいん》（夫婦以外の異性と関係を持たない）、不妄語《ふもうご》（嘘をつかない）、不飲酒《ふおんじゅ》（酒を飲まない）の五項目である。戒は本来、自発的に悪から遠ざかることであって、単なる禁止条項ではない。つまり、自発的に悪い行いから離れる精神力、あるいは強い意思を言うのであり、悪を抑制し、コントロールする自発的な力である。そして、戒《かい》を繰り返し守り、それをしっかりと身につけることが重視される。

その意味で、戒《かい》は善い行いや善い意思の後に生まれてくる「善い習慣力」ということができる。そして戒《かい》を身につけた人は、無意識のうちに戒を犯そうとしても、その潜在的な習慣力によって、破戒を防ぐことができるのである。このような潜在力を「戒体《かいたい》」、すなわち「戒《かい》の本質」と呼ぶ。

また、このような戒《かい》を完全に身につけた人の行為は、自ずから威厳に満ちたものになる。その意味で戒は「威儀《いぎ》」とも呼ばれる。さらに戒《かい》は消極的には非を防ぎ悪を止める力（防非止悪《ぼうひしあく》）であり、積極的には善を支える基盤で、善が発生する源と考えられている。

◆禅定《ぜんじょう》の目的

座禅の「禅」は、正しくは禅定《ぜんじょう》という熟語で表現されるが、もともと「禅」と「定」は少し意味を異にしている。

禅は、サンスクリット語のディヤーナの音写である禅那《ぜんな》を略したもので、浄慮《じょうりょ》とも意訳される。迷いを断ち、感情を鎮め、心を明らかにして真理（仏教で説く真理の法則）を体得することである。定はサンスクリット語のサマーディの訳語で、ある対象に心を向けて精神統一し、心を乱さずに保つことである。

この二つの言葉を合成したものが禅定《ぜんじょう》で、サンスクリット語としてはディヤーナが用いられる。これを現代的に訳すなら「禅と名づけられる精神統一」というほどの意味になるだろう。

禅（禅定《ぜんじょう》）というと、日本では厳格な修行僧が座禅をする姿を思い起こす。しかし、禅定《ぜんじょう》はインドで古くから日常生活の中で行なう瞑想を意味していた。これが修行僧の厳しい座禅と結びつくのは、中国で禅定《ぜんじょう》を中心に据えた禅宗《ぜんしゅう》が確立し、それが日本に伝えられてからである。

在家の人は山寺にこもって参禅修行などできない。だから、日常の生活の行住坐臥の中で精神が散乱しないよう、努力することが大切なのである。基本的には通勤電車の中でも風呂の中でも、禅は実践できるのである。

また、禅定には気負いが最大の敵となる。禅宗の修行でも「さあ、これから参禅修行に打ちこむぞ！」という気負いを最も警戒する。なぜならそういう気負いこそが禅に対する執着になり、迷いの心を起こす原因になるからである。

禅の修業では先ず、数息観《すそくかん》というものが重視される。これは一から十までの数をゆっくりと数える修行である。禅の専門道場でも新参のものは参禅のときに先ず数を数えることから始める。そんな単純なことが修行になるのかとの疑問が起こるかもしれないが、一から十までの数を繰り返し数えて行くことによって、しだいに心の散乱が静まり、精神が統一されてくるのである。眠れないときに羊の数を数えるのと同じ心理的効果があると言われている。

何か気になることがあると眠れない。それと同じで、気掛かりなこと迷いがあると日常生活はスムーズに進まない。だからそういう気掛かりや迷いをできるだけ遠ざけるのが禅定の目的である。そうすることで、自由なこだわりのない心を保つことができる。

第二章　仏典の基礎知識

◆お経とは何か

人気の『般若心経《はんにゃしんぎょう》』の正式な題名は『仏説般若波羅蜜多心経《ぶっせつはんにゃはらみったしんぎょう》』という。たいていのお経の表題には「仏説《ぶっせつ》」という語が冠されているが、仏は仏陀《ぶっだ》の略で釈迦《しゃか》を示すため、「仏説《ぶっせつ》」とは釈迦が説いた経典を意味する。

いまから約二千五百年前、仏教は釈迦が悟りを開き、その内容を人々に説いたことにはじまる。まさに経典は仏説からはじまったのである。『法句経《ほっくきょう》』や『大般涅槃経《だいはつねはんぎょう》』など釈迦の肉声に近いといわれる初期経典の中には、確かに「仏説《ぶっせつ》」が含まれていると考えられている。

しかし、『般若心経《はんにゃしんぎょう》』や『法華経《ほけきょう》』などは、紀元一世紀以降、大乗《だいじょう》仏教が登場した後に作られたものであり、釈迦入滅《にゅうめつ》後五百年以上経って登場したものだ。中には千年以上の歳月を経て作られた大乗《だいじょう》経典もある。

つまり、これら大乗《だいじょう》経典は釈迦の教えに基づいて、その時代や人々の要望に応じて作られたものといえる。

これを釈迦が説いたことにして広めていった。大乗経典《だいじょうきょうてん》が非仏説《ひぶっせつ》といわれる由縁である。ただし、どのような経緯であれ、各所に釈迦の教えが述べられていることは間違いない。

日本では江戸時代まで、大乗経典《だいじょうきょうてん》が釈迦の直説かどうかなどということを疑うこともなかった。そもそも、大乗仏教《だいじょうぶっきょう》が伝えられた中国や日本では、いわゆる小乗経典《しょうじょうきょうてん》は次元の低い教えとして、ほとんど顧みられることがなかった。大乗経典《だいじょうきょうてん》こそが釈迦の教えであり、すべての大乗経典《だいじょうきょうてん》は仏説《ぶっせつ》（釈迦が説いたもの）として受け入れられてきたのである。

◆結集《けつじゅう》――お経の編集会議

釈迦《しゃか》の時代、すでにインドには文字があったが、宗教的に神聖な言葉は文字で表わすことがタブーとされていた。そこで、釈迦在世時代から長いあいだ釈迦の教えは口承で伝えられていた。

そのため、ときに教えが間違って伝わることもあった。釈迦が生きている間は、本人に問い質《ただ》せば改めることができたが、当然ながら釈迦入滅《にゅうめつ》後は間違いを質すことができなくなった。

このことを憂慮した仏弟子《ぶつでし》たちが集まり、お経の編集会議が行われた。これを結集《けつじゅう》という。多くの仏弟子たちが参加し、釈迦本人から聞いて記憶していた教えを読み上げ、内容を整理検討のうえ確定していった。まず弟子の一人が「私は師からこのように聞いています」と教えの内容を提示する。これに対して会場にいる修行僧から異議が出なければ、教えの内容はそのまま決定する。

一方、誰かから「いや、私はそれとは違うことを聞いている」という異議が上がれば、これを長老たちが中心となって審議し、どちらが正しいか決定する。このようにして、教えの内容を一字一句チェックし、これが釈迦の教えに間違いないという決定版を作っていったのである。

最初の結集《けつじゅう》は釈迦が亡くなって三ヶ月後ぐらいに行われたという。これを第一結集《だいいちけつじゅう》と呼ぶ。十大弟子《じゅうだいでし》（仏弟子《ぶつでし》の中でもとくに優れた十人の高弟で、釈迦亡き後は彼らが中心になって教団をまとめた）のリーダーだった長老の大迦葉《だいかしょう》の呼びかけで行われたという。仏教の伝承では、第一結集《だいいちけつじゅう》を含めて結集《けつじゅう》は四回行われたと伝えられている。

釈迦に従者として終生つかえ、釈迦の教えを身近で最も多く聞いていたという、阿《あ》難尊者《なんそんじゃ》が経《きょう》（釈迦の教え）の部分を、戒律《かいりつ》の内容に詳しい優波利《うばり》が律《りつ》（戒律《かいりつ》）を伝えたという。

第一結集《だいいちけつじゅう》で経蔵《きょうぞう》・律蔵《りつぞう》・論蔵《ろんぞう》の三蔵《さんぞう》（42ページを参照）のうち、「経《きょう》」と「律《りつ》」が揃った。このとき、インド各地から五百人の僧侶《そうりょ》が集まったということから、第一結《だいいちけつ》集《じゅう》は「五百結集《ごひゃくけつじゅう》」とも呼ばれている。日本でもよく知られている五百羅漢《ごひゃくらかん》は、このときの五百人をモデルに中国で造られたものだといわれる。

『法華経《ほけきょう》』などほとんどの大乗仏典は、「如是我聞《にょぜがもん》」つまり「私はこのように聞いています」という文句ではじまる。この中の「我」とは、釈迦の教えを最も多く聞いていて「多聞第一《たもんだいいち》」といわれた阿難《あなん》のことだという。

第二結集《けつじゅう》は仏滅《ぶつめつ》後、百年ごろに行われたと伝わる。インド各地から七百人の僧侶が集まったことから「七百結集《しちひゃくけつじゅう》」とも呼ばれている。このとき、戒律《かいりつ》の規定について改革的な若手の修行僧たちから異議が唱えられ、主に律《りつ》の内容が検討されたという。

しかし、改革派の若手と保守派の長老が真っ向から対立したため、仏教教団は若手を中心とする「大衆部《だいしゅぶ》」と、長老を中心とする保守派の「上座部《じょうざぶ》」に分裂した。これを根本分裂といい、やがて大衆部《だいしゅぶ》は大乗《だいじょう》仏教の源流の一つとなり、上座部《じょうざぶ》はいわゆる小乗《しょうじょう》仏教の基を形成することになる。

第三結集《けつじゅう》は仏滅《ぶつめつ》後、二百年を経たころ、インドで最初の統一王朝を樹立したアショーカ王の治世に行われたという。経《きょう》と律《りつ》の内容を確認するとともに、この結集《けつじゅう》ではそれら経典の註釈《ちゅうしゃく》や思想書である「論蔵《ろんぞう》」も編纂《へんさん》され、ここに三蔵《さんぞう》のすべてが揃った。千人の僧侶が集まったことから「千人結集《けつじゅう》」と呼ばれている。

最後の第四結集《けつじゅう》は紀元二世紀ごろ、インド北部のカシミールの僧侶が中心になって行われたという。当時は強大な勢力を誇ったカニシカ王の治世である。このとき、五百人の僧侶が集まって三蔵《さんぞう》のそれぞれに解釈を付けた。これを『大毘婆沙論《だいびばしゃろん》』(二百巻)といい、この経典には小乗《しょうじょう》の教理すべてが網羅されている。ただし、この第四結《けつ》集《じゅう》については、セイロン(スリランカ)やビルマ(ミャンマー)、タイなどのいわゆる小乗《しょうじょう》仏教の国では歴史的事実ではないと疑問視されている。

◆経典は何語で書かれたか

先に述べたように、釈迦《しゃか》の教えは口承で伝えられていた。では、釈迦は何語で説法をしていたのだろうか。

古くから多民族国家だったインドには、多くの言語が存在した。現在でもインドには十三の公用語があるが、実際には百三十余りの言語が使われているという。それらの言葉は方言やアクセントの違いではなく、文法自体が異なる。釈迦はインド各地の言語に通じており、行く先々の土地の言葉を自在に操って説法をしたと言われている。

釈迦が活躍していたのは主にガンジス川中流域で、この地方は古代マガダ語という言葉が広く使われて、マガダ国が強大な勢力を誇っていた。したがって、釈迦も説法の多くを古代マガダ語で行っていたと考えられている。

釈迦が亡くなったあと、結集《けつじゅう》などを経て経典が次第に整備されてくると、パーリ語が聖典用語として使われるようになってくる。パーリ語は後述するサンスクリット語と同じインド・ヨーロッパ語族に属するプラークリット語（地方語）の一つだが、早くから仏教の聖典用語として使われるようになったという。

『法句経《ほっくきょう》』や『長老偈《ちょうろうげ》』など初期仏典の多くはパーリ語で説かれており、セイロンや東南アジアのいわゆる小乗《しょうじょう》仏教の国々にはパーリ語の仏典が伝えられ、現在でもパーリ語で読経《どきょう》が行われている。

ただし、パーリ語には文字がない。そのため、セイロンのシンハラ文字やビルマ（ミャンマー）のビルマ文字、タイのシャム文字などで表記される。また、十九世紀末、ヨーロッパで仏典の研究が盛んになると、パーリ語の聖典が次々と刊行された。これらのテキストはローマ字で表記されている。

これに対して、大乗《だいじょう》経典の多くはサンスクリット語で書かれている。サンスクリットとは「完成された」という意味で、古代インドで最高神と仰がれた梵天《ぼんてん》が造ったことから「梵語《ぼんご》」と訳される。この言語はインド最古の聖典であるヴェーダの時代（紀元前十五世紀ごろに遡《さかのぼ》る）から使われていたものだが、紀元前三世紀ごろ、パーニニという大文法学者が出現して完璧な文法体系を作った。

サンスクリット語はヨーロッパでいえばラテン語のような言語で、英語やドイツ語、フランス語などのように時代によって文法が変化しない。大乗《だいじょう》経典の作者たちは、この言語をマスターすれば将来に亘《わた》り釈迦の教えが理解できるよう、永遠に文法が変わらない言葉を選んだものと考えられる。

サンスクリット語もインド・ヨーロッパ語族に属し、パーリ語とよく似ている。たとえば、パーリ語で経典を「スッタ」、サンスクリット語で「スートラ」という。ただし、地方語から発展したパーリ語には変則的な文法が多いのに対して、パーニニ以降のサンスクリット語の文法は極めて規則的である。

また、仏典の多くは韻文と散文で表わされるが、散文の部分がクラシカル・サンスクリットで書かれているのに対し、韻文の部分はパーリ語などの地方語が混じる変則的なサンスクリット語で書かれている。このような韻文に使われているサンスクリット語をブッディスト・ハイブリッド・サンスクリット（仏教梵語）と呼び、大乗《だいじょう》経典解読のキーポイントになっている。

これまでの話をまとめると、インドで造られた経典は、初期（いわゆる小乗《しょうじょう》）のものはパーリ語、後に造られた大乗《だいじょう》経典はサンスクリット語で書かれていることになる。そして、パーリ語の経典はセイロンや東南アジアにそのままの形で伝えられ、とくに翻訳されることもなかった。したがって小乗《しょうじょう》仏教の国々では、今でもパーリ語でお経がとなえられているのである。

これに対して、大乗《だいじょう》経典は中央アジアを経て中国に伝わり、伝来当初から翻訳が盛んに行われた。『法華経《ほけきょう》』や『般若心経《はんにゃしんぎょう》』など、日本で親しまれている経典も早い時代に中国で翻訳された仏典（漢訳仏典）が、朝鮮半島を経由して伝えられたものだ。『法華経《ほけきょう》』は五世紀はじめの鳩摩羅什《くまらじゅう》という人物の訳、『般若心経《はんにゃしんぎょう》』は七世紀に活躍した玄奘三蔵《げんじょうさんぞう》の訳が現在も使われている。

七世紀にチベットに仏教が伝えられると、ここでも盛んに翻訳が行われる。チベット語の仏典は「西蔵大蔵経《せいぞうだいぞうきょう》」にまとめられ、大乗《だいじょう》仏教の研究には極めて貴重な資料も多い。さらにはチベットに隣接したモンゴルにも仏教が伝えられ、モンゴル語訳の仏典も見られる。

また、かつて中央アジアの天山《てんざん》山脈南麓のシルクロード沿いに数々の王国が栄え、それぞれの言葉で仏典が翻訳された。王国の多くは衰退して砂漠に埋もれてしまったが、近世になって翻訳された仏典の断片が発見されている。

このほか、近世になってヨーロッパで仏教研究が盛んになると、英語やドイツ語、フランス語などによる仏典の翻訳が続々と刊行されるようになった。日本でも明治以降は現代語による翻訳が行われるようになったのである。

◆写経にはどんな御利益があるのか

印刷技術がまだなかった時代、僧侶たちは先《ま》ず経典を書き写し（写経）、それをテキストとして勉学に励んだ。写経は仏教を学ぶ上で必須《ひっす》のプロセスで、お経が文字に留《とど》められるようになってからは修行僧のあいだで一般的になった。

時代が下ると、神聖な釈迦《しゃか》の教えを写し取る写経自体に功徳《くどく》があると考えられるようになった。『法華経《ほけきょう》』には写経に読経《どきょう》や経典を解説するのと同等の功徳《くどく》があると説かれている。読み書きのできない者でも、見よう見真似で写経をすれば功徳《くどく》が得られるということから写経が盛んになった。インドや中央アジアではサンスクリット語などで書かれた経典が多数発見されている。

個人だけでなく中国や日本では皇帝や天皇が経典を写経させて、国家安泰を願うことが盛んに行われた。奈良時代には聖武《しょうむ》天皇が『大般若経《だいはんにゃきょう》』六百巻を書写させて国ごとに納めたところ、疫病や凶作がおさまったと伝えられている。

平安時代になると、花鳥の蒔絵《まきえ》などを施した和紙の上に写経をしたものが作られるようになった。これを装飾経《そうしょくきょう》という。貴族や武士たちがこぞってこの装飾経《そうしょくきょう》を作った。広島の厳島《いつくしま》神社に納められている有名な「平家納経《へいけのうきょう》」(国宝)もその一つで、平清盛《たいらのきよもり》が国家安泰と一族の繁栄を願って作らせたものである。

そして、今も『般若心経《はんにゃしんぎょう》』を中心に写経ブームは続いている。奈良の薬師寺《やくしじ》は、昭和五十年ごろから久しく荒廃していた金堂や講堂、西塔などを次々に再建して行った。これは現代の名僧として知られる高田好胤《たかだこういん》師が提唱した写経勧進《かんじん》で集まった浄財で建てられたものだ。写経したお経を薬師寺に納め、そのときにお布施も納める。全国から六十万人を超える参加があったという。写経の功徳《くどく》で天平《てんぴょう》時代の大伽藍《だいがらん》が再現されたのである。

◆経《きよう》・律《りつ》・論《ろん》――お経の三ジャンル

現在までに作られた仏典は膨大な数に上るが、その内容から経《きよう》・律《りつ》・論《ろん》の三つのジャンルに分類される。

先ず、「経《きよう》」は釈迦が説いた教えで、仏教の思想や戒めの言葉などが説かれたものである。たとえば、『法華経《ほけきよう》』や『阿弥陀経《あみだきよう》』などの経典がこれにあたる。

「律《りつ》」はいわゆる戒律《かいりつ》のことで、仏教の教団の規律である。殺生をしてはいけない、お酒を飲んではいけない、などさまざまな規則を説く。男性の僧侶《そうりよ》が守らなければならない戒律《かいりつ》は二百五十、尼僧では三百四十八の戒律《かいりつ》があるから、膨大な分量になる。

「論《ろん》」は経《きよう》や律《りつ》に対する注釈書、または経《きよう》や律《りつ》について後世の学僧が独自の理論を展開した思想書だ。

この経《きよう》・律《りつ》・論《ろん》のことを三蔵《さんぞう》といい、仏教の経典はこの三つがあってはじめて完全なものになる。そして、この三蔵《さんぞう》をすべて読破して仏教の奥義に精通した僧侶のことを三蔵法師《さんぞうほうし》と呼ぶ。七世紀にインドに学び、膨大なサンスクリット語の仏典を持ち帰って翻訳した玄奘三蔵《げんじようさんぞう》が有名で、玄奘《げんじよう》の固有名詞のように思われている節もある。しかし、三蔵法師《さんぞうほうし》は普通名詞で、玄奘《げんじょう》の前にも後にも多くの三蔵法師《さんぞうほうし》がいたのである。

◆大乗《だいじょう》仏教と小乗《しょうじょう》仏教の違い

仏教は今から約二千五百年前に、釈迦《しゃか》が菩《ぼ》提樹《だいじゅ》の下で悟りを開き、その内容を人々に語ったことから成立した宗教である。人々は釈迦の教えに触れることによってさまざまな苦しみや悩みから解放され、魂を救われた。そして、釈迦の教えを人生や日々の生活の指針にしてきたのである。

しかし、釈迦が亡くなってからしばらくのあいだ、人々は「自分たちは釈迦と同じように悟りを開き、迷える者たちを救うことはできない」と考えていた。そこで、仏陀の教えに従って熱心に修行することにより、せめて自分だけでも救われようとした。

このため、初期の仏教徒は出家して僧院にこもり、修行に励み、自らが悟りを開いて救われることを願った。しかし、そのように出家して修行に専念できる人はごく一握りで、他の多くの人々は救われない。

しかし、釈迦は万人救済の道を説いたのだから、すべての人が救われるのでなければ仏教の存在価値はない、と考える人々が紀元前後からあらわれた。彼らは釈迦も自分たちと同じ人間なのだから、仏教の教えに従えば誰もが釈迦と同じ悟りを開き、人々を救済することができると考えた。そして、自らを菩薩《ぼさつ》（悟りを求めるもの）と呼び、万人を救うことのできる自分たちの仏教を大乗《だいじょう》と呼んだのである。

大乗《だいじょう》、小乗《しょうじょう》の「乗《じょう》」とは乗り物を意味する。此岸《しがん》（われわれ凡夫が生きる迷いの世界）から彼岸《ひがん》（悟りの世界）に渡る船のようなものなのである。そして大乗《だいじょう》は「大きな乗り物」「優れた乗り物」の意味で、多くの人々が一緒に悟りの世界に行くことのできる巨大な乗り物を指す。

これに対して、初期仏教はごく一握りの人しか救うことができない乗り物だから、「小さな乗り物」「劣った乗り物」という意味で小乗《しょうじょう》と呼ばれた。小乗《しょうじょう》という呼び名は大乗《だいじょう》仏教徒から初期の仏教徒に浴びせられた蔑称《べっしょう》だったのである。

セイロン（スリランカ）やタイ、ミャンマー（ビルマ）、カンボジアなどの東南アジア諸国には小乗《しょうじょう》仏教が伝えられ、現在でも釈迦在世当時の古い姿の仏教が信仰されている。しかし、これらの国々では小乗《しょうじょう》の名を使わず、「上座部《じょうざぶ》仏教」と呼んでいる。上座は長老の意味で、初期の仏教を保守的な長老たちが中心になって形作ったことに由来する。

◆大乗《だいじょう》経典と小乗《しょうじょう》経典の違い

お経には大きく分けて小乗《しょうじょう》経典と大乗《だいじょう》経典とがある。前者は釈迦《しゃか》在世当時からその教えなどを集めた経典で、総称して「阿含経《あごんきょう》」と呼ばれている。後者は紀元一世紀に大乗《だいじょう》仏教が興ってから作られるようになった経典である。

小乗《しょうじょう》経典には釈迦の肉声に近いものを収録していると言われる『ダンマ・パダ』(『法句経《ほっくきょう》』)や『スッタ・ニパータ』(『経集《きょうしゅう》』)、釈迦が亡くなるまでの数ヶ月間の布教の旅の様子をつづった『大般涅槃経《だいはつねはんぎょう》』などがある。『法句経《ほっくきょう》』と『経集《きょうしゅう》』は人生や生活の指針を示したもので、宗教的な教理を説いたというよりも倫理的な色彩が強い。また、『大般涅槃経《だいはつねはんぎょう》』は釈迦の最晩年の足跡を知る上で重要な資料だ。

このほかに、小乗《しょうじょう》経典として重要なものに『ジャータカ』がある。釈迦はこの世に生まれて悟りを開く前、王子や修行僧として何度も人生を繰り返し、その都度、善行を行ってきた。『ジャータカ』はそのエピソードをつづっており、五百以上の逸話が納められている。イソップ物語や日本の『今昔物語集《こんじゃくものがたりしゅう》』などにも収録され、今なお人々に親しまれている物語も多い。

大乗《だいじょう》経典は膨大な数に上るが、『大般若経《だいはんにゃきょう》』『維摩経《ゆいまぎょう》』『法華経《ほけきょう》』『華厳経《けごんきょう》』「浄土三《じょうどさん》部経《ぶきょう》」などがとくに有名である。『大般若経《だいはんにゃきょう》』六百巻は、大乗《だいじょう》仏教の中心思想の一つである「空《くう》」の思想を説いたものである。「般若経《はんにゃきょう》」という名のもとに作られた多くの経典を集大成したもので、有名な『般若心経《はんにゃしんぎょう》』は、そのエッセンスを二百六十六文字に簡潔にまとめたものといわれている。

『維摩経《ゆいまぎょう》』は維摩《ゆいま》居士《こじ》という在家《ざいけ》の仏教信者が仏弟子《ぶつでし》よりも仏教の奥義をよく理解していたということを強調したもので、大乗《だいじょう》仏教の説く在家主義の理想を説く。『法華経《ほけきょう》』は大乗《だいじょう》仏教の真骨頂である万人救済の教えを説き、後世、各宗派に大きな影響を与えた。日蓮《にちれん》はこの経典に基づいて日蓮宗《にちれんしゅう》を開宗し、天台宗《てんだいしゅう》もこの経典を中心に据えている。

『華厳経《けごんきょう》』はすべての仏の根元である毘盧遮那仏《びるしゃなぶつ》の世界を描いたもので、奈良の大仏はこの経典に基づいて造立された。

「浄土三部経《じょうどさんぶきょう》」は『仏説無量寿経《ぶっせつむりょうじゅきょう》』『仏説観無量寿経《ぶっせつかんむりょうじゅきょう》』『仏説阿弥陀経《ぶっせつあみだきょう》』の三つの総称である。阿弥陀如来《あみだにょらい》の極楽浄土《ごくらくじょうど》の様子が描かれ、阿弥陀如来《あみだにょらい》を信じる人は必ず救われることが説かれている。この経典に基づいて浄土宗《じょうどしゅう》や浄土真宗《じょうどしんしゅう》が成立する。

小乗《しょうじょう》経典に比べ、大乗《だいじょう》経典はストーリー性が強い。『法華経《ほけきょう》』などには、まるでSF映画を思わせるようなダイナミックな場面がたびたび登場する。このことから、大乗《だいじょう》経典はしだいに多くの人々の支持を集めるようになっていく。

◆複数宗派に所属が当たり前だった⁉

日本へ仏教が伝えられたのは五三八年のことだが、以降、朝鮮半島や大陸（中国）から、仏教文化が伝えられ、中国で成立した宗派も相次いで伝えられた。そして、奈良時代には「南都六宗《なんとろくしゅう》」と呼ばれる六つの宗派があった。

先にも紹介した法相宗《ほっそうしゅう》・華厳宗《けごんしゅう》・律宗《りっしゅう》、そして倶舎宗《くしゃしゅう》・成実宗《じょうじつしゅう》・三論宗《さんろんしゅう》をあわせた六宗派で、これらはみな中国で成立し、それが日本へ直輸入されたものである。

当時の宗派は学問研究を主体としたもので、たとえば、法相宗《ほっそうしゅう》は唯識論《ゆいしきろん》という一種の心理学のようなものを研究する宗派、倶舎宗《くしゃしゅう》は『倶舎論《くしゃろん》』という仏教の思想書を研究する宗派、律宗《りっしゅう》は仏教教団の規律である戒律《かいりつ》の研究を専門にする宗派だった。したがって、宗派というより、同じ学問を研究する学派と言った方が適当かもしれない。

この点で、平安時代以降の天台宗《てんだいしゅう》や真言宗《しんごんしゅう》、あるいは鎌倉時代の浄土宗《じょうどしゅう》や浄土真宗《じょうどしんしゅう》のような、信仰の結社としての宗派とはかなり趣を異にしている。

古くは諸宗兼学が当たり前で、多くの僧侶は複数の宗派に属していたのである。たとえば、法相宗《ほっそうしゅう》の寺院に拠点を置きながら、倶舎宗《くしゃしゅう》や三論宗《さんろんしゅう》の教義を学ぶということが一般的に行われていた。

このような状況は、平安時代以降の宗派では考えられないことである。たとえば、浄土宗《じょうどしゅう》の僧侶が天台宗《てんだいしゅう》にも属しているということは、後世ではあり得ない話だ。

平安時代以降、南都六宗のうち、より学派としての性格が強かった倶舎宗《くしゃしゅう》・成実宗《じょうじつしゅう》・三論宗《さんろんしゅう》の三つの宗派は法相宗《ほっそうしゅう》や華厳宗《けごんしゅう》、律宗《りっしゅう》に吸収される形で姿を消した。

また南都六宗《なんとろくしゅう》で現在も存続しているのは、薬師寺《やくしじ》や興福寺《こうふくじ》を大本山とする法相宗《ほっそうしゅう》、東大寺《とうだいじ》を大本山とする華厳宗《けごんしゅう》、唐招提寺《とうしょうだいじ》を大本山とする律宗《りっしゅう》の三宗派だけである。それぞれ傘下の寺院数は数十ヶ寺と少ないが、千年以上の伝統を持ち、日本の仏教文化の中心的存在として重きを置かれている。

第三章　日本でよく読まれるお経

凡例

一、現在の日本各宗派において、葬儀や法要などでもよく読まれる、代表的な経典十九を選んだ（真言や偈を含む）。それぞれ冒頭に「概要」を記したうえ、経典は上段に「原文」、下段に「現代語訳」を配した。

二、表記は現代仮名遣いとし、漢字は新字体を用いた。また読解の便を図るため、原文には全て現代仮名遣いによる振り仮名を付した。

三、経典は各宗派により原文またはその読みが異なる場合がある。なお左記については、読みの異なる部分に振り仮名を併記した。

『法華経』「観世音菩薩普門品第二十五」（左／日蓮宗、右／臨済宗）

『仏説阿弥陀経』、『仏説無量寿経』「歎仏頌」、『仏説無量寿経』「四誓偈」、『正信念仏偈』（いずれも、左／本願寺派、右／大谷派）

四、原文と現代語訳との対応関係を明確にするため、現代語訳中に当該個所の原文を適宜【　】で記した。また（　）部分は、より意味が通り易くなるように、言葉を補ったものである。

五、現代語訳中、その語句や内容についてとくに説明が必要な箇所には注番号を付記し、経典の後に「注釈」を設けた。

般若心経《はんにゃしんぎょう》

『般若心経《はんにゃしんぎょう》』は浄土真宗《じょうどしんしゅう》を除くすべての宗派で読まれ、また、写経というとほとんどが『般若心経《はんにゃしんぎょう》』が用いられる。一般の人にも親しまれる最も人気のある経典だ。

正しくは『仏説摩訶般若波羅蜜多心経《ぶっせつまかはんにゃはらみたしんぎょう》』という。「仏説《ぶっせつ》」とは多くの大乗《だいじょう》経典につけられる言葉で、「仏《ぶつ》」は釈迦《しゃか》の意味。文字どおり「釈迦が説いた（経典）」という意味である。「摩訶《まか》」は「大きい」という意味で、サンスクリット語のマハーを音写（サンスクリット語の発音を漢字の音で写すこと）したもの。「般若《はんにゃ》」はサンスクリット語のプラジュニャーの音写で「智慧《ちえ》」の意味。この経典の中心にもなっている悟りの智慧《ちえ》で、われわれ凡人が持ち合わせている知恵とは次元の異なる深遠なブッダの智慧《ちえ》だ。

「波羅蜜多《はらみた》」はサンスクリット語のパーラミターを音写したもので、「完成」あるいは「修行」を表し、「智慧《ちえ》の完成」、あるいは「智慧《ちえ》の完成に至る修行」を意味する。

また、「般若波羅蜜多《はんにゃはらみた》」は「到彼岸《とうひがん》」とも意訳される。彼岸《ひがん》とは悟りの世界のことで、悟りの世界に至る方法を説いた経典ということになる。

「心《しん》」はサンスクリット語でフリダヤ。もともと「心臓」の意味であるが、そこから発して「中心」という意味になる。そして、「経《きょう》」はサンスクリット語でスートラ、「経典」の意味である。

以上をつなげると『般若心経《はんにゃしんぎょう》』は「仏《ぶっ》（陀《だ》）が説いた智慧《ちえ》の完成（到彼岸《とうひがん》）のための偉大な智慧《ちえ》を説いた経典」ということになる。

『般若心経《はんにゃしんぎょう》』の「色即是空《しきそくぜくう》」というフレーズは有名で、この経典は大乗《だいじょう》仏教の思想の根幹の一つである「空《くう》」の思想を説いたものだということはよく知られている。

「空《くう》」とは世の中に存在するすべてのものに固定的な実体がないということである。空《くう》の概念はすでに釈迦の時代からあった。釈迦は両極端に偏らない「中道《ちゅうどう》」の立場を貫き、悟りの境地に達することができたと考えられている。中道《ちゅうどう》とは起点を設けないということである。たとえば、ヨーロッパを起点にみれば日本は確かに極東だが、地球は丸いので、日本を起点にして見れば、イギリスあたりが極東ということになる。

凡人（凡夫《ぼんぷ》）はこのように起点を設けてそれに執着し、結果としてそれに縛られて争ったり、苦しんだりしているのだ。しかし、中道《ちゅうどう》の立場に立てば、極東が固定的な概念ではないことが分かり、それに対する執着も霧消する。この中道《ちゅうどう》の思想を大乗仏《だいじょう》教で発展させたのが「空《くう》」の思想である。

「色即是空《しきそくぜくう》」の「色《しき》」を色恋の色ととらえて、「恋は所詮《しょせん》、空しいもの」などといっている人がいる。しかし、このような解釈は間違いだ。仏教でいう「色《しき》」はすべての存在のこと。それが固定的な実体がないというのが「空《くう》」の思想である。

実体がないというのは分かりにくいが、すべてのものはやがて消滅する定めになっている。人間もいずれは死ぬ、そして永遠の輝きを放つといわれているダイヤモンドも遠い将来には炭素に分解する。しかし、人々はそれらの存在に永遠の実体を認めて執着するのだ。その執着から悩みや苦しみが生まれて来るのだ。

だから、すべての存在（色《しき》）は生々流転《せいせいるてん》していて、刹那《せつな》ごとに変化しているということをしっかりと認識すれば、執着から離れることができ、悩みや苦しみもなくなる。『般若心経《はんにゃしんぎょう》』では観自在菩薩《かんじざいぼさつ》がすべての存在（色《しき》）には固定的な実体がない（色即是《しきそくぜ》空《くう》）ということを悟り、その結果、一切の苦しみから解放された（度一切苦厄《どいっさいくやく》）と説く。つまり、『般若心経《はんにゃしんぎょう》』は世の中の存在の本質は「空《くう》」だから、それにとらわれるな。とらわれなければ、すべての悩みや苦しみから解放されて平穏な日々を送ることができると説くのである。

原文

観《かん》自《じ》在《ざい》菩《ぼ》薩《さつ》。行《ぎょう》深《じん》般《はん》若《にゃ》波《は》羅《ら》蜜《み》多《た》時《じ》。照《しょう》見《けん》五《ご》蘊《うん》皆《かい》空《くう》。度《ど》一《いっ》切《さい》苦《く》厄《やく》。舎《しゃ》利《り》子《し》。色《しき》不《ふ》異《い》空《くう》。空《くう》不《ふ》異《い》色《しき》。色《しき》即《そく》是《ぜ》空《くう》。空《くう》即《そく》是《ぜ》色《しき》。受《じゅ》想《そう》行《ぎょう》識《しき》。亦《やく》

現代語訳

観自在菩薩《かんじざいぼさつ》▼1（観世音菩薩《かんぜおんぼさつ》）が深遠な般若波羅蜜多《はんにゃはらみた》の修行を実践していたとき、すべての存在は、五蘊《ごうん》▼2という五つの構成要素でできており、しかも、その五蘊《ごうん》はすべて空《くう》である（その性質が空《くう》である）ということを悟った【照見五蘊皆空《しょうけんごうんかいくう》】。そのように悟ったことで、観自在菩薩《かんじざいぼさつ》は一切の苦しみや厄《やく》から逃れることができた。

舎利弗《しゃりほつ》▼3よ（115ページ▼1も参照）！（先に「五蘊《ごうん》はみな空《くう》である」と説いたが、ここでは五蘊《ごうん》の一つひとつについて吟味してみよう）

色《しき》は空《くう》となんら異なるところがない。亦《また》、空《くう》は色《しき》と異なるところがない。色《しき》は即ち空《くう》であり、空《くう》は即ち色《しき》である【色即是空《しきそくぜくう》。空即是色《くうそくぜしき》】（概

復《ぶ》如《によ》是《ぜ》。舎《しゃ》利《り》子《し》。是《ぜ》
諸《しょ》法《ほう》空《くう》相《そう》。不《ふ》生《しょう》不《ふ》
滅《めつ》。不《ふ》垢《く》不《ふ》浄《じょう》。不《ふ》増《ぞう》
不《ふ》減《げん》。是《ぜ》故《こ》空《くう》中《ちゅう》無《む》
色《しき》。無《む》受《じゅ》想《そう》行《ぎょう》識《しき》。無《む》
眼《げん》耳《に》鼻《び》舌《ぜつ》身《しん》意《に》。無《む》
色《しき》声《しょう》香《こう》味《み》触《そく》法《ほう》。無《む》
眼《げん》界《かい》乃《ない》至《し》無《む》意《い》識《しき》
界《かい》。無《む》無《む》明《みょう》。亦《やく》無《む》無《む》

要を参照）。そして、受《じゅ》以下の五蘊《ごうん》についても同じことが言える。▼4

舎利弗《しゃりほつ》よ！　この世に存在するもの【是諸《ぜしょ》法《ほう》】はすべて、その本質において固定的な実体がない【空相《くうそう》】▼5。だから、生じたというものでも、滅したというものでもなく【不生不滅《ふしょうふめつ》】、汚れたものでもなく、清浄なものでもない【不垢不《ふくふ》浄《じょう》】、増えることもなければ、減ることもない【不増不減《ふぞうふげん》】。それ故に、空性《くうしょう》においては色《しき》もなく、受《じゅ》もなく、想《そう》もなく、行《ぎょう》もなく、識《しき》もない。

また、眼も、耳も、鼻も、舌も、身（身体）も、心もない。また、眼や耳といった感覚器官の対象である色（色形）も、聴覚の対象である声《こえ》（音声）も、嗅覚《きゅうかく》（鼻）の対象である臭いも、味覚の対象である味も、身体の触覚の対象であるものも、心の対象である意識もない。そして、眼《げん》

明《みょう》尽《じん》。乃《ない》至《し》無《む》老《ろう》死《し》。
亦《やく》無《む》老《ろう》死《し》尽《じん》。無《む》苦《く》
集《じゅう》滅《めつ》道《どう》。無《む》智《ち》亦《やく》無《む》
得《とく》。以《い》無《む》所《しょ》得《とく》故《こ》。菩《ぼ》
提《だい》薩《さっ》埵《た》。依《え》般《はん》若《にゃ》波《は》
羅《ら》蜜《み》多《た》故《こ》。心《しん》無《む》罣《けい》
礙《げ》。無《む》罣《けい》礙《げ》故《こ》。無《む》有《う》
恐《く》怖《ふ》。遠《おん》離《り》一《いっ》切《さい》顛《てん》
倒《どう》夢《む》想《そう》。究《く》竟《きょう》涅《ね》槃《はん》。

や識《しき》などそれぞれの感覚器官と、その対象である視覚や意識（心）を成り立たせている眼《げん》界や意識界といったものもない。

（空《くう》の世界では、六根《ろっこん》、六境《ろっきょう》、六識《ろくしき》からなる十《じゅう》八界《はちかい》▼6がないので）迷いの根源である無明《むみょう》もなければ【無無明《むむみょう》】、無明《むみょう》が尽きるということもない【亦無無明尽《やくむむみょうじん》】。そして、無明《むみょう》を原因としてこの世に生を受け、やがて、老いて死にゆく。しかし、無明《むみょう》がなければ、生も、それに連なる老死もなく【無老死《むろうし》】、また、老死が尽きるということもない【無老死尽《むろうしじん》】。

また、世の中は「苦《く》」であり、苦《く》には原因があり（集《じゅう》）、だから苦は滅することができる【滅《めつ》】、そして、苦を滅するための方法【道《どう》】がある。これを四諦《したい》（苦《く》の滅《めつ》に至る四つの真理）というが、苦《く》は無明《むみょう》を原因としているので、無明《むみょう》

三《さん》世《ぜ》諸《しょ》仏《ぶつ》。依《え》般《はん》若《にゃ》
波《は》羅《ら》蜜《み》多《た》故《こ》。得《とく》阿《あ》
耨《のく》多《た》羅《ら》三《さん》藐《みゃく》三《さん》菩《ぼ》
提《だい》。故《こ》知《ち》般《はん》若《にゃ》波《は》羅《ら》
蜜《み》多《た》。是《ぜ》大《だい》神《じん》呪《しゅ》。是《ぜ》
大《だい》明《みょう》呪《しゅ》。是《ぜ》無《む》上《じょう》呪《しゅ》。
是《ぜ》無《む》等《とう》等《どう》呪《しゅ》。能《のう》除《じょ》
一《いっ》切《さい》苦《く》。真《しん》実《じつ》不《ふ》虚《こ》。
故《こ》説《せつ》般《はん》若《にゃ》波《は》羅《ら》蜜《み》

がなければ四諦《したい》もないのである【無苦集滅道《むくじゅうめつどう》】。

また、無明《むみょう》がなければ、たとえば修行を積んで得られるような高度な智慧《ちえ》もない【無智《むち》】。つまり、世俗的な智慧《ちえ》や知識から見ると次元の高い智慧《ちえ》も、完成された仏の智慧《ちえ》【般若波羅蜜《はんにゃはらみ》多《た》】からすれば無に等しいのである。およそ世の中にあらわれている存在というものは仮の姿であって、その実体はないのである【無得《むとく》】[7]。

この世界にはいかなるものもない【無所得《むしょとく》】[8]。だから、菩薩《ぼさつ》は完璧な仏の智慧《ちえ》【般若波羅蜜《はんにゃはらみ》多《た》】をよりどころにして、こころの妨げなく安住しているのである【心無罣礙《しんむけいげ》】[9]。こころに妨げがないから、何かを恐れるということもない。存在しないものを、あたかも存在しているようにとらえることからも遠く離れ【遠離《おんり》一切《いっさい》顚《てん》倒夢《どうむ》想《そう》】[10]、完全に開放された、自由な境地【究《く》

多《た》呪《しゅ》。即《そく》説《せつ》呪《じゅ》曰《わつ》。掲《ぎゃ》諦《てい》掲《ぎゃ》諦《てい》。波《は》羅《ら》掲《ぎゃ》諦《てい》。波《は》羅《ら》僧《そう》掲《ぎゃ》諦《てい》。菩《ぼう》提《じ》薩《そ》婆《わ》訶《か》。般《はん》若《にゃ》心《しん》経《ぎょう》。

竟涅槃《きょうねはん》】[11]に安住している。過去・現在・未来の三世に現れるすべての仏は般若波羅蜜多《はんにゃはらみた》を拠《よ》り所《どころ》としているので【依般若波羅蜜多故《えはんにゃはらみたこ》】、完璧《かんぺき》な悟りの境地に安住しているのだ【得阿耨多羅三藐三菩提《とくあのくたらさんみゃくさんぼだい》】[12]。

それ故に（次のように）知るべきである。般《はん》若波羅蜜多《にゃはらみた》の偉大なマントラ[13]【是大神呪《ぜだいじんしゅ》】、偉大な明知のマントラ【是大明呪《ぜだいみょうしゅ》】、最上のマントラ【是無上呪《ぜむじょうしゅ》】、比類なきマントラ【是無等等呪《ぜむとうどうしゅ》】は、あらゆる苦悩を取り除いてくれるものであり【能除一切苦《のうじょいっさいく》】[14]、真実で偽りがない【真実不虚《しんじつふこ》】。（それでは）般若波羅蜜多《はんにゃはらみた》のマントラを説こう【説般若波羅蜜多呪《せつはんにゃはらみたしゅ》】。すなわち、そのマントラは以下の通りだ【即説呪曰《そくせつじゅわつ》】。

掲諦《ぎゃてい》。掲諦《ぎゃてい》。波羅掲諦《はらぎゃてい》。波羅僧掲諦《はらそうぎゃてい》。菩提薩《ぼうじそ》婆訶《わか》[15]。

ここに『般若心経《はんにゃしんぎょう》』のマントラを説き終わる。

▼1 **観自在菩薩《かんじざいぼさつ》** 一般には観世音菩薩《かんぜおんぼさつ》といわれ、略して観音菩薩《かんのんぼさつ》という。「観音《かんのん》さま」「観音《かんのん》さん」などと呼ばれて親しまれている。この菩薩《ぼさつ》は早くからインドで盛んに信仰されており、中国、日本に伝えられて熱狂的な信仰を生んだ。この人気絶頂の菩薩《ぼさつ》を主人公としたことに、『般若心経《はんにゃしんぎょう》』の作者（だれが作ったかは不明）の意図が感じられる。つまり、大乗《だいじょう》仏教の屋台骨の一つである「空《くう》」の思想を一人でも多くの人々に広めるために、当時、最も親しまれていた観音菩薩《かんのんぼさつ》を登場させたのだ。

▼2 **五蘊《ごうん》** 世の中の存在のあり方を五つの要素に分析したもので、蘊《うん》は集まりの意味。われわれ人間を含む世の中の存在は色《しき》・受《じゅ》・想《そう》・行《ぎょう》・識《しき》の五つの要素から成り立っている。色《しき》は物質的要素、受想行識《じゅそうぎょうしき》は精神的要素である。

色《しき》（蘊《うん》）は「形あるもの」。形あるものは壊れる性質を持つことから、「変化するもの」という意味になる。つまりわれわれの身体を含むすべての物質的存在のこと。受《じゅ》（蘊《うん》）は感受作用のことで、外界からの刺激に対して何らかの感覚、知覚、印象などを持つこと。その受け入れ方に苦《く》、楽《らく》、不苦不楽《ふくふらく》の三種類がある。想《そう》（蘊《うん》）は感受したものの色や形などを心の中に思い浮かべ、それを表現し概念化すること。

抽象的な概念の記憶などもこれに含まれる。行《ぎょう》（蘊《うん》）は意志（作用）のことで、対象に対して自らの意志で積極的に働きかけること。この働きかけが業《ごう》（未来に善悪の結果をもたらす潜在的な力）になる。識《しき》（蘊《うん》）は識別作用のこと。対象を区別し、認識することでもある。また、心作用全体を統括する働きも持ち、心そのものを指すこともある。

たとえば、花を例にとって五蘊《ごうん》の構造を説明すると次のようになる。

あるところに花が咲いていた。その花が「色《しき》」である。そして、ある人が通り掛かって、その花（色《しき》）を見ることが「受《じゅ》」である。さらに、その花が美しいとかそうでもないと感じることも受《じゅ》である。次に想《そう》は見て感じた花を、過去の記憶などを整理して、「これは花というものだったのだ」ということを認識すること。人は外界のさまざまな存在を概念化することで、「これは花である」「これは魚である」などと認識することができるのだ。行《ぎょう》は対象に対して働きかけること。つまり、見たものを受け入れて、それを花であると認識し、きれいな花ならそれを摘んで持って帰ろうなどという意思を持ち、さらにそれを行動に移すことである。そして、その行動（行為）が将来にわたって善悪の業《ごう》（結果）を残すことになるのだ。

最後に識《しき》は一連の精神的な働きを統括するものと考えてよい。外界にある色《しき》（存在）に対する受《じゅ》、想《そう》、行《ぎょう》をまとめる働きだ。

今、花を例に五蘊《ごうん》の働きを説明したが、われわれは日々の生活の中で常に外界の色《しき》に対して、受《じゅ》、想《そう》、行《ぎょう》、識《しき》を働かせて生きている。しかし、この世の中を成り立たせている五つの要素（五蘊《ごうん》）は、何の実体もないものである（空《くう》である）ということを悟ったというのだ。

▼3 **舎利弗《しゃりほつ》**　釈迦《しゃか》の十大弟子の一人で、とくに悟りの智慧《ちえ》に関して優れた見地を持っており、「智慧《ちえ》第一」といわれている。舎利弗《しゃりほつ》が『般若心経《はんにゃしんぎょう》』の聞き手として登場するのは、この経典が仏の深遠な智慧《ちえ》の極意を説くからで、ここにも経典作者の意図が感じられる。

▼4 **受《じゅ》以下の五蘊《ごうん》についても同じことが言える**　色即是空《しきそくぜくう》　空即是色《くうそくぜしき》から始まって、受《じゅ》・想《そう》・行《ぎょう》・識《しき》についてもそれぞれの本質が「空《くう》」であると観察すべきである、という意味。

▼5 **空相《くうそう》**　サンスクリット語で空《くう》はシューニャ、または、シューニャターというが、厳密には両語の意味は少し異なる。シューニャは形容詞で、「空っぽの」「何も無い状態」、また、数学でいうとインド人が発見したゼロを意味する。いっぽう、シューニャターは抽象名詞で、「空《くう》であること」「空性《くうしょう》（その性質が空《くう》であること）」などと訳す。

『般若心経《はんにゃしんぎょう》』のサンスクリット語の原典では、シューニャターが使われているので、五蘊皆空《ごうんかいくう》といった場合、単に「五蘊《ごうん》は空《くう》である。なにもない」という意味ではなく、「五蘊《ごうん》があって、その性質が空《くう》であること」という意味で「空相《くうそう》」、すなわち、空《くう》の本性を持っているということだ。

よく『般若心経《はんにゃしんぎょう》』は否定の経典と言われる。わずか二六六文字の中に「無」という文字が二一回、「不」が九回、そして、「空」が七回、なんと合計三七文字もの否定語が用いられている。しかも、「色不異空《しきふいくう》。空不異色《くうふいしき》」などと言って、二重に否定しているところが何か所もある。

しかし、この否定の表現はあるものが「存在しない」ということを言っているのではなく、あるものの「性質が空《くう》であること」ということを表しているのだ。だから、最初に「照見五蘊皆空《しょうけんごうんかいくう》」といい、さらにここでは五蘊《ごうん》の一つひとつについて、その性質が空《くう》であることを説いている。

▼6　十八界《じゅうはちかい》　眼耳鼻舌身意《げんにびぜっしんい》の六根《ろっこん》が目や鼻などの感覚器官。その感覚器官の機能が視覚、聴覚、味覚などの六境《ろっきょう》。そして、それらを成り立たせている領域が六識《ろくしき》である。

▼7　無得《むとく》　「無得《むとく》」というと、損得の意味にとらえて、執着を離れて損得など考えるのではないという戒めのように感じるかもしれない。しかし、この「得《とく》」にはそういった意味はまったくない。この「得《とく》」のサンスクリット語はプラープティといい、非常に多くの意味があるが、ここでは「獲得する」「得る」などという意味で使われている。

世の中のあらゆる存在は五蘊《ごうん》が仮に和合して、何らかの実体らしきものが形成されている。その仮に形成されたものをプラープティ（得《とく》）という。そして、諸法空《しょほうくう》相《そう》であってみれば、当然そのようなプラープティは存在しない。だから、「無得《むとく》」といっているのである。無得《むとく》の原語はプラープティに否定辞のアをつけて、アプラープティという。

　また、アプラープティという言葉には「分離させる」という意味もあり、「非《ひ》得《とく》」とも訳される。つまり、五蘊《ごうん》が仮に融合したり（得《とく》）、分離したりする（非得《ひとく》）働きのことである。諸行無常《しょぎょうむじょう》の世の中では、五蘊《ごうん》は刹那《せつな》ごとに、仮に離合集散を繰り返している。これを「五蘊仮和合《ごうんけわごう》」という。

　たとえば、音楽は一つひとつの音が生滅を繰り返すことによって成り立っているが、ドが音楽でもなければ、レが音楽でもない。しかも、ドレミファソラシドの音もごく短い時間の中で離合集散を繰り返し、変化し続けている。ところが、世間の人たちは、それを漠然と音楽ととらえ、音楽が好きだ、嫌いだといって、それに執着しているのだ。

　音楽と同じように、世の中のすべてのものは「得《とく》」「非得《ひとく》」の繰り返しによって存在しているように見えているだけなのだ。だから、仏の智慧《ちえ》から見れば、得《とく》も非《ひ》得《とく》もないということになるのである。

▼8　**無所得《むしょとく》**　ここでは世間一般にいう所得（収入）の意味ではない。この言葉は前出の「無智《むち》」「無得《むとく》」を前提としている。得《とく》はサンスクリット語のプラープティが原語で、「獲得すること」「得ること」という意味。

▼9　**罣礙**《けいげ》　さわり。障害という意味。

▼10　**顚倒夢想**《てんどうむそう》　「顚倒《てんどう》」は文字通り、真実を逆さまにとらえること。ここでは身の回りの存在が本当は五蘊《ごうん》仮和合《けわごう》で仮に存在しているにも拘らず、それらが実体のあるものとして実際に存在していると錯誤しているという意味。だから夢のような妄想だというのである。

▼11　**究竟涅槃**《くきょうねはん》　「涅槃《ねはん》」は悟りの意味。サンスクリット語でニルヴァーナという。ニルヴァーナとは「吹き消された状態」、すなわち、すべての活動が停止した絶対的な静寂の世界といわれている。われわれの心は常に変化し、喜怒哀楽の情に動かされている。そして、心が落ち着きを取り戻したとき、われわれは安堵《あんど》し、平安の中に安住する幸せを感じる。世俗の世界ではその平安の境地は長くは続かないが、ニルヴァーナは永遠に続き、完璧《かんぺき》な寂浄《じゃくじょう》の世界に安住してそこから出ることがないといわれている。そして、そのニルヴァーナ（涅槃《ねはん》）にもレベルがある。「究竟《くきょう》」はこの上なく最上のという意味で、究竟涅槃《くきょうねはん》は涅槃《ねはん》の境地の中でも最高のもの。阿耨多《あのくた》羅三藐三菩提《らさんみゃくさんぼだい》と同じである。

▼12　**阿耨多羅三藐三菩提**《あのくたらさんみゃくさんぼだい》　サンスクリット語のアヌッタラ・サムヤック・サン・ボーディの音写。ボーディは「菩提《ぼだい》」のことで、「悟り」の意味。「アヌッタラ」「サムヤック」「サン」はそれぞれ「最高の」「最上の」という意味である、悟りの境地にもいくつかのレベルがあるが、この阿耨多羅三藐三菩提《あのくたらさんみゃくさんぼだい》は最高の悟りで、「無上正《むじょうしょ》

等覚《とうがく》」と意訳する。つまり、他に比べるものがないほど最高の悟り（覚《かく》）という意味だ。

▼13 **マントラ**　ダラニ（陀羅尼）ともいい、呪文《じゅもん》の一種。『般若心経《はんにゃしんぎょう》』ではマントラを「呪《しゅ》」と訳している。この呪《しゅ》は翻訳不可能で、言葉自体に霊力があると考えられている。その呪《しゅ》が最後に示される「掲諦掲諦《ぎゃていぎゃてい》……」で、この部分はサンスクリット語の音写で示されている。

▼14 **能除一切苦《のうじょいっさいく》**　末尾の呪《しゅ》を称《とな》えると一切の苦しみが取り除かれるという意味。

▼15 **掲諦《ぎゃてい》。掲諦《ぎゃてい》。波羅掲諦《はらぎゃてい》。波羅僧掲諦《はらそうぎゃてい》。菩提薩婆訶《ぼうじそわか》**　この呪《しゅ》の部分は翻訳不能で、玄《げん》奘三蔵《じょうさんぞう》はこのような霊的な力のある言葉は意訳をしていない。これを「不訳《ふやく》」という、言語を音写で表わすのだ。ただし、だいたいの意味をとれば以下のようになる。「掲諦《ぎゃてい》」のサンスクリット語は「ガテー」、英語の「ゴー」に相当し、「行く」という意味。「波羅掲諦《はらぎゃてい》」はサンスクリット語で「パーラ・ガテー」、「パーラ」は「完全に」という意味で、「完全に行く」という意味。そして、「波羅僧掲諦《はらそうぎゃてい》」のサンスクリット語は「パーラ・サン・ガテー」。「サン」も「完全に」という意味で、完全にという言葉を重ねて「極めて完全に行く」という意味になる。そして、その行き先は「阿耨多羅三藐三菩提《あのくたらさんみゃくさんぼだい》（究竟涅槃《くきょうねはん》）」、完全な悟りの世界だ。

そして、「菩提薩婆訶《ぼうじそわか》」は呪《しゅ》の最後に添えられる常套句《じょうとうく》で、サンスクリット語でボーディ・スヴァーハー。菩提《ぼうじ》（ボーディ）は「悟り」、スヴァーハーは「幸いあれ

（グッド・ラック）」という意味で、「悟りの境地（彼岸《ひがん》）に行くものよ！　幸いあれ！」といった意味になる。

コラム／絵解《えと》き『般若心経《はんにゃしんぎょう》』

江戸時代ごろの日本では識字率が低く、経文があってもそれを読める人はほとんどいなかった。そこで『般若心経《はんにゃしんぎょう》』を絵文字であらわした「絵心経《えしんぎょう》」というものが作られ、人気を呼んだ。

江戸時代には「判じ物」といって絵文字が流行したのだが、その絵文字を『般《はん》若心経《にゃしんぎょう》』にも採用したのである。

経文の字句の音を当時の人々がふだんから慣れ親しんでいるものの絵で示し、平仮名の解説書もできたので、平仮名を読める人がいれば正確な読み方を教えてもらうことができた。

たとえば、経題の『摩訶般若波羅蜜多心経《まかはんにゃはらみたしんぎょう》』は次のようにあらわされた。先《ま》ず「摩訶《まか》」は炊飯用の釜《かま》を逆さにして「まか」と読ませ、次に「般若《はんにゃ》」は能で使われる般若《はんにゃ》の面、「波羅《はら》」は人間の腹部、「蜜《み》」は箕《み》（穀物などを振るうための農具）、「多《た》」は田んぼを描いたもの、「心経《しんぎょう》」は神社の神殿にまつられる神鏡の絵であらわした。

識字率の低かった時代、口承で経文を教えるには僧侶などが付きっきりで指導しなければならず、時間もかかり、根気も必要だった。しかし、「絵心経《えしんぎょう》」があれば、字が読めない人同士でも、これを頼りに読経《どきょう》の練習をすることができたであろう。その意味で、「絵心経《えしんぎょう》」の登場は画期的な出来事だったということができる。

懺悔文《さんげもん》

自分がいままでに犯してきたさまざまな罪業《ざいごう》を仏の前で懺悔《さんげ》するときに読まれる文で、真言宗《しんごんしゅう》、天台宗《てんだいしゅう》、浄土宗《じょうどしゅう》、臨済宗《りんざいしゅう》、曹洞宗《そうとうしゅう》などで広く読まれる。『略懺悔《りゃくさんげ》』とも呼ばれる。

過去に犯した罪や悪行を懺悔（反省）して、身心ともに清らかな状態にならなければ、悟りの境地に近づくことはできない。そこで、仏教でもキリスト教などとともに懺悔が重んじられる。

長短、さまざまな懺悔文があるが、この『懺悔文《さんげもん》』は『華厳経《けごんきょう》』「普賢行願品《ふげんぎょうがんほん》」にあるもので、最もポピュラーなものだ。

葬儀や法要の最初に読まれ、身心ともに清らかな状態で、仏事に臨み、あるいは亡き人を送りだす。在家の人でも朝夕、仏壇に向かうときに、先《ま》ず『懺悔文《さんげもん》』を称《とな》える人もいる。

原文

我《が》昔《しゃく》所《しょ》造《ぞう》諸《しょ》悪《あく》業《ごう》

皆《かい》由《ゆ》無《む》始《し》貪《とん》瞋《じん》癡《ち》

従《じゅう》身《しん》語《ご》意《い》之《し》所《しょ》生《しょう》

一《いっ》切《さい》我《が》今《こん》皆《かい》懺《さん》悔《げ》

現代語訳

私たちが遠い昔から造ってきた悪い行い（や罪）【諸悪業《しょあくごう》】▼1は、みな、永遠の過去【無始《むし》】からの貪り、怒り、愚痴【貪瞋癡《とんじんち》】▼2によるもので、身体と言葉と心【身語意《しんごい》】▼3の三つの器官の働きによって生じた行為である。いま、われわれはみ仏の前ですべてを懺悔《さんげ》する。

▼1　**諸悪業《しょあくごう》**　仏教では、人は遠い過去から輪廻転生《りんねてんしょう》を繰り返して現在に至っていると考える。したがってここでいう悪業《あくごう》は、人が生まれてから今までに犯した罪業《ざいごう》だけでなく、前生での行いも含まれる。因果応報といわれるように、前生の行いが原因になって今があり、今生での行いを原因として未来に善悪の結果が生まれる。だから、十分に懺悔《さんげ》して行いを改めることが極めて重要になってくるのだ。

▼2　貪瞋癡《とんじんち》　これを「三毒《さんどく》」といい、煩悩《ぼんのう》（欲望）を造り出す根本的な原因である（210ページ▼9も参照）。「貪《とん》」は貪欲《どんよく》というように、何かを求める強い欲望。「瞋《じん》」は瞋恚《しんに》といい、他人やものごとに対して怒りの心を起こすこと。「癡《ち》」は愚痴で、根本的な知恵の欠如である。

▼3　身語意《しんごい》　「身」は身体的な行い。たとえば、モノを盗んだり、他人に暴力を振るったりすること。「語」は言葉のことで、言葉はすぐに消えてしまうが、後に善悪の結果を残す。たとえば、他人の悪口を言ったり、罵倒したり、失言したりするとその報いを受ける。「意」は心のことで、心に思っていると、やがてそれが身や語になってあらわれ、善悪の結果をもたらす。

この三つを「身語《しんご》（口《く》）意《い》の三業《さんごう》」という。「業《ごう》」とは行い（行為）のことで、身体と言葉と心から発した業《ごう》が善悪の結果を生み出すというのである。そして、身語《しんご》意《い》の三業《さんごう》を慎むことにより、善行を行えば、善い結果を生じ、悟りに近づく。

開経偈《かいきょうげ》

文字通り、経典を読む前に唱えられる偈文《げもん》(詩文)で、浄土真宗《じょうどしんしゅう》以外の各宗派で共通して読まれる。

『法華経《ほけきょう》』の「随喜功徳品《ずいきくどくほん》」にある偈文《げもん》に基づいてつくられたと考えられているが、出典や作者などは不明である。

法要などに先だって先《ま》ず、前項で述べた『懺悔文《さんげもん》』を称《とな》え、それから各宗派の経典を読む前に称えられるのが、この『開経偈《かいきょうげ》』である。深遠で有り難く、めったに出会うことができない経典に出会えたことに感謝し、その経典の内容を正確に理解させてくれることを願うのが趣旨である。

原文

無《む》上《じょう》甚《じん》深《じん》微《み》妙《みょう》法《ほう》
百《ひゃく》千《せん》万《まん》劫《ごう》難《なん》遭《そう》遇《ぐう》
我《が》今《こん》見《けん》聞《もん》得《とく》受《じゅ》持《じ》
願《がん》解《げ》如《にょ》来《らい》真《しん》実《じつ》義《ぎ》

現代語訳

この上なく奥深く、絶妙な教え【無上甚深微妙法《むじょうじんじんみみょうほう》】▼1に巡り合うことは非常に難しいことで【難遭遇《なんそうぐう》】、とてつもなく長い時間【百千万劫《ひゃくせんまんごう》】を経過しても難しい。しかしながら、今、私はその教えに出会って、これを拝受することができた【受持《じゅじ》】▼2。そこで、願わくば、如来《にょらい》の真実の教え【如来真実義《にょらいしんじつぎ》】▼3を理解させていただきたい。

▼1　**無上甚深微妙法**《むじょうじんじんみみょうほう》　他の仏典にもよく出て来る表現で、「法《ほう》」はブッダの教え、つまり、仏教のこと。その教えが限りなく深遠で、完璧《かんぺき》なものであるということ。

▼2　**受持**《じゅじ》　貴い経典に出会い、それを自分のものとして保ち、信仰すること。『法華《ほけ》経《きょう》』には経典の功徳《くどく》として受持《じゅじ》・読誦《どくじゅ》・解説・書写を挙げている。「読誦《どくじゅ》」は声を

出して経典を読むこと。つまり、読経《どきょう》のことだが、文字を見ながら読むのを「読《どく》」、文字を見ないで空で読むのを「誦《じゅ》」という。「解説」は僧侶など経典に精通した人が、その内容を分かり易く説き聞かせること。「書写」は書き写すこと、つまり、写経のことである。

▼3 **如来真実義**《にょらいしんじつぎ》　如来《にょらい》（ブッダ）は悠久の過去から、未《み》来永劫《らいえいごう》にわたって変わることのない、不易の真理（真実）を発見した。その真理の世界が悟りの世界で、真理のことを「真如《しんにょ》」という。如来《にょらい》は真如《しんにょ》の世界に到達し、そこから、この娑婆《しゃば》世界で迷い、苦しむ人々を救うために再び還《かえ》ってきたのである。真如《しんにょ》の世界からやって来た人という意味で「如来《にょらい》」と呼ばれる。歴史上、偉大な悟りを開いて如来《にょらい》（ブッダ）になったのは釈迦《しゃか》だけだが、大乗《だいじょう》仏教の時代になると、阿弥陀《あみだ》如来《にょらい》や薬師《やくし》如来《にょらい》、毘盧遮《びるしゃ》那《な》如来《にょらい》、大日如来《だいにちにょらい》などさまざまな如来《にょらい》が登場してきた。

法華経《ほけきよう》　観世音菩薩普門品第二十五《かんぜおんぼさつふもんぼん》（通称、観音経《かんのんぎよう》）

『観音経《かんのんぎよう》』として親しまれているお経で、真言宗《しんごんしゆう》、天台宗《てんだいしゆう》、臨済宗《りんざいしゆう》、曹洞宗《そうとうしゆう》、日蓮宗《にちれんしゆう》などの各宗派で法要などの折に幅広く読まれ、また、『法華経《ほけきよう》』を中心に発展した新仏教教団においても盛んに読まれ、信仰されている。

観世音菩薩《かんぜおんぼさつ》（観音菩薩《かんのんぼさつ》）の来歴や功徳《くどく》について説かれており、すでにインドで盛んに信仰され、中国、日本でも爆発的な信仰を保ち続けてきた観音《かんのん》信仰のバイブルである。さらに、この経典に基づいて西国《さいごく》三十三観音霊場《かんのんれいじよう》などが整備され、今も多くの人々が霊場を巡っている。

『般若心経《はんにゃしんぎよう》』とともに最もポピュラーな経典として知られているが、『般若心経《はんにゃしんぎよう》』が写経などによく使われて、どちらかというと庶民的な信仰であるのに対して、『観音経《かんのんぎよう》』はこの経典をいわば人生の糧として信仰している人が多い。その点で熱心な信仰を保ち続けているといえる。

原文

世《せ》尊《そん》妙《みょう》相《そう》具《ぐ》
我《が》今《こん》重《じゅう》問《もん》彼《ぴ》
仏《ぶつ》子《し》何《が》因《いん》縁《ねん》
名《みょう》為《い》観《かん》世《ぜ》音《おん》
具《ぐ》足《そく》妙《みょう》相《そう》尊《そん》
偈《げ》答《とう》無《む》尽《じん》意《にい》
汝《にょう》聴《ちょう》観《かん》音《のん》行《ぎょう》

現代語訳

世尊《せそん》▼1（釈迦如来《しゃかにょらい》）は（三十二相八十種好《そうはちじっしゅこう》などのわれわれ凡人にはない）優れた姿【妙相《みょうそう》】▼2（偉人の相）を具《そな》えていらっしゃる。私（無尽意菩薩《むじんいぼさつ》）はいま、重ねて観世音菩薩《かんぜおんぼさつ》のことについてお尋ね申し上げる。

「仏の子はどういう因縁で、観世音《かんぜおん》と名付けられたのでしょうか」と。

（これに対して）優れたお姿を具えられた世尊《せそん》は次のような偈《げ》▼3（詩文）でお応《こた》えになられた。

「（これから）あなたに観音《かんのん》の優れた行《ぎょう》について話すので、よく聞きなさい。観音菩薩《かんのんぼさつ》はあら

善《ぜん》応《のう》諸《しょ》方《ほう》所《しょ》
弘《ぐ》誓《ぜい》深《じん》如《にょ》海《かい》
歴《りゃく》劫《こう》不《ふ》思《し》議《ぎ》
侍《じ》多《た》千《せん》億《のく》仏《ぶつ》
発《ほっ》大《だい》清《しょう》浄《じょう》願《がん》
我《が》為《い》汝《にょ》略《りゃく》説《せっ》
聞《もん》名《みょう》及《ぎっ》見《けん》身《しん》
心《しん》念《ねん》不《ふ》空《くう》過《か》
能《のう》滅《めっ》諸《しょ》有《う》苦《く》

ゆる場所から救いを求める、あらゆる人々の願いに応じてくれる。観音菩薩《かんのんぼさつ》が人々を救おうという誓願《せいがん》【弘誓《ぐぜい》】は海のように深いのだ。その深さは劫《こう》という長い時間が経っても言葉で言い表したり、心でおしはかることができない【不思議《ふしぎ》】[4]。（観音菩薩《かんのんぼさつ》は）何千億という仏に仕え、この上なく偉大で清らかな願い【大清浄願《だいしょうじょうがん》】[5]をおこして修行に励んだのだ。私はあなたのために略して（その要点を）説こう。観世音菩薩《かんぜおんぼさつ》の名を聞き、その姿を見、心に念じ（イメージして）、空しく過ごすことがなければ、（観音菩薩《かんのんぼさつ》は）人々のあらゆる苦悩を滅してくれるだろう。

仮《け》使《し》興《こう》害《がい》意《い》
推《すい》落《らく》大《だい》火《か》坑《きょう》
念《ねん》彼《ぴ》観《かん》音《のん》力《りき》
火《か》坑《きょう》変《へん》成《じょう》池《ち》
或《わく》漂《ひょう》流《る》巨《こ》海《かい》
龍《りゅう》魚《ご》諸《しょ》鬼《き》難《なん》
念《ねん》彼《ぴ》観《かん》音《のん》力《りき》
波《は》浪《ろう》不《ふ》能《のう》没《もつ》
或《わく》在《ざい》須《しゅ》弥《み》峯《ぶ》

たとえ、悪意のあるものが誰かを殺そうとして火坑《かきょう》に陥れたとしても、観音菩薩《かんのんぼさつ》の力を心に念ずれば、火坑は水をたたえた池に変わるだろう。あるいは大海原を漂流して、龍やさまざまな魚（怪魚）や鬼に出会い、危害を加えられても、観音菩薩《かんのんぼさつ》の力を念ずれば、逆巻く波も彼を溺《おぼ》れさせることはできないだろう。

あるいは須弥山《しゅみせん》▼6の頂上から、誰かに突き落とされたとしても、観音菩薩《かんのんぼさつ》の力を念ずれば、太

為《い》人《にん》所《しょ》推《すい》堕《だ》
念《ねん》彼《ぴ》観《かん》音《のん》力《りき》
如《にょ》日《にち》虚《こ》空《くう》住《じゅう》
或《わく》被《ひ》悪《あく》人《にん》逐《ちく》
堕《だ》落《らく》金《こん》剛《ごう》山《せん》
念《ねん》彼《ぴ》観《かん》音《のん》力《りき》
不《ふ》能《のう》損《そん》一《いち》毛《もう》
或《わく》値《ちじ》怨《おん》賊《ぞく》繞《にょう》
各《かく》執《しゅう》刀《とう》加《か》害《がい》

陽のように虚空に留《とど》まっているであろう。あるいは悪人に追われて金剛山《こんごうせん》▼7から堕《お》ちたとしても、観音菩薩《かんのんぼさつ》の力を念ずれば、一本の毛さえも失うことなく無事でいられるだろう。

あるいは、怨《うら》みを持った賊に囲まれ、刀で切りつけられそうになっても、観音菩薩《かんのんぼさつ》の力を念ずれば、（極悪非道の）賊もことごとく慈しみ

念《ねん》彼《ぴ》観《かん》音《のん》力《りき》
咸《げん》即《そっ》起《き》慈《じ》心《しん》
或《わく》遭《そう》王《おう》難《なん》苦《く》
臨《りん》刑《ぎょう》欲《よく》寿《じゅ》終《じゅう》
念《ねん》彼《ぴ》観《かん》音《のん》力《りき》
刀《とう》尋《じん》段《だん》段《だん》壊《ね》
或《わく》囚《しゅ》禁《きん》枷《か》鎖《さ》
手《しゅ》足《そく》被《ひ》杻《ちゅう》械《かい》
念《ねん》彼《ぴ》観《かん》音《のん》力《りき》

の心を起こすだろう。あるいは、国王によって処刑されそうになっても、まさに命が断たれようとするとき、観音菩薩《かんのんぼさつ》の力を念ずれば、（斬首に用いる）刀は粉々に壊れてしまうだろう。

あるいは、囚《とら》われの身になって首枷《くびかせ》、手枷《てかせ》、足枷《あしかせ》でがんじがらめに縛られても、観音菩薩《かんのんぼさつ》の力を念ずれば、すぐさま【釈然《しゃくねん》】解放【解脱《げだつ》】▼8されるだろう。さらに、誰かに呪《のろ》いとさまざまな毒薬によって、危害を加えられそうになって

釈《しゃく》然《ねん》得《とく》解《げ》脱《だつ》
呪《しゅ》詛《そ》諸《しょ》毒《どく》薬《やく》
所《しょ》欲《よく》害《がい》身《しん》者《じゃ》
念《ねん》彼《ぴ》観《かん》音《のん》力《りき》
還《げん》著《じゃく》於《お》本《ほん》人《にん》
或《わく》遇《ぐ》悪《あく》羅《ら》刹《せつ》
毒《どく》龍《りゅう》諸《しょ》鬼《き》等《とう》
念《ねん》彼《ぴ》観《かん》音《のん》力《りき》
時《じ》悉《しつ》不《ぷ》敢《かん》害《がい》

も、観音菩薩《かんのんぼさつ》の力を念ずれば、その呪いや毒薬の害はそれを加えようとした人に降りかかるだろう。

あるいは、極悪な鬼【羅刹《らせつ》】[9]や毒をもった龍[10]やさまざまな鬼などに遭遇したとき、観音菩薩《かんのんぼさつ》の力を念ずれば、彼らは敢《あ》えて害を加えないだろう。

また、もしも恐ろしい獣に取り囲まれて、その鋭い牙《きば》や爪に言いしれぬ恐怖を感じたとして

若《にゃく》悪《あく》獣《じゅ》《じゅう》囲《い》繞《にょう》
利《り》牙《げ》爪《そう》可《か》怖《ふ》
念《ねん》彼《ぴ》観《かん》音《のん》力《りき》
疾《しっ》走《そう》無《む》辺《へん》方《ぼう》
蚖《がん》蛇《じゃ》及《ぎゅう》蝮《ふっ》蠍《かっ》
気《け》毒《どく》煙《えん》火《か》燃《ねん》
念《ねん》彼《ぴ》観《かん》音《のん》力《りき》
尋《じん》声《じょう》《しょう》自《じ》回《え》去《こ》
雲《うん》雷《らい》鼓《く》掣《せい》電《でん》

も、観音菩薩《かんのんぼさつ》の力を念ずれば、彼らはすぐさま地の果てまで逃げ去ってしまうだろう。トカゲや蛇やマムシやサソリの毒気に犯されて火に焼かれるような苦痛を受けても、観音菩薩《かんのんぼさつ》の力を念ずれば、それらはたちどころに消え失せてしまうだろう。また、雷が轟《とどろ》いて稲妻が走り、大雨や霰《あられ》が降り注いでも、観音菩薩《かんのんぼさつ》の力を念ずれば、それらはたちまち消え失せるだろう。

降《ごう》雹《ばく》澍《じゅ》大《だい》雨《う》
念《ねん》彼《ぴ》観《かん》音《のん》力《りき》
応《おう》時《じ》得《とく》消《しょう》散《さん》
衆《しゅ》生《じょう》被《ひ》困《こん》厄《やく》
無《む》量《りょう》苦《く》逼《ひっ》身《しん》
観《かん》音《のん》妙《みょう》智《ち》力《りき》
能《のう》救《く》世《せ》間《けん》苦《く》
具《ぐ》足《そく》神《じん》通《ずう》力《りき》
広《こう》修《しゅ》智《ち》方《ほう》便《べん》

人々が困難や災いを被って、大変な苦しみが迫って来ようとしているとき、観音菩薩《かんのんぼさつ》の妙《たえ》なる力【妙智《みょうち》】▼[11]この世間から（一切の）苦しみを取り去るのである。（観音菩薩《かんのんぼさつ》は）神通力《じんずうりき》を具え、深遠な智慧《ちえ》を働かして巧みな手段【方便《ほうべん》】を駆使して人々を教え導き、あらゆる方角【十方《じっぽう》】にある多くの国土《こくど》に、どこの国土《こくど》であれ、姿を見せないことはないのだ。種々の悪い世界【悪趣《あくしゅ》】、すなわち、地獄《じごく》と餓鬼《がき》と畜生《ちくしょう》に生まれる苦しみ、そして、生老病死《しょうろうびょうし》▼[12]の苦しみから、（観《かん》

十《じっ》方《ぽう》諸《しょ》国《こく》土《ど》
無《む》刹《せつ》不《ぷ》現《げん》身《しん》
種《しゅ》種《じゅ》諸《しょ》悪《あく》趣《しゅ》
地《じ》獄《ごく》鬼《き》畜《ちく》生《しょう》
生《しょう》老《ろう》病《びょう》死《し》苦《く》
以《い》漸《ぜん》悉《しつ》令《りょう》滅《めつ》
真《しん》観《かん》清《しょう》浄《じょう》観《かん》
広《こう》大《だい》智《ち》慧《え》観《かん》
悲《ひ》観《かん》及《ぎゅう》慈《じ》観《かん》

音《のん》菩《ぼ》薩《さつ》の力）によってことごとく滅せられるであろう。

また、観音菩薩《かんのんぼさつ》には真理（真実）を見極める力【真観《しんかん》】、清らかなもの（とそうではないもの）を見極める力【清浄観《しょうじょうかん》】、計り知れない深遠な智慧《ちえ》の力【広大智慧観《こうだいちえかん》】、すべてのものを慈しみ、救う力【悲観及慈観《ひかんぎゅうじかん》】▼[13]が具わっている。

常《じょう》願《がん》常《じょう》瞻《せん》仰《ごう》
無《む》垢《く》清《しょう》浄《じょう》光《こう》
慧《え》日《にち》破《は》諸《しょ》闇《あん》
能《のう》伏《ぶく》災《さい》風《ふう》火《か》
普《ふ》明《みょう》照《しょう》世《せ》間《けん》
悲《ひ》体《たい》戒《かい》雷《らい》震《しん》
慈《じ》意《い》妙《みょう》大《だい》雲《うん》
澍《じゅ》甘《かん》露《ろ》法《ほう》雨《う》
滅《めつ》除《じょ》煩《ぼん》悩《のう》焔《えん》

常に願いを込めて仰ぎ見なさい！　穢《けが》れのない【無垢《むく》】、限りなく清らかな太陽のような智《ち》慧《え》の光【慧日《えにち》】はさまざまな迷いの闇を破り、災いの風と火を消して、広く世間を照らすであろう。観音菩薩《かんのんぼさつ》の悲《ひ》の心は雷が空を震わせるような勢いで、そして、その慈しみの心は妙なる大雲のように（雲が慈雨を降り注いで草木を潤すように）、悟りの助けになる教えの雨【甘露《かんろ》法雨《ほうう》】[▼14]を降り注ぎ、（激しく燃え盛る）煩悩《ぼんのう》の焔《ほのお》を消し去ってくれるだろう。

諍《じょう》訟《しょう》経《きょう》官《かん》処《じょ》《しょ》
怖《ふ》畏《い》軍《ぐん》陣《じん》中《ちゅう》
念《ねん》彼《ぴ》観《かん》音《のん》力《りき》
衆《しゅ》怨《おん》悉《しつ》退《たい》散《さん》
妙《みょう》音《おん》観《かん》世《ぜ》音《おん》
梵《ぼん》音《のん》海《かい》潮《ちょう》音《おん》
勝《しょう》彼《ひ》世《せ》間《けん》音《のん》
是《ぜ》故《こ》須《しゅ》常《じょう》念《ねん》
念《ねん》念《ねん》勿《もつ》生《しょう》疑《ぎ》

たとえば、訴訟が起きて公の場で争っているとき、戦場に行って（言いしれぬ）恐怖を感じたとき、観音菩薩《かんのんぼさつ》の力を念ずれば、多くの怨みは（たちまち）消え去るであろう。

観音菩薩《かんのんぼさつ》の妙なる音（声）は梵天《ぼんてん》の発する清浄な音（声）やブッダ（釈迦《しゃか》）が説法する際に発する波のような大きな音（声）【梵音海潮音《ぼんのんかいちょうおん》】のようで、世間のすべての音よりも優れている。それ故（このように観音菩薩《かんのんぼさつ》はあらゆる面において優れているから）、常に観音菩薩《かんのんぼさつ》に思いを馳《は》せていなさい【是故須常念《ぜこしゅじょうねん》】。そして、思いを馳せるときには決して疑いの心を起こしてはならない！

観《かん》世《ぜ》音《おん》浄《じょう》聖《しょう》
於《お》苦《く》悩《のう》死《し》厄《やく》
能《のう》為《い》作《さ》依《え》怙《ご》
具《ぐ》一《いっ》切《さい》功《く》徳《どく》
慈《じ》眼《げん》視《じ》衆《しゅ》生《じょう》
福《ふく》聚《じゅ》海《かい》無《む》量《りょう》
是《ぜ》故《こ》応《おう》頂《ちょう》礼《らい》
爾《に》時《じ》。持《じ》地《じ》菩《ぼ》薩《さつ》。即《そく》
従《じゅう》座《ざ》起《き》。前《ぜん》白《びゃく》仏《ぶつ》言《ごん》。

観音菩薩《かんのんぼさつ》は清らかで神聖で、（われわれが）苦悩や、死や困難なことや災いに直面したとき、（力強い）拠り所《よりどころ》【依怙《えこ》】となってくれるのだ。（そして、）観音菩薩《かんのんぼさつ》は一切の功徳《くどく》を具《そな》え、慈しみの眼【慈眼《じげん》】をもって常に生きとし生けるものを見守っておられる。その福徳《ふくとく》【福聚《ふくじゅ》】は大海原のように広大無辺で尽きることがない。それ故、頭を地に着けて礼拝《らいはい》【頂礼《ちょうらい》】すべきである」

そのとき（このようにブッダ（世尊《せそん》）が述べ終わったとき）、持地菩薩《じじぼさつ》▼15がすぐに座から立ち上がって、前に進み、

世《せ》尊《そん》。若《にやく》有《う》衆《しゆ》生《じよう》。聞《もん》是《ぜ》観《かん》世《ぜ》音《おん》菩《ぼ》薩《さつ》品《ぽん》。自《じ》在《ざい》之《し》業《ごう》。普《ふ》門《もん》示《じ》現《げん》。神《じん》通《ずう》力《りき》者《しや》。当《とう》知《ち》是《ぜ》人《にん》。功《く》徳《どく》不《ふ》少《しよう》。仏《ぶつ》説《せつ》是《ぜ》普《ふ》門《もん》品《ぼん》時《じ》。衆《しゆ》中《ちゆう》八《はち》万《まん》四《し》千《せん》衆《しゆ》生《じよう》皆《かい》発《ほつ》無《む》等《とう》等《とう》。阿《あ》耨《のく》多《た》羅《ら》三《さん》藐《みやく》三《さん》菩《ぼ》提《だい》心《しん》。

「もし、この観世音菩薩品《かんぜおんぼさつぼん》（『観音経《かんのんぎよう》』）に説かれている（観音菩薩《かんのんぼさつ》が）自由自在に（衆生《しゆじよう》を）救ってくれるという能力と、（観音菩薩《かんのんぼさつ》が）神通力《じんずうりき》によって（救いを求める人があれば）どこにでも現れてくれるという力について聞く者がいれば、（その人は聞いただけで）大きな功徳《くどく》に与《あずか》ったと知るべきである」

と、言った。

世尊《せそん》が「普門品《ふもんぼん》（『観音経《かんのんぎよう》』）」とお説きになったとき、八万四千《はちまんしせん》[16]の人々は皆、（ブッダと同レベルの）最高の悟り【阿耨多羅三藐三菩提《あのくたらさんみやくさんぼだい》】[17]を求める心を発したのである。

▼1　**世尊**《せそん》　釈迦牟尼世尊《しゃかむにせそん》というのがシャカの正式名称。「釈迦《しゃか》」は彼が属したシャカ族という部族の名。「牟尼《むに》」はサンスクリット語のムニの音写語で、聖者の意味。そして、「世尊《せそん》」は文字通り世の尊敬に値する人という意味だ。ふつうは略して「釈迦《しゃか》」、あるいは親しみを込めて「お釈迦《しゃか》さま」「お釈迦《しゃか》さん」などと言っている。

▼2　**妙相**《みょうそう》　如来《にょらい》にはわれわれ凡人には見られない、いわゆる偉人の相が具《そな》わっているという。時代が下るとそれが「三十二相《そう》、八十種好《はちじっしゅこう》」と呼ばれる、三十二の大きな特徴と、それに付随する八十の特徴にまとめられるようになった。たとえば、眉間《みけん》にあるホクロのようなものは「眉間白毫相《みけんびゃくごうそう》」といい、眉間に空いた穴の中に白い毛が渦を巻いて収まっている。如来《にょらい》が人を救おうと思った時や優れた説法をするときにはその毛が外に伸びて光を放つという。これが救いの光明《こうみょう》だ。

▼3　**偈**《げ》　仏典は散文と韻文の組み合わせで著されている。ふつう、散文の次に韻文を重ねて散文の内容を繰り返すことが多い。韻文は散文の内容をより強調する意味があり、この箇所のように散文がなくて、いきなりブッダが偈《げ》（韻文）で応《こた》えたということは、如何《いか》に重要な内容を語っているかを示している。

▼4　**不思議**《ふしぎ》　サンスクリット語でアチントヤといい、「不可思議《ふかしぎ》」とも訳す。言葉で言い表わしたり、心でおしはかったりすることができないこと。ブッダの悟りの境地などを表わし、『華厳経《けごんぎょう》』や『維摩経《ゆいまきょう》』は『不可思議解脱経《ふかしぎげだつきょう》』と呼ばれ、阿弥陀如《あみだにょ》来《らい》は「不可思議光如来《ふかしぎこうにょらい》」とも呼ばれる。

▼5 **大清浄願**《だいしょうじょうがん》　如来《にょらい》は修行時代の菩薩《ぼさつ》のとき、衆生《しゅじょう》を救うために願《がん》（誓願《せいがん》）をたてて、それが実現可能になるように修行に励む。これを「大願《たいがん》」といい、阿弥陀如来《あみだにょらい》は菩《ぼ》薩《さつ》時代に四十八《しじゅうはち》の大願《たいがん》をたてて、とてつもなく長い間修行に励んだ結果、その願《がん》を実現可能にして悟りを開いた。また、薬師如来《やくしにょらい》は十二の大願《たいがん》をたてた。

▼6 **須弥山**《しゅみせん》　サンスクリット語のスメールの音写で、妙高《みょうこう》などともいう。仏教の世界観の中心に聳《そび》えるという、計り知れないほどの標高を持った山。

▼7 **金剛山**《こんごうせん》　『法華経《ほけきょう》』に登場する法起菩薩《ほうきぼさつ》の住処《すみか》とされる山。日本でも各地に金剛山《こんごうせん》と称する山があり、金剛山《こんごうせん》の山号をもつ寺院もある。

▼8 **解脱**《げだつ》　苦しみや迷いから解放されること。輪廻転生《りんねてんしょう》から解放されることで、悟りの意味。しかし、ここでは手枷《てかせ》、足枷《あしかせ》などの拘束から解き放たれることを意味している。

▼9 **羅刹**《らせつ》　いわゆる悪鬼で、神通力《じんずうりき》を具え、他人を惑わして喰《く》らうという。男の鬼はサンスクリット語でラークシャサ（羅刹婆《らせつば》）、女の鬼はラークシャシー（羅刹女《らせつにょ》）という。男の羅刹《らせつ》は極めて醜く獰猛《どうもう》で、羅刹女《らせつにょ》はみな絶世の美女だが、心は氷のように冷たく、残忍極まりないという。しかし、女性については力強く救ってくれるといい、『法華経《ほけきょう》』の「陀羅尼品《だらにほん》」には十人の羅刹女《らせつにょ》（十羅刹女《じゅうらせつにょ》）が女人成仏《にょにんじょうぶつ》を助けると説かれている。

▼10 **毒を持った龍**　龍はもともと蛇のことで、毒を持った龍はキングコブラのこと。

また、毒蛇は煩悩《ぼんのう》（欲望）にも譬《たと》えられることから、ここでは煩悩《ぼんのう》に取りつかれるという意味も含んでいる。

▼11　**妙智《みょうち》**　想像を絶するような力を発揮する原動力となる観音菩薩《かんのんぼさつ》の広大無辺の智慧《ちえ》。

▼12　**生老病死《しょうろうびょうし》**　この世に生まれて来ると、やがて老いに苦しみ、病に苦しみ、死の恐怖に苦しむ。そして、その根本の原因はこの世に生を受けたことである。仏教では生《しょう》老病死《ろうびょうし》の四つの苦《く》に、人と別離することに対する苦しみ（愛別離苦《あいべつりく》）、嫌な人と会わなければならない苦しみ（怨憎会苦《おんぞうえく》）、求めるものが手に入らない苦しみ（求不得《ぐふと》苦《く》）、そして、身の回りの実体のない存在が盛んに苦しみを創り出している（五蘊《ごうん》盛苦《じょうく》）という四つの苦《く》を加えて「四苦八苦《しくはっく》」という。

▼13　**観《かん》**　サンスクリット語でヴィパシャナー。観世音菩薩《かんぜおんぼさつ》の「観《かん》」にも表わされているように、仏の深遠な正しい智慧《ちえ》でありのままの姿をとらえること。凡夫《ぼんぷ》が視覚で見るのとは違い、ものごとの紛れもない真実を即座に把握する力である。

▼14　**甘露法雨《かんろほうう》**　「甘露《かんろ》」はサンスクリット語のアムリタの訳で、「不死」という意味。悟りの境地を表わす言葉である。「法《ほう》」はブッダの教えのことで、甘露法雨《かんろほうう》とは人々を悟り（甘露《かんろ》）に導くために、さまざまな手段で説法をし続けるという意味である。

▼15　**持地菩薩《じじぼさつ》**　地蔵菩薩《じぞうぼさつ》の異名。ブッダ（釈迦《しゃか》）が亡くなってから、五十六億七千万年後に弥勒菩薩《みろくぼさつ》がこの娑婆《しゃば》世界に降りて来て悟りを開き、すべての人々を救うまで、

娑婆《しゃば》世界にはブッダ（仏）がいない「無仏《むぶつ》の時代」が続く。しかも、仏滅《ぶつめつ》後、千五百年、あるいは二千年後には「末法《まっぽう》」と呼ばれる闇黒《あんこく》の世界が到来する。地蔵菩薩《じぞうぼさつ》は無仏《むぶつ》の時代をしっかりと守るようにと、釈迦《しゃか》から厳命されたといわれている。

▼16 **八万四千《はちまんしせん》**　大乗仏典《だいじょうぶってん》にはよく、釈迦《しゃか》は「八万四千《はちまんしせん》の法門《ほうもん》」を説いたという表現が出て来る。仏教では多数や数え切れないといった意味で、実数ではなく、膨大な数を表わす常套句《じょうとうく》。

▼17 **阿耨多羅三藐三菩提《あのくたらさんみゃくさんぼだい》**　サンスクリット語のアヌッタラー・サンミャク・サン・ボーディの音写語で、「無上正等覚《むじょうしょうとうがく》」などと意訳される。悟りには次元の高いものから低いものまで、さまざまな階梯《かいてい》（レベル）があると考えられているが、阿耨多羅《あのくたら》三藐三菩提《さんにゃくさんぼだい》はブッダが到達した最高レベルの悟りとされる。

大乗仏教《だいじょうぶっきょう》では優れた経典を聞いたものはこの悟りに至るといわれ、『般若心経《はんにゃしんぎょう》』など多くの経典にも説かれる。サンスクリット語の「アヌッタラー」「サンミャク」「サン」はどれも「最高の」「最上の」という意味で、これらの形容詞を重ねることで、「この上ない悟り」という意味を強調している。また、「菩提《ぼだい》」は悟りの意味で、仏教の出発点は「発菩提心《ほつぼだいしん》」、すなわち、悟りを求める心（菩提心《ぼだいしん》）を発《お》こすことにある。『観音経《かんのんぎょう》』を聞くだけで、衆生《しゅじょう》は最高の悟りを得ようとの心を発すということである。

法華経《ほけきょう》　如来寿量品《にょらいじゅりょうほん》第十六（自我偈《じがげ》）

『法華経《ほけきょう》』を中心とする天台宗《てんだいしゅう》や日蓮宗《にちれんしゅう》で日常的に読経《どきょう》が行われている。「如来寿量《にょらいじゅりょう》品《ほん》」は仏の永遠の寿命（寿量《じゅりょう》）について説いた一品《いっぽん》（一章）で、「久遠実成《くおんじつじょう》」の釈迦如《しゃかにょ》来《らい》が説かれている。久遠実成《くおんじつじょう》とは遠い過去（久遠）に仏（如来《にょらい》）となった釈迦《しゃか》が今も生き続け、未来永劫《みらいえいごう》に渡ってわれわれを救い続けてくれるという意味である。日蓮《にちれん》はこれを仏教の眼目（最も重要な部分）として重要視した。「自我得仏来《じがとくぶつらい》（私が仏となってより来）」という言葉で始まることから「自我偈《じがげ》」と呼ばれ、さらには久遠実成《くおんじつじょう》の如来《にょらい》を説くことから「久遠偈《くおんげ》」とも呼ばれる。

タイトルが示している通り、如来《にょらい》の寿命について語っている。如来《にょらい》は永遠の寿命を保ち、しかも、いつでもどこにでもわれわれの側近くにいて、教え導き、われわれを救ってくれる。しかし、ブッダ（如来《にょらい》）がいつまでも身近にいると思うと、世の人々はいつでも救ってもらえるという安心感から、怠惰な生活をしたり、おごりたかぶり、また、ブッダを敬わなくなる。だから、その戒めとして巧みな手段（方便《ほうべん》）をもってこの世から姿を消した。親がいなくなってはじめてその有難さが分かるといったところだ。

原文

自《じ》我《が》得《とく》仏《ぶつ》来《らい》
所《しょ》経《きょう》諸《しょ》劫《こっ》数《しゅ》
無《む》量《りょう》百《ひゃく》千《せん》万《まん》
億《のく》載《さい》阿《あ》僧《そう》祇《ぎ》
常《じょう》説《せっ》法《ぽう》教《きょう》化《け》

現代語訳

世間の人々は私が今生（生まれてから死ぬまでの間）で悟りを開いて仏（如来《にょらい》）となったと思っているだろうが、実はそうではないのだ。私が如来《にょらい》となってから、実に百千万億載阿僧祇《ひゃくせんまんのくさいあそうぎ》劫《こう》[1]という、とてつもない長い時間が経過しているのである。

その間、私は常に教え【法《ほう》】を説き、数えきれないほど多くの【無数億《むしゅおく》】の人々を教え導い

無《む》数《しゅ》億《おく》衆《しゅ》生《じょう》　令《りょう》入《にゅう》於《お》仏《ぶつ》道《どう》　爾《に》来《らい》無《む》量《りょう》劫《こう》　為《い》度《ど》衆《しゅ》生《じょう》故《こ》

方《ほう》便《べん》現《げん》涅《ね》槃《はん》　而《に》実《じつ》不《ふ》滅《めつ》度《ど》　常《じょう》住《じゅう》此《し》説《せつ》法《ぽう》　我《が》常《じょう》住《じゅう》於《お》此《し》

以《い》諸《しょ》神《じん》通《ずう》力《りき》

てきた。その教え導いてきた時間はやはりとてつもなく長い【無量劫《むりょうこう》】のだ。生きとし生けるもの【衆生《しゅじょう》】を救おうとして、あらゆる巧みな手段【方便《ほうべん》】を駆使して（私が）この世を去ったことを人々に示した【方便現涅槃《ほうべんげんねはん》】。▼2 しかし、実際には私は亡くなったのではなく、常にこの娑婆《しゃば》世界▼3にいて教えを説き続けているのだ。

ただし、私は常にこの娑婆《しゃば》世界にいて、皆の身近にあるのだが、さまざまな神通力《じんずうりき》を用いて、迷っているもの【顚倒衆生《てんどうしゅじょう》】には（私の）姿が

令《りょう》顛《てん》倒《どう》衆《しゅ》生《じょう》
雖《すい》近《ごん》而《に》不《ふ》見《けん》
衆《しゅ》見《けん》我《が》滅《めつ》度《ど》
広《こう》供《く》養《よう》舎《しゃ》利《り》
咸《げん》皆《かい》懐《え》恋《れん》慕《ぼ》
而《に》生《しょう》渇《かつ》仰《ごう》心《しん》
衆《しゅ》生《じょう》既《き》信《しん》伏《ぶく》
質《しち》直《じき》意《い》柔《にゅう》軟《なん》
一《いっ》心《しん》欲《よく》見《けん》仏《ぶっ》

見えないようにしているのだ。しかし、世の人々は私が亡くなったことを受けて、（私の遺体を茶毘《だび》に付し、仏塔を建てて）舎利《しゃり》をまつり、▼4（仏塔に参集しては）私を恋い慕って、信仰の念【渇仰心《かつごうしん》】を深めているのだ。

このような信仰を持った人々の心は素直【質直《しちじき》】で、しかも柔軟《にゅうなん》で（わだかまりがなく）、ひたすらブッダにお会いしたいと願い、（ブッダに会うためには）自らの命さえ惜しむことがないのだ。

不《ふ》自《じ》惜《しゃく》身《しん》命《みょう》
時《じ》我《が》及《ぎゅう》衆《しゅ》僧《そう》
倶《く》出《しゅつ》霊《りょう》鷲《じゅ》山《せん》
我《が》時《じ》語《ご》衆《しゅ》生《じょう》
常《じょう》在《ざい》此《し》不《ふ》滅《めつ》
以《い》方《ほう》便《べん》力《りき》故《こ》
現《げん》有《う》滅《めつ》不《ふ》滅《めつ》
余《よ》国《こく》有《う》衆《しゅ》生《じょう》
恭《く》敬《ぎょう》信《しん》楽《ぎょう》者《しゃ》

このとき、[5]私は弟子たちとともに、霊鷲山《りょうじゅせん》[6]に姿を現すのだ。そして、私は次のように語るのだ。

私は常にこの世に存在し続け、亡くなることはない【不滅《ふめつ》】。ただ、巧みな手立て（方便《ほうべん》）によって、姿を消すこともあれば、また、姿を現すこともある。

また、（われわれが住む娑婆《しゃば》世界以外の）別の世界に私（ブッダ）を敬い、その教えを信ずるものがあれば、いつでもその世界に行って最高の教えを説くであろう。（このように私は永遠の存在で、常に人々の近くにいるのに）あなたたちは私の言うことを聞かず（信じないで）【汝等不聞此《にょとうふもんし》】、ブッダはもう亡くなってしまっ

我《が》復《ぶ》於《お》彼《ひ》中《ちゅう》
為《い》説《せつ》無《む》上《じょう》法《ほう》
汝《にょ》等《とう》不《ふ》聞《もん》此《し》
但《たん》謂《に》我《が》滅《めつ》度《ど》
我《が》見《けん》諸《しょ》衆《しゅ》生《じょう》
没《もつ》在《ざい》於《お》苦《く》海《かい》
故《こ》不《ふ》為《い》現《げん》身《しん》
令《りょう》其《ご》生《しょう》渇《かつ》仰《ごう》
因《いん》其《ご》心《しん》恋《れん》慕《ぼ》

たと思い込んでいるのだ。

世の多くの人々【衆生《しゅじょう》】を見渡していると、みな苦しみの淵《ふち》【苦海《くかい》】▼7に沈んでいることが分かる。そして、私が姿を現さないから、人々は余計に私を慕い、敬う【渇仰《かつごう》】心を起こして止まないのだ。人々に私を恋慕する心が起こったなら、私は（即座に）そこに行って姿を現し、彼らのために教えを説くであろう。私の神通力《じんずうりき》はこのように優れたものである（人々の願いに

乃《ない》出《しゅつ》為《い》説《せつ》法《ぽう》
神《じん》通《ずう》力《りき》如《にょ》是《ぜ》
於《お》阿《あ》僧《そう》祇《ぎ》劫《こう》
常《じょう》在《ざい》霊《りょう》鷲《じゅ》山《せん》
及《ぎゅう》余《よ》諸《しょ》住《じゅう》処《しょ》
衆《しゅ》生《じょう》見《けん》劫《こう》尽《じん》
大《だい》火《か》所《しょ》焼《しょう》時《じ》
我《が》此《し》土《ど》安《あん》穏《のん》
天《てん》人《にん》常《じょう》充《じゅう》満《まん》

応じていかようにも対応できるのである）。私は阿《あ》僧《そう》祇《ぎ》劫《こう》というとてつもなく長い間、常に霊鷲山《りょうじゅせん》や他の多くの世界に存在しているのである。

世界が大火《だいか》に焼かれて滅びるときがやってきても、私の国土[8]は平和【安穏《あんのん》】で、何の憂いもなく暮らす神々と人々（天人《てんにん》）とで満たされている。そして、その国土《こくど》には美しい花園や林があり、荘厳なお堂や楼閣が建ち並んでいる。建

園《おん》林《りん》諸《しょ》堂《どう》閣《かく》
種《しゅ》種《じゅ》宝《ほう》荘《しょう》厳《ごん》
宝《ほう》樹《じゅ》多《た》花《け》果《か》
衆《しゅ》生《じょう》所《しょ》遊《ゆう》楽《らく》
諸《しょ》天《てん》撃《きゃく》天《てん》鼓《く》
常《じょう》作《さ》衆《しゅ》伎《ぎ》楽《がく》
雨《う》曼《まん》陀《だ》羅《ら》華《け》
散《さん》仏《ぶつ》及《ぎゅう》大《だい》衆《しゅ》
我《が》浄《じょう》土《ど》不《ふ》毀《き》

物は種々の宝石などで装飾され、同じく宝石などでできた木にはたくさんの花が咲き、実を結んでいる。生きとし生けるものはその世界で心から遊び楽しんでいるのだ。

また、神々は常に美しい音色で音楽を奏で、仏や人々に天界の美しい華【曼陀羅華《まんだらけ》】を雨のように降り注いで（常に仏と人々を祝福して）いる。

（このように）私の国土《こくど》【浄土《じょうど》】は（決して）滅びることはないのに、多くの人々は劫火《ごうか》によ

而《に》衆《しゅ》見《けん》焼《しょう》尽《じん》
憂《う》怖《ふ》諸《しょ》苦《く》悩《のう》
如《にょ》是《ぜ》悉《しっ》充《じゅう》満《まん》
是《ぜ》諸《しょ》罪《ざい》衆《しゅ》生《じょう》
以《い》悪《あく》業《ごう》因《いん》縁《ねん》
過《か》阿《あ》僧《そう》祇《ぎ》劫《こう》
不《ふ》聞《もん》三《さん》宝《ぼう》名《みょう》
諸《しょ》有《う》修《しゅ》功《く》徳《どく》
柔《にゅう》和《わ》質《しち》直《じき》者《しゃ》

って焼きつくされ、憂いや恐れ、苦悩【憂《う》怖《ふ》諸《しょ》苦《く》悩《のう》】などに満ちていると思っている。そして、このような罪深い人たちは、（過去および現在に）罪を犯した【悪業《あくごう》】▼9が原因【因縁《いんねん》】▼10で阿《あ》僧《そう》祇《ぎ》劫《こう》というとてつもなく長い間、仏の教え【三《さん》宝《ぼう》】の名前さえ聞くことがないのだ。

（これに対して、ブッダの教えに従って正しい道を歩み、善行を積んで）精進《しょうじん》している柔和で素直な人々は、私がこの娑婆《しゃば》世界にいて教えを説いている姿を見るのである【見仏《けんぶつ》】▼11。

そして、私はあるときには（ブッダの）寿命は永遠であると説き、長い時間を経て私を見た者には、仏にお会いするのは（極めて）難しいことであると説くのだ【仏難値《ぶつなんち》】。

則《そっ》皆《かい》見《けん》我《が》身《しん》
在《ざい》此《し》而《に》説《せっ》法《ぽう》
或《わく》時《じ》為《い》此《し》衆《しゅ》
説《せっ》仏《ぶつ》寿《じゅ》無《む》量《りょう》
久《く》乃《ない》見《けん》仏《ぶっ》者《しゃ》
為《い》説《せっ》仏《ぶつ》難《なん》値《ち》
我《が》智《ち》力《りき》如《にょ》是《ぜ》
慧《え》光《こう》照《しょう》無《む》量《りょう》
寿《じゅ》命《みょう》無《む》数《しゅ》劫《こう》

私の智慧《ちえ》の働きとはこのようなもので、智慧《ちえ》の光が照らすところは果てしないのだ。そして私がほとんど永遠に【無数劫《むしゅこう》】生き続けることができるのは、過去においてとてつもなく長い間、善行を積んできた結果なのだ。あなたたち

久《く》修《しゅ》業《ごう》所《しょ》得《とく》
汝《にょ》等《とう》有《う》智《ち》者《しゃ》
勿《もっ》於《と》此《し》生《しょう》疑《ぎ》
当《とう》断《だん》令《りょう》永《よう》尽《じん》
仏《ぶっ》語《ご》実《じっ》不《ぷ》虚《こ》
如《にょ》医《い》善《ぜん》方《ほう》便《べん》
為《い》治《じ》狂《おう》子《し》故《こ》
実《じっ》在《ざい》而《に》言《ごん》死《し》
無《む》能《のう》説《せっ》虚《こ》妄《もう》

智慧《ちえ》のあるものは、このことを疑ってはならない。永久に疑いを断ち尽くしなさい。私の言葉は真実でウソ偽りは何一つないのだ。

（私の言葉にウソ偽りがないというのは）医者が巧みな手段【善方便《ぜんほうべん》】によって本心を失った子ども【狂子《おうし》】[12]を治すために、（医者が）実際には生きているのに、自分はもう死んだのだと言って、子どもの病気を治したとしても、ウソ偽りを言ったことにはならないのである【無能《むのう》説虚妄《せっこもう》】[13]。

我《が》亦《やく》為《い》世《せ》父《ぶ》
救《く》諸《しょ》苦《く》患《げん》者《しゃ》
為《い》凡《ぼん》夫《ぶ》顚《てん》倒《どう》
実《じつ》在《ざい》而《に》言《ごん》滅《めつ》
以《い》常《じょう》見《けん》我《が》故《こ》
而《に》生《しょう》憍《きょう》恣《し》心《しん》
放《ほう》逸《いつ》著《じゃく》五《ご》欲《よく》
堕《だ》於《お》悪《あく》道《どう》中《ちゅう》
我《が》常《じょう》知《ち》衆《しゅ》生《じょう》

私（ブッダ）はこの世の（中のすべての人々の）父で、さまざまな苦悩に喘《あえ》ぐ人々を救うのである。多くの人々【凡夫《ぼんぶ》】▼14が迷って【顚倒《てんどう》】いるから、（ブッダは）実際には生きているにも関わらず、滅したというのである。

というのは、常に私に会うことができれば、凡夫《ぼんぶ》にはおごりたかぶり【憍恣心《きょうししん》】が生じ、我《わが》儘《まま》勝手【放逸《ほういつ》】になり、（眼耳鼻舌身《げんにびぜっしん》の）五つの感覚器官から生じる欲望【五欲《ごよく》】にとらわれて（地獄《じごく》、餓鬼《がき》、畜生《ちくしょう》）の悪道《あくどう》▼15に堕《お》ちてしまうからである。

私は世の人々の中で仏道《ぶつどう》修行に励んでいる人と、そうでない人との両方を知っている。そして、私は人々の修行の程度に相応《ふさわ》しい形で教え

行《ぎょう》道《どう》不《ふ》行《ぎょう》道《どう》
随《ずい》応《おう》所《しょ》可《か》度《ど》
為《い》説《せつ》種《しゅ》種《じゅ》法《ほう》
毎《まい》自《じ》作《さ》是《ぜ》念《ねん》
以《い》何《が》令《りょう》衆《しゅ》生《じょう》
得《とく》入《にゅう》無《む》上《じょう》道《どう》
速《そく》成《じょう》就《じゅ》仏《ぶつ》身《しん》

を説いているのだ【随応所可度《ずいおうしょかど》】▼16。私はいつも次のように考えている。どのようにして人々を仏の教えに従って正しい道に導き【得入無上道《とくにゅうむじょうどう》】、（いかに）速やかに仏身《ぶっしん》を完成させる（悟りを開く）ことができるか、と。

▼1 **百千万億載阿僧祇劫**《ひゃくせんまんのくさいあそうぎこう》　仏典によく出て来る言葉で、「阿僧祇《あそうぎ》」はサンスクリット語のアサンキャの音写語で無数という意味。「劫《こう》」はカルパの音写語で非常に長い時

間の意味である。百千万は百の一万倍という意味で、計り知れないほどの長い時間を表す。

▼2　**方便現涅槃**《ほうべんげんねはん》　ブッダ（釈迦《しやか》）は三十五歳で悟りを開き、八十歳で涅槃《ねはん》に入った。すなわち、亡くなったことになっている。しかし、ブッダがこの世を去ったのは人々に自立を促すための方便《ほうべん》（巧みな手立て）だったのである。というのは、親が生きているうちは子どもは幾つになっても親を頼り、なかなか独立しない。それと同じで、ブッダがいつまでもこの世にいると、弟子や信者はいつまでもブッダを頼る。ブッダは人が生きて行くのに必要な教え（法《ほう》）をすべて語り尽くした。だから、これからはその教えを頼りに生きて行くようにとこの世を去ったのだ。しかし、永遠の真理である教えがある限り、ブッダ（如来《にょらい》）は永遠に存在し続けて人々を救ってくれているのである。

▼3　**娑婆世界**《しやばせかい》　サンスクリット語のサハーの音写語で、われわれが住んでいる迷いの世界のこと。この娑婆《しやば》世界で、われわれはさまざまな煩悩《ぼんのう》（欲望）を抱えて、それが達成できなくて苦しみ、外的には寒暑痛痒《かんしょつうよう》などの苦痛に見舞われる。常にそういう苦悩に耐えなければならない世界なので「忍土《にんど》」「堪忍土《かんにんど》」などと意訳される。

▼4　**舎利**《しやり》**をまつり**　ブッダ（釈迦《しやか》）の死後、ブッダを崇拝する人々は仏塔を建ててその遺骨（仏舎利《ぶっしやり》）をまつって、丁重に供養した。仏塔には多くの人々が参集して釈迦《しやか》の遺徳を偲《しの》び、その信仰が後に大乗《だいじょう》仏教が興起する大きな原動力となった。

▼5 **このとき**　人々が『法華経《ほけきょう》』の教えを聞く資質が具《そな》わったとき。初期の仏教徒はまだ大乗《だいじょう》仏教の教えを理解する能力を身に着けていなかった。だから、釈迦《しゃか》は方便《ほうべん》として敢《あ》えて次元の低い教えを説いた。これがいわゆる小乗《しょうじょう》仏教である。しかし、時代とともに人々に大乗《だいじょう》仏教の教えを聞くだけの能力が具わった。そこで、ブッダは弟子たちとともに姿を現し、『法華経《ほけきょう》』の教えを説くことにしたのである。

▼6 **霊鷲山**《りょうじゅせん》　サンスクリット語でグリドラクータ。耆闍崛山《ぎじゃくっせん》と音写する。山頂が鷲《わし》に似ているから、あるいは鷲が多く住んでいたということから霊鷲山《りょうじゅせん》と訳す。インド中部、釈迦《しゃか》在世当時の大国、マガダ国の首都、王舎城《おうしゃじょう》の東北にある山で、釈迦の説法の地として知られている。

▼7 **苦海**《くかい》　ブッダは輪廻転生《りんねてんしょう》を繰り返すこの娑婆《しゃば》世界での生存を苦しみととらえ、そこから脱出する道を追求し、ついにそれを極めた。それが悟りの境地で、そのことを衆生《しゅじょう》に教えて苦界《くかい》から救うのがブッダとその後継者の務めだ。

▼8 **私**《わたし》**の国土**《こくど》　われわれが住む娑婆《しゃば》世界は穢土《えど》と呼ばれ、苦しみに満ちた穢《けが》れた世界である。これに対して仏の世界は仏国土《ぶっこくど》と呼ばれ、極めて美しく、平穏で苦しみのない世界。そこで、仏国土《ぶっこくど》は「浄土《じょうど》」と呼ばれる。阿弥陀如来《あみだにょらい》の極楽浄土《ごくらくじょうど》がその代表で、「厭離穢土《おんりえど》、欣求浄土《ごんぐじょうど》」が阿弥陀《あみだ》信仰のスローガンだ。

▼9 **悪業**《あくごう》　業《ごう》はサンスクリット語でカルマといい、「行い」「行為」の意味。仏教では「善因楽果《ぜんいんらっか》、悪因苦果《あくいんくか》」といい、過去の善い行いは良い結果を、悪い行いは悪い結

果をもたらすと考える。

▼10 因縁《いんねん》 詳しくは「因縁生起《いんねんしょうき》」。ものごとが起こるには必ず原因があり、その原因にさまざまな縁《えん》（環境）が作用して、結果として事象が発生する。仏教の根幹を成す考え方である。

▼11 見仏《けんぶつ》 「法《ほう》を見るものは仏を見る」といわれる。ここで「仏」とは釈迦《しゃか》のことではない。すべての人々（衆生《しゅじょう》）に具わっている仏性《ぶっしょう》（仏になる素質、可能性）である。ブッダの教えに従って正しい道を歩む人には、その仏性《ぶっしょう》が顕現してくるという。浄《じょう》土《ど》や娑婆《しゃば》世界は空間的に別のところに存在するのではなく、われわれの心の状態ということができる。心の状態が善いところに進めば、浄土《じょうど》が見え、仏性が確認できる。しかし、罪深い人には苦しみに満ちた娑婆《しゃば》世界だけが見え、仏の姿（仏性《ぶっしょう》）は一向に見えてこないのである。

▼12 狂子《おうし》 毒を飲んで朦朧《もうろう》とし、本心を失っている子ども。

▼13 無能説虚妄《むのうせつこもう》 ある名医が遠い国に行っている間に、その子どもたちが誤って毒薬を飲んで苦しみ悶《もだ》えていた。ちょうどそのとき帰って来た父（名医）が解毒剤を与えると、本心を失っていない子どもは薬を飲んで治ったが、毒が深く回って本心を失っていたもう一方の子どもは、解毒剤を服用しようとしない。そこで、父は方便《ほうべん》として今一度、国外に出て使いの者を遣わして、「あなた方のお父さんはすでに亡くなられました」と告げさせた。これを聞いて本心を失っていた子ども（狂子《おうし》）は

深い悲しみとショックを受け、それによってかえって本心（正気）を取り戻した。そして、薬を飲んだところ、たちまち、毒は消えて全治した。そして、それを聞いた父は帰って来たという。嘘も方便《ほうべん》。たしかに父は嘘をついたのだが、それは子どもを治すための嘘で、良い結果をもたらしたのであり、決して嘘偽りを言ったことにはならないのだ。

▼14　**凡夫**《ぼんぶ》　サンスクリット語でプリタック・ジャナ。凡人という意味である。ブッダの深遠な智慧《ちえ》からみれば、悟りを開いていない人間の知恵など、取るに足りないものである。ノーベル賞を取ろうが、大統領になろうが、ブッダからみれば凡夫《ぼんぶ》（凡人）なのである。また、凡夫《ぼんぶ》には「愚か者」という意味がある。そして、己の愚かさを知ることが悟りへの出発点になるのだ。

▼15　**悪道**《あくどう》　仏教では生き物（人）は死んでも再び、地獄《じごく》、餓鬼《がき》、畜生《ちくしょう》、修羅《しゅら》、人間《にんげん》、天《てん》（神々）のいずれかの世界に生まれ変わるという輪廻転生《りんねてんしょう》を説き、六つの世界のいずれかに生まれ変わることから「六道輪廻《ろくどうりんね》」という。そのなかで、地獄《じごく》、餓鬼《がき》、畜生《ちくしょう》はことに悪い世界とされる。

▼16　**随応所可度**《ずいおうしょかど》　ブッダは個人個人の能力や信仰心の深さ、日ごろの行いの善し悪しなどを見極め、その人にいちばん相応《ふさわ》しい方法で教えを説き、救いの手を差し伸べる。だから、同じ内容でも異なる切り口で説く。これを「対機説法《たいきせっぽう》」といい、仏教の説法の一大特徴だ。そして、そこから「嘘も方便《ほうべん》」ということが引き出される。

法《ほ》華《けきょう》経　方便品《ほうべんぼん》第二

二十八品《ぽん》からなる『法《ほ》華経《けきょう》』の中で、この「方便品《ほうべんぼん》」は「如来寿量品《にょらいじゅりょうぼん》」とともに思想的に重要な位置を占める。「方便」はサンスクリット語でウパーヤといい、もともと「近づく」とか「到達する」という意味である。「嘘も方便」という言葉があるように、仏教では釈迦《しゃか》が難解な教えを説くときに、相手の能力やそのときの状況に応じてさまざまな例を挙げながら巧みな方法を用いて、本題に近づくことを指す。

中国の天台宗の祖、天台大師智顗《ちぎ》はこの「方便品第二」を重要視し、『摩訶止観《まかしかん》』という主著の中で天台の教義の中心をなす「一念三千《いちねんさんぜん》」ということを説いている。これは諸法（すべての存在）が人の瞬間、瞬間の一念のうちに実相（ありのままの姿）として具わっているという意味である。止観《しかん》（瞑想）によってそれを体現することで、悟りの境地に至ると説いている。

この経典では「諸法実相《しょほうじっそう》」ということがテーマになっている。これは世の中のすべての存在のありのままの姿という意味である。すなわち、宇宙の存在の総体ということだ。釈迦をはじめとするブッダはその総体を一〇〇パーセント把握している。それが悟りの境地だ。しかし、われわれ凡人はそのごくごく一部しか知りえていない。だから、迷ったり苦しんだりするのだ。

この真理は言葉では言い表すことができず、ブッダの偉大な智慧をもってして、はじめて体得できるものである。そして、その智慧は、釈迦が菩提樹の下で瞑想（座禅）したように、深い瞑想によって初めて体得することができるのだ。釈迦をはじめとするブッダは方便波羅蜜《はらみつ》と知見《ちけん》波羅蜜（117ページ▼7、▼8を参照）によって、すべての人々にそれを体得させることができるのである。

原文

爾《に》時《じ》世《せ》尊《そん》。従《じゅう》三《さん》昧《まい》

現代語訳

そのとき、釈迦《しゃか》（ブッダ）は瞑想《めいそう》【三昧《さんまい》】を終えて、ゆっくりと立ち上がり、弟子の舎利弗《しゃりほつ》▼1

安《あん》詳《じょう》而《に》起《き》。告《ごう》舎《しゃ》利《り》弗《ほつ》。諸《しょ》仏《ぶつ》智《ち》慧《え》。甚《じん》深《じん》無《む》量《りょう》。其《ご》智《ち》慧《え》門《もん》。難《なん》解《げ》難《なん》入《にゅう》。一《いっ》切《さい》声《しょう》聞《もん》。辟《ひゃく》支《し》仏《ぶつ》。所《しょ》不《ふ》能《のう》知《ち》。所《しょ》以《い》者《しゃ》何《が》。仏《ぶつ》曾《ぞう》親《しん》近《ごん》。百《ひゃく》千《せん》万《まん》億《のく》。無《む》数《しゅ》諸《しょ》仏《ぶつ》。尽《じん》行《ぎょう》諸《しょ》仏《ぶつ》。無《む》量《りょう》道《どう》法《ほう》。勇《ゆう》猛《みょう》精《しょう》進《じん》

につぎのように言った。諸仏《しょぶつ》▼2の智慧《ちえ》は極めて深《しん》遠《えん》で人間の知恵▼3では計り知ることができない。この諸仏《しょぶつ》の境地は、教えを聞いて悟りを開いた阿羅漢《あらかん》や、一人で修行《しゅぎょう》をして悟った縁覚《えんがく》▼4には知ることのできない境涯《きょうがい》である。なぜかといえば、かつて仏は修行時代《しゅぎょうじだい》に気が遠くなるほど膨大な数の諸仏《しょぶつ》に親しく仕え、それらの諸仏《しょぶつ》から数限りない深遠《しんえん》な教えを授かった。そして、その諸《しょ》仏《ぶつ》の教えに従って一心に精進《しょうじん》【勇猛精進《ゆうみょうしょうじん》】して偉大な悟り▼5を開いてその名が広く知られるようになったのだ。（仏は）極めて深遠《じんのん》で、今までだれも示したことのない【甚深未曾有《じんじんみぞうう》】法を体《たい》得《とく》し、これをさまざまな方法で説いたのだが、その真の意味は（われわれ凡夫《ぼんぶ》には）理解し難

名《みょう》称《しょう》普《ふ》聞《もん》。成《じょう》就《じゅ》甚《じん》深《じん》。未《み》曾《ぞう》有《う》法《ほう》。随《ずい》宜《ぎ》所《しょ》説《せつ》。意《い》趣《しゅ》難《なん》解《げ》。舎《しゃ》利《り》弗《ほつ》。吾《ご》従《じゅう》成《じょう》仏《ぶつ》已《ち》来《らい》。種《しゅ》種《じゅ》因《いん》縁《ねん》。種《しゅ》種《じゅ》譬《ひ》諭《ゆ》。広《こう》演《えん》言《ごん》教《きょう》。無《む》数《しゅ》方《ほう》便《べん》。引《いん》導《どう》衆《しゅ》生《じょう》。令《りょう》離《り》諸《しょ》著《じゃく》。所《しょ》以《い》者《しゃ》何《が》。如《にょ》来《らい》方《ほう》便《べん》。知《ち》見《けん》

い内容である。

舎利弗《しゃりほつ》よ！　私が仏となって（成仏して）以来、さまざまな因縁《いんねん》や譬《たと》え▼6によって、広く教えを述べ、数限りない方法で衆生（すべての人々。生き物）を導き、もろもろの執着《しゅうじゃく》【諸著《しょじゃく》】から離れさせてきた。なぜなら（なぜ、私にそんなことができたかというと）、私（如来《にょらい》）はさまざまな方法で導く方便波羅蜜《ほうべんはらみつ》▼7と智慧《ちえ》によって導く知見波羅蜜《ちけんはらみつ》▼8を備えていたからである。

波《は》羅《ら》蜜《みつ》。皆《かい》已《い》具《ぐ》足《そく》。舎《しゃ》利《り》弗《ほつ》。如《にょ》来《らい》知《ち》見《けん》。広《こ》大《だい》深《じん》遠《のん》。無《む》量《りょう》無《む》礙《げ》。力《りき》。無《む》所《しょ》畏《い》。禅《ぜん》定《じょう》。解《げ》脱《だつ》。三《さん》昧《まい》。深《じん》入《にゅう》無《む》際《さい》。成《じょう》就《じゅ》一《いっ》切《さい》。未《み》曾《ぞう》有《う》法《ほう》。舎《しゃ》利《り》弗《ほつ》。如《にょ》来《らい》能《のう》種《しゅ》種《じゅ》分《ふん》別《べつ》。巧《ぎょう》説《せつ》諸《しょ》法《ほう》。言《ごん》辞《じ》柔《にゅう》軟《なん》。悦《えつ》

舎利弗《しゃりほつ》よ！　如来《にょらい》の知見《ちけん》は実に広大で深遠《じんのん》である。計り知れないほど偉大【無量《むりょう》】で、何一つ妨げるものがなく【無礙《むげ》】、解脱《げだつ》▼9して限りなく深い瞑想《めいそう》【三昧《さんまい》】に入り、未だ誰も示したことのない法（絶対の真理▼10）を我がものにしているのだ。

舎利弗《しゃりほつ》よ！　如来《にょらい》は種々の問題について深く思索《しさく》し、（人々に）巧《たく》みに教え（世の中の絶対的な真理）を説く。その言葉は柔らかで、生きとし生けるものの心を喜ばせる。舎利弗《しゃりほつ》よ！　要するに【取要言之《しゅようごんし》】、計り知れず【無量《むりょう》】、際

可《か》衆《しゅ》心《しん》。舎《しゃ》利《り》弗《ほつ》。取《しゅ》要《よう》言《ごん》之《し》。無《む》量《りょう》無《む》辺《へん》。未《み》曾《ぞう》有《う》法《ほう》。仏《ぶっ》悉《しつ》成《じょう》就《じゅ》。止《し》。舎《しゃ》利《り》弗《ほつ》。不《ふ》須《しゅ》復《ぶ》説《せつ》。所《しょ》以《い》者《しゃ》何《が》。仏《ぶっ》所《しょ》成《じょう》就《じゅ》。第《だい》一《いち》希《け》有《う》。難《なん》解《げ》之《し》法《ほう》。唯《ゆい》仏《ぶつ》与《よ》仏《ぶつ》。乃《ない》能《のう》究《く》尽《じん》。諸《しょ》法《ほう》実《じっ》相《そう》。所《しょ》謂《い》諸《しょ》法《ほう》。如《にょ》

限のない【無辺《むへん》】、未だ誰も体得したことのない法【未曾有法《みぞうほう》】をことごとくわがものにしたのだ【仏悉成就《ぶっしつじょうじゅ》】[11]。

やめよう！　舎利弗《しゃりほつ》よ！　さらに説くことはやめよう！

　というのは、仏が体得《たいとく》した境地《きょうち》は最も優れていて、しかも、希有《けう》で理解し難い【第一希有難解《だいいちけうなんげ》】法だからだ。その法はただ仏だけが究めることができる存在の真実のあり様【諸法実相《しょほうじっそう》】[12]である。

　そのあり様とは、存在がこのようなあり様【如是相《にょぜそう》】で、このような本性【如是性《にょぜしょう》】で、その本体はこのようなもの【如是体《にょぜたい》】で、このような潜在的な力を持っており【如是力《にょぜりき》】、働

是《ぜ》相《そう》。如《にょ》是《ぜ》性《しょう》。如《にょ》是《ぜ》体《たい》。如《にょ》是《ぜ》力《りき》。如《にょ》是《ぜ》作《さ》。如《にょ》是《ぜ》因《いん》。如《にょ》是《ぜ》縁《えん》。如《にょ》是《ぜ》果《か》。如《にょ》是《ぜ》報《ほう》。如《にょ》是《ぜ》本《ほん》末《まつ》究《く》竟《きょう》等《とう》。

きはこのようなもの【如是作《にょぜさ》】で、このような直接的原因と間接的原因【如是因《にょぜいん》。如是縁《にょぜえん》】を持ち、このような結果【如是果《にょぜか》】とこのような果報【如是報《にょぜほう》】とをもたらすということを如実に示しているのだ【如是本末究竟等《にょぜほんまつくきょうとう》】。

▼1 **舎利弗《しゃりほつ》** 釈迦には多くの出家の弟子がいたと伝えられているが、その中でとくに優れた十人を「十大弟子《じゅうだいでし》」と呼んでいる。舎利弗は十大弟子の一人で、『般若心経《はんにゃしんぎょう》』にはその聞き手として登場し、釈迦が舎利子《しゃりし》と呼びかけている。

▼2 **諸仏《しょぶつ》** 仏教では時代が下ると、釈迦の前にも後にも多くのブッダが現れて、釈迦と同じ悟りを開いたと考えるようになった。だから、ここでは「諸仏」といって複数のブッダを想定している。

▼3　**智慧《ちえ》～知恵《ちえ》**　「智慧」はサンスクリット語でプラジュニャーという。「般若《はんにゃ》」と訳され、ブッダの偉大な悟りの智慧だ。いっぽう、われわれ凡人の「知恵」はジュニャーナといい、一つひとつの事象を分別する知恵だ。明確な規定がある訳ではないが「智慧」と「知恵」は表記を異にする。

▼4　**阿羅漢《あらかん》～縁覚《えんがく》**　ともに小乗《しょうじょう》仏教で悟りの境地に達した者のこと。阿羅漢はサンスクリット語でアルハットといい、略して「羅漢《らかん》」という。尊敬され供養を受けるに相応《ふさわ》しい境地《きょうち》に達した人という意味で、学ぶべきことを学び尽くしているので「無学《むがく》」とも呼ばれる。また、ブッダの教えを受けて学び悟りを目指す修行者をブッダの声を聞くことから「声聞《しょうもん》」というが、阿羅漢は声聞の最高位。また、縁覚はプラティエーカ・ブッダといい、辟支仏《びゃくしぶつ》ともいわれる。

▼5　**偉大《いだい》な悟《さと》り**　大乗《だいじょう》仏教では釈迦は前生《ぜんしょう》において数限りない善行《ぜんぎょう》を積んで修行に励んだ。それで輪廻転生《りんねてんしょう》を繰り返すたびに良き指導者（先輩のブッダ）に出会い、その指導のもと修行に励んだ結果、偉大な悟りを開いた。

▼6　**因縁《いんねん》や譬《たと》え**　因縁は「因縁生起《いんねんしょうき》」の略語で、すべての存在には原因（因）があり、それに一定の条件（縁）が加わるとさまざまな結果をもたらすというもので、仏教思想の屋台骨を支える思想の一つ。たとえば稲は種子だけでは何も変化が起こらないが、これに空気や水、光、一定の温度などの条件が加わると発芽してやがては結果として再び種子が実る。また、譬えは教説を理解し易くするために、卑近な例を

挙げて説くこと。『法華経《ほけきよう》』には「火宅《かたく》の喩《たとえ》」をはじめとして、七つの有名な喩(比喩《ひゆ》)が説かれている。

▼7 **方便波羅蜜《ほうべんはらみつ》** 「方便」は「善巧方便《ぜんぎようほうべん》」ともいわれ、仏教の教えを説くのに分かり易い良い方法を用いて説くこと。「嘘も方便」という言葉があるように、最終的な目的に達するために、一見、無関係な話から入ること。また、「波羅蜜」はサンスクリット語のパーラミターの音写語(サンスクリット語の発音を漢字の音で写すこと)で「完成する」「到達する」という意味。

▼8 **知見波羅蜜《ちけんはらみつ》** 「知見」とはものごとのありのままの姿を悟り、知ること。如来はこれを完成しているので、完璧な智慧をそなえて悟りの境地に安住している。

▼9 **解脱《げだつ》** 死んでは生まれ変わる輪廻転生《りんねてんしよう》の連鎖から解放されること。二度とこの迷いの世界に生まれて来ることのない境地、すなわち、悟りの境地である。

▼10 **法《ほう》(絶対《ぜつたい》の真理《しんり》)** 悠久の過去から未来永劫《えいごう》にわたって絶対に変わることのない真理。たとえば、一+一=二のようなもので、この真理は悠久の過去から変わることがなく、また、人類が滅亡しても地球が無くなっても一+一=二で在り続け、三や四になることは絶対にないのだ。

▼11 **未曾有《みぞう》法《ほう》。仏悉成就《ぶつしつじようじゆ》。** この一文は前の一文と同じ内容を繰り返すことによって、如来が偉大な悟りの境地に至っていること、つまり、法(すべての絶対の真理)を体得していることを強調している。重要な部分を繰り返すことは仏典(とりわけ大《だい》

乗《じょう》仏典）の常套手段だ。

▼12 **諸法実相**《しょほうじっそう》　「諸法」とは世の中のすべての存在現象のこと。「実相」はその存在現象を背後で支えるまぎれもない基盤のこと。『法華経《ほけきょう》』の中心思想の一つで、世の中の存在現象の背後の実在を把握しなければ、人間が人間として生きているという真実を把握できないということだ。

仏説阿弥陀経《ぶっせつあみだきょう》

「浄土三部経《じょうどさんぶきょう》」のうち『仏説阿弥陀経《ぶっせつあみだきょう》』は人が亡くなった後に往生《おうじょう》する極楽浄土《ごくらくじょうど》の光景を克明に説き、六方《ろっぽう》の諸仏《しょぶつ》が極楽浄土《ごくらくじょうど》が存在することを証明し、念仏《ねんぶつ》を称《とな》えればそこに往生《おうじょう》できることを説いた経典。

「浄土三部経《じょうどさんぶきょう》」の中では最も短く、死後に往生《おうじょう》する世界を説くことから葬儀のときなどによく読まれる。「浄土三部経《じょうどさんぶきょう》」の他の経典とともに、浄土宗《じょうどしゅう》や浄土真宗《じょうどしんしゅう》、時宗《じしゅう》の拠《よ》り所《どころ》となっており、天台宗《てんだいしゅう》でも読まれる。また、この経典に説かれる「倶会一処《ぐえいっしょ》」という言葉は石塔などによく刻まれる。死後、みんなで一緒に極楽浄土《ごくらくじょうど》で会いましょうといった意味だ。

原文

如《にょ》是《ぜ》我《が》聞《もん》。一《いち》時《じ》仏《ぶつ》在《ざい》舎《しゃ》衛《え》国《こく》。祇《ぎ》樹《じゅ》給《ぎつ／きつ》孤《こ》独《どく》園《おん》。与《よ》大《だい》比《び》丘《く》衆《しゅ》。千《せん》二《に》百《ひゃく》五《ご》十《じゅう》人《にん》倶《く》。皆《かい》是《ぜ》大《だい》阿《あ》羅《ら》漢《かん》。衆《しゅ》所《しょ》知《ち》識《しき》。長《ちょう》老《ろう》舎《しゃ》利《り》弗《ほつ／ほ》。摩《ま》訶《か》目《もっ》犍《けん》連《れん》。摩《ま》訶《か》迦《か》葉《しょう》。摩《ま》訶《か》迦《か》旃《せん》延《ねん》。摩《ま》訶《か》倶《く》絺《ち》羅《ら》。離《り》婆《は》多《た／だ》。周《しゅ》利《り》槃《はん》陀《だ》伽《が》。難《なん》陀《だ》。阿《あ》難《なん》陀《だ》。羅《ら》睺《ご》羅《ら》。憍《きょう》梵《ぼん》波《は》提《だい》。賓《びん》頭《ず》盧《る》頗《は》羅《ら》堕《だ》。迦《か》

現代語訳

このように私は聞いている【如是我聞《にょぜがもん》】▼1。

あるとき、ブッダ（釈迦《しゃか》）は千二百五十人の出家の修行僧とともに、シュラーヴァスティー（舎衛国《しゃえこく》）▼2の祇園精舎《ぎおんしょうじゃ》▼3におられた。

そこに集まった人々はみな、大阿羅漢《だいあらかん》▼4の位にあり、多くの人々によく知られていたのだ。すなわち、（参集した弟子たちとは）長老舎利弗《しゃりほっ》（シャーリプトラ。61ページ▼3参照）、摩訶目犍連《まかもっけんれん》▼5（マハー・マウドガリヤーヤナ）、摩訶迦葉《まかかしょう》▼6（マハー・カーシャパ）、摩訶迦旃延《まかかせんねん》▼7（マハー・カーティヤーヤナ）、摩訶倶絺羅《まかくちら》▼8（マハー・カウシュティラ）、離婆多《りはた》▼9（レーヴァタ）、周利槃陀伽《しゅりはんだが》▼10（シユッディパンタカ）、難陀《なんだ》▼11（ナンダ）、阿難陀《あなんだ》▼12（ア

留《る》陀《だ》夷《い》。摩《ま》訶《か》劫《こう》賓《ひん》那《な》。薄《は》《はっ》拘《く》羅《ら》。阿《あ》㝹《ぬ》《どう》楼《る》《ろう》駄《だ》。如《によ》是《ぜ》等《とう》。諸《しょ》大《だい》弟《で》子《し》。并《びょう》諸《しょ》菩《ぼ》薩《さつ》《さ》摩《ま》訶《か》薩《さつ》。文《もん》殊《じゅ》師《し》利《り》法《ほう》王《おう》子《じ》。阿《あ》逸《いっ》多《た》菩《ぼ》薩《さつ》《さ》。乾《けん》陀《だ》訶《か》提《だい》菩《ぼ》薩《さつ》《さ》。常《じょう》精《しょう》進《じん》菩《ぼ》薩《さつ》《さ》。与《よ》如《によ》是《ぜ》等《とう》。諸《しょ》大《だい》菩《ぼ》薩《さつ》《さ》。及《ぎゅう》《ぎつ》釈《しゃく》提《だい》桓《かん》因《いん》等《とう》。無《む》量《りょう》諸《しょ》天《てん》。大《だい》衆《しゅ》倶《く》。

爾《に》時《じ》仏《ぶつ》告《ごう》。長《ちょう》老《ろう》舎《しゃ》利《り》弗《ほつ》《ほ》。従《じゅ》是《ぜ》西《さい》方《ほう》。過《か》十《じゅう》万《まん》億《のく》仏《ぶつ》土《ど》。有《う》世《せ》界《かい》。名《みょう》曰《わつ》《わ》極《ごく》楽《らく》。其《ご》土《ど》有《う》仏《ぶつ》《ぶ》。

ーナンダ)、羅睺羅《らごら》[13](ラーフラ)、憍梵波提《きょうぼんはだい》[14](ガヴァーンパティ)、賓頭盧頗羅堕《びんずるはらだ》[15](ピンドーラ・バーラドヴァージャ)、迦留陀夷《かるだい》[16](カローダーイン)、摩訶劫賓那《まかこうひんな》[17](マハー・カッピナ)、薄拘羅《はくら》[18](ヴァックラ)、阿㝹楼駄《あぬるだ》[19](アニルッダ)、などの優れた弟子【大弟子《だいでし》】。また、文殊菩薩《もんじゅぼさつ》【文殊師利《もんじゅしり》法王子《ほうおうじ》[20]】、阿逸多菩薩《あいったぼさつ》[21]、乾陀訶提菩薩《けんだかだいぼさつ》[22]、常精進菩薩《じょうしょうじんぼさつ》[23]、および、帝釈天《たいしゃくてん》【釈提桓因《しゃくだいかんいん》[24]】、などの無数の神々やたくさんの人々が座を連ねていた。[25]

そのとき、ブッダは長老[26]、舎利弗《しゃりほつ》に次のように告げた。

「ここ(娑婆《しゃば》世界)から西の方に進んで無数の仏の国土《こくど》【十万億仏土《じゅうまんのくぶつど》[27]】をすぎたところに、ひ

号《ごう》阿《あ》弥《み》陀《だ》。今《こん》現《げん》在《ざい》説《せっ》法《ぽう》。舎《しゃ》利《り》弗《ほっ》《ほ》。彼《ひ》土《ど》何《が》故《こ》。名《みょう》為《い》極《ごく》楽《らく》。其《ご》国《こく》衆《しゅ》生《じょう》。無《む》有《う》衆《しゅ》苦《く》。但《たん》受《じゅ》諸《しょ》楽《らく》。故《こ》名《みょう》極《ごく》楽《らく》。又《う》舎《しゃ》利《り》弗《ほっ》《ほ》。極《ごく》楽《らっ》国《こく》土《ど》。七《しち》重《じゅう》欄《らん》楯《じゅん》。七《しち》重《じゅう》羅《ら》網《もう》。七《しち》重《じゅう》行《ごう》《ぎょう》樹《じゅ》。皆《かい》是《ぜ》四《し》宝《ほう》。周《しゅう》帀《そう》囲《い》繞《にょう》。是《ぜ》故《こ》彼《ひ》国《こく》。名《みょう》曰《わっ》極《ごく》楽《らく》。

又《う》舎《しゃ》利《り》弗《ほっ》《ほ》。極《ごく》楽《らっ》国《こく》土《ど》。有《う》七《しっ》宝《ぽう》池《ち》。八《はっ》功《く》徳《どく》水《すい》。充《しゅ》満《まん》其《ご》中《ちゅう》。池《ち》底《てい》《たい》純《じゅん》以《に》。金《こん》沙《しゃ》布《ふ》地《じ》。四《し》辺《へん》

とつの世界があり、極楽《ごくらく》と呼ばれている。そして、その国土《こくど》には阿弥陀仏《あみだぶつ》というブッダ【仏《ぶつ》】がおられ、今、現に教えを説かれているのだ。

舎利弗《しゃりほつ》よ！　その国土《こくど》はなぜ「極楽《ごくらく》」と呼ばれるのだろうか。その国土《こくど》には生きとし生けるものには一切の苦しみがなく、ただあらゆる楽しみだけを享受することができる。だから、極楽《ごくらく》と呼ばれているのだ。また、舎利弗《しゃりほつ》よ！　七重に取り巻いた欄干【欄楯《らんじゅん》】[28]、七重の鈴をつけた網【羅網《らもう》】[29]、七重の並木【行樹《ごうじゅ》】があり、それらはすべて金・銀・瑠璃[30]・玻瓈《はり》（水晶）などの四種の宝石でできており、浄土《じょうど》をすべて覆っているのだ。それでこの壮麗な国土《こくど》は極楽《ごくらく》と呼ばれているのだ。

また、舎利弗《しゃりほつ》よ！　極楽浄土《ごくらくじょうど》には七宝《しっぽう》（七種の宝石）で飾られた池がある。その池は八つの

階《かい》道《どう》。金《こん》銀《ごん》瑠《る》璃《り》。玻《は》瓈《り》合《ごう》成《じょう》。
上《じょう》有《う》楼《ろう》閣《かく》。亦《やく》以《い》金《こん》銀《ごん》瑠《る》璃《り》。
玻《は》瓈《り》硨《しゃ》磲《こ》。赤《しゃく》珠《しゅ》瑪《め》瑙《のう》。而《に》厳《ごん》
飾《じき》之《し》。池《ち》中《ちゅう》蓮《れん》華《げ》。大《だい》如《にょ》車《しゃ》輪《りん》。
青《しょう》色《しき》青《しょう》光《こう》。黄《おう》色《しき》黄《おう》光《こう》。赤《しゃく》色《しき》
赤《しゃっ》光《こう》。白《びゃく》色《しき》白《びゃっ》光《こう》。微《み》妙《みょう》香《こう》
潔《けつ》。舎《しゃ》利《り》弗《ほっほ》。極《ごく》楽《らっ》国《こく》土《ど》。成《じょう》就《じゅ》
如《にょ》是《ぜ》。功《く》徳《どく》荘《しょう》厳《ごん》。
又《う》舎《しゃ》利《り》弗《ほっほ》。彼《ひ》仏《ぶっぶ》国《こく》土《ど》。常《じょう》作《さ》
天《てん》楽《がく》。黄《おう》金《ごん》為《い》地《じ》。昼《ちゅう》夜《や》六《ろく》時《じ》。
而《に》雨《う》曼《まん》陀《だ》羅《ら》華《け》。其《ご》国《こく》衆《しゅ》生《じょう》。

優れた功徳《くどく》のある水【八功徳水《はっくどくすい》】で満たされており、池の底には金の砂が（びっしりと）敷き詰められている。そして、池の四方に設けられた階段は、金・銀・瑠璃《るり》・玻瓈（水晶）の四種の宝石でできている。また、階段の上に聳《そび》える高殿は金・銀・瑠璃《るり》・玻瓈《はり》・硨磲《しゃこ》[31]・赤珠《しゃくしゅ》[32]・瑪瑙《めのう》の七つの宝石類によって美しく飾られている。

池に咲き誇るハスの花は車輪のような大輪で、青色のハスには青い光、黄色のハスには黄色い光、赤色のハスには赤い光、白色のハスには白い光があり、この世にはない清らかで香《かぐわ》しい姿を見せている【微妙香潔《みみょうこうけつ》】[33]。

舎利弗《しゃりほっ》よ！　極楽国土《ごくらくこくど》はこのように有り難い設《しつら》え【功徳荘厳《くどくしょうごん》】で、極めて美しく飾られているのだ。

また、舎利弗《しゃりほっ》よ！　極楽浄土《ごくらくじょうど》ではつねに（妙《たえ》

常《じょう》以《い》清《しょう》旦《たん》。各《かく》以《い》衣《え》裓《こく》。盛《じょう》衆《しゅ》妙《みょう》華《け》。供《く》養《よう》他《た》方《ほう》。十《じゅう》万《まん》億《のく》仏《ぶつ》《ぶ》。即《そく》以《い》食《じき》時《じ》。還《げん》到《とう》本《ほん》国《ごく》。飯《ぼん》食《じき》経《きょう》行《ぎょう》。舎《しゃ》利《り》弗《ほっ》《ほ》。極《ごく》楽《らっ》国《こく》土《ど》。成《じょう》就《じゅ》如《にょ》是《ぜ》。功《く》徳《どく》荘《しょう》厳《ごん》。

復《ぶ》次《し》舎《しゃ》利《り》弗《ほっ》《ほ》。彼《ひ》国《こく》常《じょう》有《う》。種《しゅ》種《じゅ》奇《き》妙《みょう》。雑《ざっ》色《しき》之《し》鳥《ちょう》。白《びゃっ》鵠《こう》孔《く》雀《じゃく》。鸚《おう》鵡《む》舎《しゃ》利《り》。迦《か》陵《りょう》頻《びん》伽《が》。共《ぐ》命《みょう》之《し》鳥《ちょう》。是《ぜ》諸《しょ》衆《しゅ》鳥《ちょう》。昼《ちゅう》夜《や》六《ろく》時《じ》。出《すい》《しゅつ》和《わ》雅《げ》音《おん》。其《ご》音《おん》演《えん》暢《ちょう》。五《ご》根《こん》五《ご》力《りき》。七《しち》菩《ぼ》提《だい》分《ぶん》。八《はっ》聖《しょう》道《どう》

なる）天上の音楽が（天人《てんにん》たちによって）奏でられている。大地は黄金からなり、昼夜を分かたず【昼夜六時《ちゅうやろくじ》】[34]天上（天界）からさまざまな美しい花【曼陀羅華《まんだらけ》】[35]が降り注いでいる。その国の生きとし生けるもの【衆生《しゅじょう》】は、夜明けに各々美しい花を華皿に盛って他の十万億の仏のところにいって、それを供養《くよう》する。そして、昼食の時間になると極楽浄土《ごくらくじょうど》に帰り、食事をして休息をとる【経行《きょうぎょう》】[36]のである。

舎利弗《しゃりほつ》よ！　極楽浄土《ごくらくじょうど》とはこのようにすぐれた設えで美しく飾られているのだ！

また、つぎに舎利弗《しゃりほつ》よ！　その国には種々の珍しい鳥がたくさん棲《す》んでいる。白鳥【白鵠《びゃっこう》】、孔雀《くじゃく》、鸚鵡《おうむ》、百舌鳥《もず》【舎利《しゃり》】[37]、妙音鳥《みょうおんちょう》【迦陵頻伽《かりょうびんが》】[38]、命命鳥《みょうみょうちょう》【共命《ぐみょう》】[39]などである。それらの鳥たちは昼夜を問わず、つねに美しく優雅な声【和雅《わげ》

分《ぶん》。如《によ》是《ぜ》等《とう》法《ほう》。其《ご》土《ど》衆《しゅ》生《じょう》聞《もん》是《ぜ》音《おん》已《に》。皆《かい》悉《しつ》念《ねん》仏《ぶつ》《ぶ》。念《ねん》法《ぼう》念《ねん》僧《そう》。舎《しゃ》利《り》弗《ほつ》《ほ》。汝《にょ》勿《もつ》《も》謂《い》此《し》鳥《ちょう》。実《じつ》是《ぜ》罪《ざい》報《ほう》所《しょ》生《しょう》。所《しょ》以《い》者《しゃ》何《が》。彼《ひ》仏《ぶつ》国《こく》土《ど》。無《む》三《さん》悪《まく》趣《しゅ》。舎《しゃ》利《り》弗《ほつ》《ほ》。其《ご》仏《ぶつ》《ぶ》国《こく》土《ど》。尚《しょう》無《む》三《さん》悪《まく》道《どう》之《し》名《みょう》。何《が》況《きょう》有《う》実《じつ》。是《ぜ》諸《しょ》衆《しゅ》鳥《ちょう》。皆《かい》是《ぜ》阿《あ》弥《み》陀《だ》仏《ぶつ》。欲《よく》令《りょう》法《ほう》音《おん》宣《せん》流《る》。変《へん》化《げ》所《しょ》作《さ》。舎《しゃ》利《り》弗《ほつ》《ほ》。彼《ひ》仏《ぶつ》国《こく》土《ど》。微《み》風《ふ》吹《すい》動《どう》。諸《しょ》宝《ほう》行《ぎょう》《ごう》樹《じゅ》。及《ぎゅう》《ぎっ》宝《ほう》《ぼう》羅《ら》網《もう》。出《しゅっ》《すい》微《み》妙《みょう》音《おん》。譬《ひ》如《によ》

音《おん》】で鳴いている。そして、それらの鳥の鳴声は悟りの道に向かわせる五つの働きや力【五根《ごこん》、五力《ごりき》】▼40、悟りに役立つ七つの事柄【七菩提分《しちぼだいぶん》】▼41、八つの聖なる道【八聖道分《はっしょうどうぶん》】▼42などを説き明かしているのだ。極楽浄土《ごくらくじょうど》の生きとし生けるものたち【衆生《しゅじょう》】はこれらの（ありがたい）鳥の声を聞き終わると、みな、仏を念じ、法を念じ、僧を念じるようになるのである【念仏念法念僧《ねんぶつねんぽうねんそう》】▼43。

舎利弗《しゃりほつ》よ！　お前はこれらの鳥が過去の罪業《ざいごう》の報い【罪報《ざいほう》】で生まれたと思ってはならない。なぜかといえば、極楽浄土《ごくらくじょうど》には地獄《じごく》・餓鬼《がき》・畜生《ちくしょう》という三つの悪い境涯《きょうがい》【三悪道《さんまくどう》】▼44の名もなく、ましてそれらが実体としてあるわけでもないからだ！　これらの鳥はみな、阿弥陀仏《あみだぶつ》が仏陀《ぶつだ》の教えを広めようと思って創り出した【変化所作《へんげしょさ》】▼45ものなのだ！

百《ひやく》千《せん》種《じゅ》楽《がく》。同《どう》時《じ》倶《く》作《さ》。聞《もん》是《ぜ》音《おん》者《しゃ》。皆《かい》自《じ》然《ねん》生《じょう》《しょう》。念《ねん》仏《ぶつ》《ぶ》念《ねん》法《ぼう》。念《ねん》僧《そう》之《し》心《しん》。舎《しゃ》利《り》弗《ほっ》《ほ》。其《ご》仏《ぶつ》国《こく》土《ど》。成《じょう》就《じゅ》如《にょ》是《ぜ》。功《く》徳《どく》荘《しょう》厳《ごん》。舎《しゃ》利《り》弗《ほっ》《ほ》。於《お》汝《にょ》意《い》云《うん》何《が》。彼《ひ》仏《ぶつ》《ぶ》何《が》故《こ》。号《ごう》阿《あ》弥《み》陀《だ》。舎《しゃ》利《り》弗《ほっ》《ほ》。彼《ひ》仏《ぶつ》《ぶ》光《こう》明《みょう》無《む》量《りょう》。照《しょう》十《じっ》方《ぽう》国《こく》。無《む》所《しょ》障《しょう》礙《げ》。是《ぜ》故《こ》号《ごう》為《い》阿《あ》弥《み》陀《だ》。又《う》舎《しゃ》利《り》弗《ほっ》《ほ》。彼《ひ》仏《ぶつ》《ぶ》寿《じゅ》命《みょう》。及《ぎゅう》其《ご》人《にん》民《みん》。無《む》量《りょう》無《む》辺《へん》。阿《あ》僧《そう》祇《ぎ》劫《こう》。故《こ》名《みょう》阿《あ》弥《み》陀《だ》。舎《しゃ》利《り》弗《ほっ》《ほ》。阿《あ》弥《み》

舎利弗《しゃりほっ》よ！　その仏国土《ぶっこくど》（極楽浄土《ごくらくじょうど》）には（非常に心地の良い）そよ風が吹き、さまざまな宝石でできた並木や鈴のついた網を動かし、（つねに）妙なる音が流れている。譬《たと》えて言えば、幾百、幾千という音楽が同時に演奏され（それが見事に調和し）ているようなものなのだ。そして、この音を聞くものは、みな自然に仏を念じ、法を念じ、僧を念ずる心を起こす。舎利弗《しゃりほっ》よ！　その極楽浄土《ごくらくじょうど》とはそのようにすぐれた設えで、美しく飾られているのである。

舎利弗《しゃりほっ》よ！　おまえはその仏《ぶっ》（極楽浄土《ごくらくじょうど》の仏《ぶっ》陀《だ》）がなぜ阿弥陀仏《あみだぶつ》と呼ばれると思うか？　舎《しゃ》利弗《りほっ》よ！　（この仏が阿弥陀仏《あみだぶつ》と呼ばれる訳は）この仏の光明《こうみょう》に限りがなく、十方《じっぽう》の国を照らしても決して何ものにも妨げられることがない。だから、阿弥陀仏《あみだぶつ》（無量光仏《むりょうこうぶつ》）というのだ。

陀《だ》仏《ぶつ》《ぶ》。成《じょう》仏《ぶつ》《ぶ》已《い》来《らい》。於《お》今《こん》十《じっ》劫《こう》。又《う》舎《しゃ》利《り》弗《ほつ》《ほ》。彼《ひ》仏《ぶつ》《ぶ》有《う》無《む》量《りょう》無《む》辺《へん》。声《しょう》聞《もん》弟《で》子《し》。皆《かい》阿《あ》羅《ら》漢《かん》。非《ひ》是《ぜ》算《さん》数《じゅ》。之《し》所《しょ》能《のう》知《ち》。諸《しょ》菩《ぼ》薩《さつ》衆《しゅ》。亦《やく》復《ぶ》如《にょ》是《ぜ》。舎《しゃ》利《り》弗《ほつ》《ほ》。彼《ひ》仏《ぶつ》国《こく》土《ど》。成《じょう》就《じゅ》如《にょ》是《ぜ》。功《く》徳《どく》荘《しょう》厳《ごん》。又《う》舎《しゃ》利《り》弗《ほつ》《ほ》。極《ごく》楽《らつ》国《こく》土《ど》。衆《しゅ》生《じょう》生《しょう》者《じゃ》《しゃ》。皆《かい》是《ぜ》阿《あ》鞞《び》跋《ばつ》致《ち》。其《ご》中《ちゅう》多《た》有《う》。一《いっ》生《しょう》補《ふ》処《しょ》。其《ご》数《しゅ》甚《じん》多《た》。非《ひ》是《ぜ》算《さん》数《じゅ》。所《しょ》能《のう》知《ち》之《し》。但《たん》可《か》以《い》無《む》量《りょう》無《む》辺《へん》。阿《あ》僧《そう》

また、舎利弗《しゃりほつ》よ！　この仏の寿命と、その国《こく》土《ど》（極楽浄土《ごくらくじょうど》）に生まれた人々との寿命には限りがなく、永遠である。だから、阿弥陀仏《あみだぶつ》（無《む》量寿仏《りょうじゅぶつ》）と呼ばれるのだ。（そして、）舎利弗《しゃりほつ》よ！　阿弥陀仏《あみだぶつ》は（悟りを開いて）仏となってから今までに、十劫《じっこう》▼46という長い年月が過ぎているのだ。

また、舎利弗《しゃりほつ》よ！　その仏（阿弥陀仏《あみだぶつ》）には数限りない弟子がいるが、彼らはみな阿羅漢《あらかん》の位に達している。その弟子の数はまったく数え尽くすことができないのだ。仏（阿弥陀仏《あみだぶつ》）に従っているさまざまな菩薩《ぼさつ》たちも同様に数限りなくいるのだ。舎利弗《しゃりほつ》よ！　その仏国土《ぶっこくど》（極楽《ごくらく》浄土《じょうど》）とはこのようにすぐれた設えで美しく飾られているのである。

また、舎利弗《しゃりほつ》よ！　極楽浄土《ごくらくじょうど》に生まれた生き

祇《ぎ》劫《こう》説《せつ》。舎《しゃ》利《り》弗《ほっ》《ほ》。衆《しゅ》生《じょう》聞《もん》者《しゃ》。応《おう》当《とう》発《ほっ》願《がん》。願《がん》生《しょう》彼《ひ》国《こく》。所《しょ》以《い》者《しゃ》何《が》。得《とく》与《よ》如《にょ》是《ぜ》。諸《しょ》上《じょう》善《ぜん》人《にん》。倶《く》会《え》一《いっ》処《しょ》。舎《しゃ》利《り》弗《ほっ》《ほ》。不《ふ》可《か》以《い》少《しょう》善《ぜん》根《ごん》。福《ふく》徳《とく》因《いん》縁《ねん》。得《とく》生《しょう》彼《ひ》国《こく》。

舎《しゃ》利《り》弗《ほっ》《ほ》。若《にゃく》有《う》善《ぜん》男《なん》子《し》。善《ぜん》女《にょ》人《にん》。聞《もん》説《せつ》阿《あ》弥《み》陀《だ》仏《ぶつ》《ぶ》。執《しゅう》持《じ》名《みょう》号《ごう》。若《にゃく》一《いち》日《にち》。若《にゃく》二《に》日《にち》。若《にゃく》三《さん》日《にち》。若《にゃく》四《し》日《にち》。若《にゃく》五《ご》日《にち》。若《にゃく》六《ろく》日《にち》。若《にゃく》七《しち》日《にち》。一《いっ》心《しん》不《ふ》乱《らん》。其《ご》人《にん》臨《りん》命《みょう》

とし生けるものは、みな、仏となることが決まっている菩薩《ぼさつ》で、決してその（菩薩《ぼさつ》）位から退くことはない。（しかも）その中の多くは次に生まれ変わったときには（必ず悟りを開いて）仏（ブッダ）となる（ことが約束されている）一生補処《いっしょうふしょ》の菩薩《ぼさつ》である。▼47 そして、その（一生補《いっしょうふ》処《しょ》の）菩薩《ぼさつ》の数もたいへん多く、数え尽くすことができないのだ。ただし、数限りない年月【無量無辺《むりょうむへん》。阿僧祇劫《あそうぎこう》】を費やして数えたなら、数え尽くすことができるかもしれないが……。

舎利弗《しゃりほっ》よ！　阿弥陀仏《あみだぶつ》（の来歴や姿、功徳《くどく》）とその極楽浄土《ごくらくじょうど》について聞いた衆生《しゅじょう》は、その国《こく》土《ど》に生まれたいと願《がん》をおこすべきだ！　なぜなら、（その国土《こくど》に生まれたならば）そのような大勢の優れた善人たちと出会うことができるからだ。舎利弗《しゃりほっ》よ！　わずかな善行や福徳《ふくとく》を積む

終《じゅ》時《じ》。阿《あ》弥《み》陀《だ》仏《ぶつぶ》。与《よ》諸《しょ》聖《しょう》衆《じゅ》。現《げん》在《ざい》其《ご》前《ぜん》。是《ぜ》人《にん》終《じゅ》時《じ》。心《しん》不《ぷ》顛《てん》倒《どう》。即《そく》得《とく》往《おう》生《じょう》。阿《あ》弥《み》陀《だ》仏《ぶつぶ》。極《ごく》楽《らっ》国《こく》土《ど》。舎《しゃ》利《り》弗《ほっほ》。我《が》見《けん》是《ぜ》利《り》。故《こ》説《せっ》此《し》言《ごん》。若《にゃく》有《う》衆《しゅ》生《じょう》。聞《もん》是《ぜ》説《せっ》者《しゃ》。応《おう》当《とう》発《ほっ》願《がん》。生《しょう》彼《ひ》国《こく》土《ど》。

舎《しゃ》利《り》弗《ほっほ》。如《にょ》我《が》今《こん》者《じゃしゃ》。讃《さん》歎《だん》阿《あ》弥《み》陀《だ》仏《ぶつぶ》。不《ふ》可《か》思《し》議《ぎ》功《く》徳《どく》。東《とう》方《ぼう》亦《やく》有《う》。阿《あ》閦《しゅく》鞞《び》仏《ぶつぶ》。須《しゅ》弥《み》相《そう》仏《ぶつぶ》。大《だい》須《しゅ》弥《み》仏《ぶつぶ》。須《しゅ》弥《み》光《こう》仏《ぶつぶ》。妙《みょう》

だけでは、その国に生まれることはできない。

（しかし、）舎利弗《しゃりほつ》よ！　信仰心をもって正しい生活をしている男女【善男子善女人《ぜんなんしぜんにょにん》】が、阿《あ》弥陀仏《みだぶつ》の本願《ほんがん》▼48の有り難さを聞き、その名【名号《みょうごう》】を常に心に抱き、一日、あるいは二日、あるいは三日、あるいは四日、あるいは五日、あるいは六日、あるいは七日の間、心が散乱しないなら（つまり、阿弥陀仏《あみだぶつ》のことを心に抱き続けていることができれば）、その人が亡くなるときに、阿弥陀仏《あみだぶつ》はもろもろの聖なる弟子たちとともにその人の前に現れるだろう▼49。だから、その人は命が終わるときに死の恐怖などで心が動揺【顛倒《てんどう》】することがない。かくして、その人（阿弥陀仏《あみだぶつ》を一心に信仰した人）は阿弥陀仏《あみだぶつ》の極《ごく》楽浄土《らくじょうど》に生まれることができるのだ。

舎利弗《しゃりほつ》よ！　わたしは極楽浄土《ごくらくじょうど》の素晴らしさ

音《おん》仏《ぶつ》。如《によ》是《ぜ》等《とう》。恒《ごう》河《が》沙《しや》数《しゆ》諸《しよ》仏《ぶつ/ぶ》。各《かく》於《お》其《ご》国《こく》。出《しゆつ/すい》広《こう》長《ちよう/じよう》舌《ぜつ》相《そう》。徧《へん》覆《ぷ》三《さん》千《ぜん》大《だい》千《せん》世《せ》界《かい》。説《せつ》誠《じよう》実《じつ》言《ごん》。汝《によ》等《とう》衆《しゆ》生《じよう》。当《とう》信《しん》是《ぜ》称《しよう》讃《さん》。不《ふ》可《か》思《し》議《ぎ》功《く》徳《どく》。一《いつ》切《さい》諸《しよ》仏《ぶつ/ぶ》。所《しよ》護《ご》念《ねん》経《ぎよう》。

舎《しや》利《り》弗《ほつ/ほ》。南《なん》方《ぼう》世《せ》界《かい》。有《う》日《にち》月《がつ》灯《とう》仏《ぶつ/ぶ》。名《みよう》聞《もん》光《こう》仏《ぶつ/ぶ》。大《だい》焔《えん》肩《けん》仏《ぶつ/ぶ》。須《しゆ》弥《み》灯《とう》仏《ぶつ/ぶ》。無《む》量《りよう》精《しよう》進《じん》仏《ぶつ/ぶ》。如《によ》是《ぜ》等《とう》。恒《ごう》河《が》沙《しや》数《しゆ》諸《しよ》仏《ぶつ/ぶ》。各《かく》於《お》其《ご》国《こく》。出《しゆつ/すい》広《こう》長《ちよう/じよう》舌《ぜつ》相《そう》。徧《へん》覆《ぷ》三《さん》

を知っているからこそ、わたしの教えを聞いた衆生《しゆじよう》は、極楽浄土《ごくらくじようど》に生まれたいと願うべきだと言っているのだ！

舎利弗《しやりほつ》よ！　わたしがいま、阿弥陀仏《あみだぶつ》の不可《ふか》思議《しぎ》な功徳《くどく》を讃《たた》えたように、東方にも阿閦鞞仏《あしゆくびぶつ》、須弥相仏《しゆみそうぶつ》、大須弥仏《だいしゆみぶつ》、須弥光仏《しゆみこうぶつ》、妙音仏《みようおんぶつ》など、ガンジス河の砂の数【恒河沙《ごうがしや》】ほど多くの仏たちがおられ、それぞれの国土《こくど》（浄土《じようど》）で、仏の偉大な舌【広長舌《こうじようぜつ》】▼[50]で三千大千世界《さんぜんだいせんせかい》（全宇宙）を覆い、説いていることが真実であることを証明して、次のように説いておられるのだ。

『なんじら、生きとし生けるもの（すべての衆《しゆ》生《じよう》）よ！　阿弥陀仏《あみだぶつ》の不可思議《ふかしぎ》な功徳《くどく》をほめたたえ、すべての（無数の）仏たちが護《まも》り念ずる教え【経《きよう》】▼[51]を信じよ！』と。

舎利弗《しやりほつ》よ！　（また、）南方世界には日月灯仏《にちがつとうぶつ》、

千《ぜん》。大《だい》千《せん》世《せ》界《かい》。説《せつ》誠《じょう》実《じつ》言《ごん》。汝《にょ》等《とう》衆《しゅ》生《じょう》。当《とう》信《しん》是《ぜ》称《しょう》讃《さん》。不《ふ》可《か》思《し》議《ぎ》功《く》徳《どく》。一《いっ》切《さい》諸《しょ》仏《ぶつ》《ぶ》。所《しょ》護《ご》念《ねん》経《ぎょう》。

舎《しゃ》利《り》弗《ほっ》《ほ》。西《さい》方《ほう》世《せ》界《かい》。有《う》無《む》量《りょう》寿《じゅ》仏《ぶつ》《ぶ》。無《む》量《りょう》相《そう》仏《ぶつ》《ぶ》。無《む》量《りょう》幢《どう》仏《ぶつ》《ぶ》。大《だい》光《こう》仏《ぶつ》《ぶ》。大《だい》明《みょう》仏《ぶつ》《ぶ》。宝《ほう》相《そう》仏《ぶつ》《ぶ》。浄《じょう》光《こう》仏《ぶつ》《ぶ》。如《にょ》是《ぜ》等《とう》。恒《ごう》河《が》沙《しゃ》数《しゅ》諸《しょ》仏《ぶつ》《ぶ》。各《かく》於《お》其《ご》国《こく》。出《しゅっ》《すい》広《こう》長《ちょう》《じょう》舌《ぜっ》相《そう》。偏《へん》覆《ぷ》三《さん》千《ぜん》。大《だい》千《せん》世《せ》界《かい》。説《せつ》誠《じょう》実《じつ》言《ごん》。汝《にょ》等《とう》衆《しゅ》生《じょう》。当《とう》信《しん》是《ぜ》称《しょう》

名聞光仏《みょうもんこうぶつ》、大焰肩仏《だいえんけんぶつ》、須弥灯仏《しゅみとうぶつ》、無量精進仏《むりょうしょうじんぶつ》など、ガンジス河の砂の数ほど多くの仏がおられ、それぞれの国（浄土《じょうど》）において仏の偉大な舌で三千大千世界《さんぜんだいせんせかい》を覆い、説いていることが真実であることを証明して、次のように説いておられるのだ。

『なんじら、生きとし生けるもの（すべての衆《しゅ》生《じょう》）よ！ 阿弥陀仏《あみだぶつ》の不可思議《ふかしぎ》な功徳《くどく》をほめたたえ、すべての（無数の）仏たちが護り念ずる教えを信じよ！』と。

（さらに）舎利弗《しゃりほつ》よ！ 西方《さいほう》世界には無量寿仏《むりょうじゅぶつ》（阿弥陀仏《あみだぶつ》）、無量相仏《むりょうそうぶつ》、無量幢仏《むりょうどうぶつ》、大光仏《だいこうぶつ》、大《だい》明仏《みょうぶつ》、宝相仏《ほうそうぶつ》、浄光仏《じょうこうぶつ》などがおられ、それぞれの国（浄土《じょうど》）において仏の偉大な舌で三千大千《さんぜんだいせん》世界《せかい》を覆い、説いていることが真実であることを証明して、次のように説いておられるのだ。

讃《さん》。不《ふ》可《か》思《し》議《ぎ》功《く》徳《どく》。一《いっ》切《さい》諸《しょ》
仏《ぶつ》《ぶ》。所《しょ》護《ご》念《ねん》経《ぎょう》。
舎《しゃ》利《り》弗《ほっ》《ほ》。北《ほっ》方《ぽう》世《せ》界《かい》。有《う》焔《えん》肩《けん》
仏《ぶつ》《ぶ》。最《さい》勝《しょう》音《おん》仏《ぶつ》《ぶ》。難《なん》沮《しょ》《そ》仏《ぶつ》《ぶ》。日《にっ》生《しょう》
仏《ぶつ》《ぶ》。網《もう》明《みょう》仏《ぶつ》《ぶ》。如《にょ》是《ぜ》等《とう》。恒《ごう》河《が》沙《しゃ》
数《しゅ》諸《しょ》仏《ぶつ》《ぶ》。各《かく》於《お》其《ご》国《こく》。出《しゅっ》《すい》広《こう》長《ちょう》《じょう》
舌《ぜっ》相《そう》。偏《へん》覆《ぷ》三《さん》千《ぜん》大《だい》千《せん》世《せ》界《かい》。
説《せっ》誠《じょう》実《じつ》言《ごん》。汝《にょ》等《とう》衆《しゅ》生《じょう》。当《とう》信《しん》
是《ぜ》称《しょう》讃《さん》。不《ふ》可《か》思《し》議《ぎ》功《く》徳《どく》。一《いっ》
切《さい》諸《しょ》仏《ぶつ》《ぶ》。所《しょ》護《ご》念《ねん》経《ぎょう》。
舎《しゃ》利《り》弗《ほっ》《ほ》。下《げ》方《ほう》世《せ》界《かい》。有《う》師《し》子《し》

『なんじら、生きとし生けるもの（すべての衆《しゅ》生《じょう》）よ！　阿《あ》弥《み》陀《だ》仏《ぶつ》の不《ふ》可《か》思《し》議《ぎ》な功《く》徳《どく》をほめたたえ、すべての（無数の）仏たちが護り念ずる教えを信じよ！』と。

舎《しゃ》利《り》弗《ほっ》よ！　北方世界には、焔《えん》肩《けん》仏《ぶつ》、最《さい》勝《しょう》音《おん》仏《ぶつ》、難《なん》沮《しょ》仏《ぶつ》、日《にっ》生《しょう》仏《ぶつ》、網《もう》明《みょう》仏《ぶつ》など、ガンジス河の砂の数ほど多くの仏がおられ、それぞれの国（浄《じょう》土《ど》）において仏の偉大な舌で三《さん》千《ぜん》大《だい》千《せん》世《せ》界《かい》を覆い、説いていることが真実であることを証明して、次のように説いておられるのだ。

『なんじら、生きとし生けるもの（すべての衆《しゅ》生《じょう》）よ！　阿《あ》弥《み》陀《だ》仏《ぶつ》の不《ふ》可《か》思《し》議《ぎ》な功《く》徳《どく》をほめたたえ、すべての（無数の）仏たちが護り念ずる教えを信じよ！』と。

舎《しゃ》利《り》弗《ほっ》よ！　下《げ》方《ほう》世界には師《し》子《し》仏《ぶつ》、名《みょう》聞《もん》仏《ぶつ》、

仏《ぶつ》《ぶ》。名《みよう》聞《もん》仏《ぶつ》《ぶ》。名《みよう》光《こう》仏《ぶつ》《ぶ》。達《だつ》摩《ま》仏《ぶつ》《ぶ》。法《ほう》幢《どう》仏《ぶつ》《ぶ》。持《じ》法《ほう》仏《ぶつ》《ぶ》。如《によ》是《ぜ》等《とう》。恒《ごう》河《が》沙《しや》数《しゆ》諸《しよ》仏《ぶつ》《ぶ》。各《かく》於《お》其《ご》国《こく》。出《すい》《しゆつ》広《こう》長《じよう》《ちよう》舌《ぜつ》相《そう》。偏《へん》覆《ぷ》三《さん》千《ぜん》。大《だい》千《せん》世《せ》界《かい》。説《せつ》誠《じよう》実《じつ》言《ごん》。汝《によ》等《とう》衆《しゆ》生《じよう》。当《とう》信《しん》是《ぜ》称《しよう》讃《さん》。不《ふ》可《か》思《し》議《ぎ》功《く》徳《どく》。一《いつ》切《さい》諸《しよ》仏《ぶつ》。所《しよ》護《ご》念《ねん》経《ぎよう》。舎《しや》利《り》弗《ほつ》《ほ》。上《じよう》方《ほう》世《せ》界《かい》。有《う》梵《ぼん》音《のん》仏《ぶつ》《ぶ》。宿《しゆく》王《おう》仏《ぶつ》《ぶ》。香《こう》上《じよう》仏《ぶつ》《ぶ》。香《こう》光《こう》仏《ぶつ》《ぶ》。大《だい》焰《えん》肩《けん》仏《ぶつ》《ぶ》。雑《ざつ》色《しき》宝《ほう》華《け》厳《ごん》身《しん》仏《ぶつ》《ぶ》。娑《しや》羅《ら》樹《じゆ》王《おう》仏《ぶつ》《ぶ》。宝《ほう》華《け》徳《とく》仏《ぶつ》《ぶ》。

名光仏《みようこうぶつ》、達摩仏《だつまぶつ》、法幢仏《ほうどうぶつ》、持法仏《じほうぶつ》など、ガンジス河の砂の数ほど多くの仏がおられ、それぞれの国（浄土《じようど》）において仏の偉大な舌で三千大千《さんぜんだいせん》世界《せかい》を覆い、説いていることが真実であることを証明して、次のように説いておられるのだ。
『なんじら、生きとし生けるもの（すべての衆《しゆ》生《じよう》）よ！　阿弥陀仏《あみだぶつ》の不可思議《ふかしぎ》な功徳《くどく》をほめたたえ、すべての（無数の）仏たちが護り念ずる教えを信じよ！』と。

舎利弗《しやりほつ》よ！　上方《じようほう》世界には梵音仏《ぼんのんぶつ》、宿王仏《しゆくおうぶつ》、香上仏《こうじようぶつ》、香光仏《こうこうぶつ》、大焰肩仏《だいえんけんぶつ》、雑色宝華厳身仏《ざつしきほうけごんしんぶつ》、娑羅樹王仏《しやらじゆおうぶつ》、宝華徳仏《ほうけとくぶつ》、見一切義仏《けんいつさいぎぶつ》、如須弥山《によしゆみせん》仏《ぶつ》など、ガンジス河の砂の数ほど多くの仏がおられ、それぞれの国（浄土《じようど》）において仏の偉大な舌で三千大千世界《さんぜんだいせんせかい》を覆い、説いていることが

見《けん》一《いっ》切《さい》義《ぎ》仏《ぶつ》。如《にょ》須《しゅ》弥《み》山《せん》仏《ぶつ》。如《にょ》是《ぜ》等《とう》。恒《ごう》河《が》沙《しゃ》数《しゅ》諸《しょ》仏《ぶつ》。各《かく》於《お》其《ご》国《こく》。出《すい》広《こう》長《じょう・ちょう》舌《ぜつ》相《そう》。徧《へん》覆《ぷ》三《さん》千《ぜん》大《だい》千《せん》世《せ》界《かい》。説《せつ》誠《じょう》実《じつ》言《ごん》。汝《にょ》等《とう》衆《しゅ》生《じょう》。当《とう》信《しん》是《ぜ》称《しょう》讃《さん》不《ふ》可《か》思《し》議《ぎ》功《く》徳《どく》。一《いっ》切《さい》諸《しょ》仏《ぶつ》。所《しょ》護《ご》念《ねん》経《ぎょう》。

舎《しゃ》利《り》弗《ほっ》。於《お》汝《にょ》意《い》云《うん》何《が》。何《が》故《こ》名《みょう》為《い》。一《いっ》切《さい》諸《しょ》仏《ぶつ》。所《しょ》護《ご》念《ねん》経《ぎょう》。

舎《しゃ》利《り》弗《ほっ》。若《にゃく》有《う》善《ぜん》男《なん》子《し》。善《ぜん》女《にょ》人《にん》。聞《もん》是《ぜ》諸《しょ》仏《ぶつ》所《しょ》説《せつ》名《みょう》。及《ぎゅう・ぎっ》経《きょう》

真実であることを証明して、次のように説いておられるのだ。

『なんじら、生きとし生けるもの（すべての衆《しゅ》生《じょう》）よ！　阿《あ》弥《み》陀《だ》仏《ぶつ》の不《ふ》可《か》思《し》議《ぎ》な功《く》徳《どく》をほめたたえ、すべての（無数の）仏たちが護り念ずる教えを信じよ！』と。

舎《しゃ》利《り》弗《ほっ》よ！　おまえはどのように思うのか？　どうして『すべての（無数の）仏たちが護り念ずる教え』と思うのだろうか？

舎《しゃ》利《り》弗《ほっ》よ！　もし信《しん》心《じん》深く、行いの正しい男女がいて、（すべての）仏たちがほめたたえている阿《あ》弥《み》陀《だ》仏《ぶつ》の名とその教え【経《きょう》名《みょう》】を聞くも

名者《みようしや》。是《ぜ》諸《しよ》善《ぜん》男《なん》子《し》。善《ぜん》女《によ》人《にん》。
皆《かい》為《い》一《いっ》切《さい》諸《しよ》仏《ぶつ ぶ》。共《ぐ》所《しよ》護《ご》念《ねん》。
皆《かい》得《とく》不《ふ》退《たい》転《てん》。於《お》阿《あ》耨《のく》多《た》羅《ら》。
三《さん》藐《みやく》三《さん》菩《ぼ》提《だい》。是《ぜ》故《こ》舎《しや》利《り》弗《ほっ ほ》。
汝《によ》等《とう》皆《かい》当《とう》。信《しん》受《じゆ》我《が》語《ご》。及《ぎっ》諸《しよ》
仏《ぶっ ぶ》所《しよ》説《せつ》。舎《しや》利《り》弗《ほっ ほ》。若《にやく》有《う》人《にん》。已《い》
発《ほつ》願《がん》。今《こん》発《ぼっ》願《がん》。当《とう》発《ほつ》願《がん》。欲《よく》生《しよう》
阿《あ》弥《み》陀《だ》仏《ぶっ》国《こく》者《しや》。是《ぜ》諸《しよ》人《にん》等《とう》。
皆《かい》得《とく》不《ふ》退《たい》転《てん》。於《お》阿《あ》耨《のく》多《た》羅《ら》。
三《さん》藐《みやく》三《さん》菩《ぼ》提《だい》。於《お》彼《ひ》国《こく》土《ど》。若《にやく》
已《い》生《しよう》。若《にやっ にやく》今《こん》生《しよう じよう》。若《にやく》当《とう》生《しよう》。是《ぜ》故《こ》

のは、すべての仏たちに護られて、最高の悟りの境地【阿耨多羅三藐三菩提《あのくたらさんみやくさんぼだい》】（91ページ▼17参照）に安住して決して退くことがないからである。

だからこそ、舎利弗《しやりほつ》よ！　おまえたちはわたしの言葉と、多くの仏たちが説く言葉を信じて受け入れなさい（私〈釈迦《しやか》〉と他のすべての仏たちが無条件で信じ護り、勧める阿弥陀仏《あみだぶつ》の教えを信じて受け入れなさい）。

舎利弗《しやりほつ》よ！　もしも、極楽浄土《ごくらくじようど》に生まれたいと願った人、そして、（たった）いま、そういう願いを起こした人、（そして、）これから願いを起こそうとしている人は、（やがて）みなこの上ない悟りに至るだろう。（そこから決して退くことはないだろう。）そして、かの極楽浄土《ごくらくじようど》にすでに生まれ、あるいは今まさに生まれつ

舎《しゃ》利《り》弗《ほっ／ほ》。諸《しょ》善《ぜん》男《なん》子《し》。善《ぜん》女《にょ》人《にん》。若《にゃく》有《う》信《しん》者《じゃ／しゃ》。応《おう》当《とう》発《ほつ》願《がん》。生《しょう》彼《ひ》国《こく》土《ど》。

舎《しゃ》利《り》弗《ほっ／ほ》。如《にょ》我《が》今《こん》者《じゃ／しゃ》。称《しょう》讃《さん》諸《しょ》仏《ぶつ／ぶ》。不《ふ》可《か》思《し》議《ぎ》功《く》徳《どく》。彼《ひ》諸《しょ》仏《ぶつ／ぶ》等《とう》。亦《やく》称《しょう》説《せつ》我《が》。不《ふ》可《か》思《し》議《ぎ》功《く》徳《どく》。而《に》作《さ》是《ぜ》言《ごん》。釈《しゃ》迦《か》牟《む》尼《に》仏《ぶつ／ぶ》。能《のう》為《い》甚《じん》難《なん》。希《け》有《う》之《し》事《じ》。能《のう》於《お》娑《しゃ》婆《ば》国《こく》土《ど》。五《ご》濁《じょく》悪《あく》世《せ》。劫《こう》濁《じょく》見《けん》濁《じょく》。煩《ぼん》悩《のう》濁《じょく》。衆《しゅ》生《じょう》濁《じょく》。命《みょう》濁《じょく》中《ちゅう》。得《とく》阿《あ》耨《のく》多《た》羅《ら》。三《さん》藐《みゃく》三《さん》菩《ぼ》

つあり、あるいは、これから生まれるであろう。それゆえ、舎利弗《しゃりほっ》よ！　信仰心が篤《あつ》く、行いが正しい多くの男女は極楽浄土《ごくらくじょうど》に生まれたいと願うべきである。

舎利弗《しゃりほっ》よ！　わたしがいま、仏たちの不可思《ふかし》議《ぎ》で優れた功徳《くどく》をほめたたえているように、他の仏たちもまた、私の不可思議《ふかしぎ》で優れた功徳《くどく》をほめたたえ、次のように言っておられるのだ。『釈尊《しゃくそん》はまことになしがたい、世にも稀《まれ》なことをなしとげられた。われわれが住む娑婆《しゃば》世界の五つの汚れ【五濁悪世《ごじょくあくせ》】▼52。すなわち、時代の汚れ【劫濁《こうじょく》】、思想の汚れ【見濁《けんじょく》】、煩悩《ぼんのう》の汚れ【煩悩濁《ぼんのうじょく》】、人が質的に低下する人間の汚れ【衆生濁《しゅじょうじょく》】、人間の寿命が短くなる汚れ【命濁《みょうじょく》】の中にあって、自らこの上ない悟り【阿耨多羅三藐三菩提《あのくたらさんみゃくさんぼだい》】を開き、すべての衆生《しゅじょう》（生きとし生け

提《だい》。為《い》諸《しょ》衆《しゅ》生《じょう》。説《せつ》是《ぜ》一《いっ》切《さい》世《せ》間《けん》。難《なん》信《しん》之《し》法《ほう》。舎《しゃ》利《り》弗《ほっ》《ほ》。当《とう》知《ち》我《が》於《お》。五《ご》濁《じょく》悪《あく》世《せ》。行《ぎょう》此《し》難《なん》事《じ》。得《とく》阿《あ》耨《のく》多《た》羅《ら》。三《さん》藐《みゃく》三《さん》菩《ぼ》提《だい》。為《い》一《いっ》切《さい》世《せ》間《けん》。説《せつ》此《し》難《なん》信《しん》之《し》法《ほう》。是《ぜ》為《い》甚《じん》難《なん》。仏《ぶっ》説《せつ》此《し》経《きょう》已《い》。舎《しゃ》利《り》弗《ほっ》《ほ》。及《ぎっ》諸《しょ》比《び》丘《く》。一《いっ》切《さい》世《せ》間《けん》。天《てん》人《にん》阿《あ》修《しゅ》羅《ら》等《とう》。聞《もん》仏《ぶっ》所《しょ》説《せつ》。歓《かん》喜《ぎ》信《しん》受《じゅ》。作《さ》礼《らい》而《に》去《こ》。

仏《ぶっ》説《せっ》《せ》阿《あ》弥《み》陀《だ》経《きょう》

るもの）のために信じがたく、有り難い教えを説かれた』と。

舎利《しゃり》弗《ほっ》よ！　次のように知るべきである。わたしはこの五つの汚れに覆われた悪世の中で、なしとげがたいことをなしとげ、この上ない悟りの境地に至り、一切の世のために信じ難く、有り難い教えを説いた。わたしにとってこれをなしとげるのは極めて難しいことであった。」

仏陀《ぶっだ》がこの経（『仏説阿弥陀経《ぶっせつあみだきょう》』）を説き終えられると、舎利弗《しゃりほっ》、およびもろもろの修行者【諸比丘《しょびく》】、すべての神々【天人《てんにん》】・人間・阿修《あしゅ》羅《ら》▼53たちは、仏陀《ぶっだ》の説いた教え（『仏説阿弥陀経《ぶっせつあみだきょう》』）を聞いて、歓喜し、信じてこれを受け入れ、（仏陀《ぶっだ》に）礼拝《らいはい》して立ち去った。

仏（釈迦《しゃか》）が説かれた『仏説阿弥陀経《ぶっせつあみだきょう》』を終わる。

▼1　如是我聞《にょぜがもん》　釈迦《しゃか》が亡くなったすぐ後に釈迦《しゃか》の教えが散逸することと、正しく伝わらないことを危惧《きぐ》し、多くの仏弟子たちが王舎城《おうしゃじょう》（ラージャグリハ）というところに集まって、経典の編纂《へんさん》会議が行われた。そのとき、釈迦に常に近侍してその教えを最も多く聞いていた阿難《あなん》が主体となって、記憶していた教えを述べ、その正否を修行僧たちが検討して経典の内容が定まっていったという。

この故事にちなんで、ほとんどの大乗仏典《だいじょうぶってん》は「如是我聞《にょぜがもん》（このように私は聞いています）」という言葉で始まる。

▼2　舎衛国《しゃえこく》　釈迦《しゃか》在世中、インド中部にあった国。その国の城の南に、有名な祇園精《ぎおんしょう》舎《じゃ》があった。

▼3　祇園精舎《ぎおんしょうじゃ》　スダッタ（須達《しゅだつ》）という長者が釈迦《しゃか》とその教団のために建てた僧坊。もとはジェートリ（祇陀《ぎだ》）という太子（王子）の山荘で、孤独な人に食事を給仕したことから、「祇樹給孤独園《ぎじゅぎっこどくおん》」と呼ばれ、祇園精舎《ぎおんしょうじゃ》といわれて親しまれている。精《しょう》舎《じゃ》は説法や修行を行う宗教的施設のこと。釈迦はこの祇園精舎《ぎおんしょうじゃ》で出家、在家を問わず、多くの人々にたびたび説法をしたという。古くは七層（七階建）の建物があったというが、七世紀に玄奘三蔵《げんじょうさんぞう》が訪れたときには、すでに荒廃していたという。

▼4　阿羅漢《あらかん》　サンスクリット語のアルハットの音写語で、略して羅漢《らかん》という。世の尊敬に値する人という意味で、修行を完成して学ぶべきものがないので「無学《むがく》」ともいわれる。声聞《しょうもん》（小乗《しょうじょう》仏教の次元の低い修行者）が到達する最高の位で、一切の煩《ぼん》

悩《のう》を断ち切り、人々より供養《くよう》尊敬を受ける境地に達した人。

▼5 **摩訶目犍連《まかもつけんれん》** 釈迦《しゃか》の十大弟子の一人。舎利弗《しゃりほつ》の隣村のバラモンの家に生まれ、長じてサンジャヤという懐疑論者の弟子となり、舎利弗《しゃりほつ》とともに自らも百人の弟子がいたという。釈迦が悟りを開くと、舎利弗《しゃりほつ》とともにこれに共感して出家し、みるみる頭角を現して十大弟子の一人になったという。

▼6 **摩訶迦葉《まかかしょう》** 十大弟子の一人。王舎城《おうしゃじょう》近郊のバラモンの家に生まれ、釈迦《しゃか》が悟りを開いてから三年ほど経って仏弟子となり、八日目に阿羅漢《あらかん》の境地に達したという。仏弟子中、最も執着を離れ、清廉な人格者で釈迦の信頼も厚く、十大弟子のリーダーとして活躍した。釈迦が亡くなった後は教団をよくまとめて、最初の結集（34ページ参照）を呼びかけて釈迦の教えの基盤を固めた。

▼7 **摩訶迦旃延《まかかせんねん》** 十大弟子の一人で西インドのバラモンの家に生まれた。釈迦《しゃか》が生まれたときに、アシタという仙人が祝福に駆け付けて生まれたばかりの釈迦の人相を占い、将来、必ずや悟りを開いてブッダとなるだろうと予言した。摩訶迦旃延《まかかせんねん》はそのアシタ仙人の弟子。このとき、アシタ仙人は自分は老齢で、この子が悟りを開く姿を見ることができないと歎《なげ》いたといい、弟子の摩訶迦旃延《まかかせんねん》に釈迦《しゃか》が悟りを開いたら弟子になって修行するようにと命じられたという。仏弟子中、最も論議に優れていたので、「議論第一」といわれる。

▼8 **摩訶倶絺羅《まかくちら》** 釈迦《しゃか》の弟子で、舎利弗《しゃりほつ》の兄弟、または伯父ともいわれる。一切の学

成るまで決して爪を切らないという誓いをたて、十数年にわたってこれを実践して極めて爪が長くなったことから、長爪梵志《ちょうそうぼんし》とも呼ばれている。梵志《ぼんし》の「梵《ぼん》」は神聖なという意味で、神聖な志を持った人という意味。

▼9　**離婆多《りはた》**　詳しくはレーヴァタ・カッディラ・ヴァニヤといい、「カッディラの森に住む者」という意味。釈迦《しゃか》の弟子の一人である。

▼10　**周利槃陀《しゅうりはんだ》伽《が》**　周利般特《しゅりはんどく》とも音写し、小路《しょうろ》・愚路《ぐろ》などと漢訳する。釈迦《しゃか》の弟子で、生来、愚昧《ぐまい》だったが、釈迦に教えられた「塵《ちり》を払い、垢《あか》を除く」という短い言葉を繰り返して悟りを得たという。

▼11　**難陀《なんだ》**　釈迦《しゃか》の異母弟で容姿端麗だったと伝えられ、諸欲をよくおさえて諸根調伏《しょこんちょうぶく》（感覚器官を統制する）第一と称されている。

▼12　**阿難陀《あなんだ》**　阿難《あなん》と略する場合も多い。十大弟子の一人。釈迦《しゃか》の従兄《いとこ》にあたる。釈迦入滅までの二十余年間常随して説法を聞き、多聞《たもん》第一といわれる。第一回結集の際には、選ばれて釈尊《しゃくそん》の説いた教えを読み上げた。

▼13　**羅睺羅《らごら》**　羅云《らうん》とも書き、覆障《ふくしょう》と漢訳する。十大弟子の一人。密行《みつぎょう》（戒律を細かく守ること）第一と称された。釈迦《しゃか》の実子で、釈迦《しゃか》が悟りを開いてブッダとなった後、初めて故郷カピラ城へ帰ったおり、舎利弗《しゃりほつ》・摩訶目犍連《まかもっけんれん》を師として出家した。

▼14　**憍梵波提《きょうぼんはだい》**　牛主《ぎゅうしゅ》とも漢訳する。持律《じりつ》第一と称される。ヴァーナーラシー（ベナレス）の富豪の子、耶舎《やしゃ》（名聞）の友人。耶舎《やしゃ》が出家したことを聞いて出家して仏弟

子となった。釈迦《しゃか》の命によりサラプー河の洪水を神通力《じんずうりき》によって防いで人々を救ったという。釈迦入滅《にゅうめつ》後、シリシャ山中で後を追うように入滅《にゅうめつ》した。

▼15 **賓頭盧頗羅堕**《びんずるはらだ》　仏弟子の中でも獅子吼《ししく》第一（雄弁な説法が得意という意味）と称される。十六羅漢《じゅうろくらかん》の一人で、その第一尊者《そんじゃ》とされる。略して賓頭盧《びんずる》尊者《そんじゃ》と呼ばれ、日本では自分の悪い所を撫《な》でて、尊者《そんじゃ》の同じ所、たとえば膝《ひざ》などを撫でると、痛みがなくなるという「撫《な》で仏《ぼとけ》」として親しまれている。

▼16 **迦留陀夷**《かるだい》　釈迦《しゃか》族の出身で、釈迦と同じ日に生まれたという。成道《じょうどう》後の釈迦を故郷に迎える際に尽力し、釈迦が帰郷したときに弟子となったという。

▼17 **摩訶劫賓那**《まかこうひんな》　天文学・暦学に秀でていたことから知星宿《ちせいしゅく》第一といわれる。クックタという町の王族に生まれ、父の跡を継いで王位についたが、ある商人から釈迦《しゃか》が祇園精舎《ぎおんしょうじゃ》に滞在していることを聞いて旅立ち、途中で釈迦に出会い、直ちに出家したという。

▼18 **薄拘羅**《はくら》　病をしなかったことから、無病第一、また最も長く生きたので長寿第一と称される。

▼19 **阿㝹楼駄**《あぬるだ》　ふつうは阿那律《あなりつ》といわれ、無貪《むとん》と漢訳する。十大弟子の一人で、深遠な智慧《ちえ》でものごとのありのままの姿をとらえることに優れていたことから、天眼《てんげん》第一と称された。カピラヴァストゥの人で甘露飯王《かんろぼんおう》の王子ともいわれ、釈迦《しゃか》の従弟《いとこ》にあたる。釈尊《しゃくそん》の説法の座で居眠りをして叱責《しっせき》されたため、眠ることなく修行し、つ

いに失明したが、天眼《てんげん》を得たという。

▼20 **文殊菩薩《もんじゅぼさつ》【文殊師利法王子《もんじゅしりほうおうじ》】**　「法王子《ほうおうじ》」は、法王《ほうおう》、すなわち仏の子の意味で、仏の教化をたすける最上首の菩薩《ぼさつ》を指していう。文殊師利菩薩《もんじゅしりぼさつ》。つまり文殊菩薩《もんじゅぼさつ》。弥《み》勒菩薩《ろくぼさつ》と共に実在の可能性を持った菩薩《ぼさつ》。

▼21 **阿逸多菩薩《あいったぼさつ》**　弥勒菩薩《みろくぼさつ》は別名アジタといい、その音写で弥勒菩薩《みろくぼさつ》のことと考えられているが、異説もある。

▼22 **乾陀訶提菩薩《けんだかだいぼさつ》**　釈迦《しゃか》の弟子で、常に高潔を保ったことから、尊貴第一といわれる。

▼23 **常精進菩薩《じょうしょうじんぼさつ》**　釈迦《しゃか》の弟子で常に精進《しょうじん》を怠らなかったことから、この名で呼ばれたという。

▼24 **帝釈天《たいしゃくてん》【釈提桓因《しゃくだいかんいん》】**　サンスクリット語のシャクラ・デーヴァーナーム・インドラの音写。最後にヒンドゥー教の神である帝釈天《たいしゃくてん》が紹介されている。聖典リグ・ヴェーダにおける最大最強の英雄神で、仏教を守る神。

▼25 **座《ざ》を連《つら》ねていた**　釈迦《しゃか》の説法の座には常に仏弟子以下、多くの菩薩《ぼさつ》や神々、そして、人間が聴衆として集まっている。これは、『法華経《ほけきょう》』などの他の大乗経典《だいじょうきょうてん》でもお馴染みの光景である。

▼26 **長老《ちょうろう》**　サンスクリット語でスタヴィラといい、徳の高い僧侶のこと。必ずしも高齢者の意味ではなく、若くても仏教をよく理解し、善行を積んで、修行に励むものは長老として敬われる。

▼27 **十万億仏土**《じゅうまんのくぶつど》　仏土《ぶつど》は仏国土《ぶっこくど》の意味で、一人の仏が治める世界。その大きさは銀河系ぐらいと想定される。その仏国土《ぶっこくど》が十万億個、すなわち一億の十万倍個の仏国土《ぶっこくど》を過ぎたところという意味。つまり、計り知れないほど遠くに、という意味で、これも仏典の常套句《じょうとうく》だ。

▼28 **欄楯**《らんじゅん》　寺院や宮殿などの建物に巡らされた囲い（手摺《てすり》）。

▼29 **羅網**《らもう》　珠玉（鈴）で飾られた網のことで、日本では今でも寺院の多宝塔《たほうとう》の上から風鐸《ふうたく》を取り付けた鎖が下げられているのが見られる。

▼30 **瑠璃**《るり》　瑠璃色《るりいろ》と呼ばれる青色の石で、七宝《しっぽう》の一つ。

▼31 **硨磲**《しゃこ》　大きな美しい貝。七宝の一つに数えられる。

▼32 **赤珠**《しゃくしゅ》　赤い珠石で、七宝の一つ。

▼33 **微妙香潔**《みみょうこうけつ》　仏典には何種類かのハスの花（蓮華《れんげ》）が登場するが、ここでは青色、黄色、赤色、白色の四種類のハスを挙げている。このうち、青色と黄色は南方の睡蓮《すいれん》で、赤色と白色が根に蓮根《れんこん》を持つ蓮《はす》である。中でも白色は白蓮《びゃくれん》といい、最も気高いとされている。また、青色は青蓮と呼ばれ、涼しげな水色の細長い花弁を持つ。青蓮の花弁は才色兼備の美人の眼に譬《たと》えられ、仏像の眼は「青蓮の如し」と仏典に記されている。蓮華は泥中から生え出て泥に染まることなく美しい花を咲かせることから、インドでは古くから神聖な花とされ、国花にもなっている。仏教で蓮華が貴ばれるのには古い歴史があるのだ。

▼34 **昼夜六時《ちゅうやろくじ》**　仏典によく出て来る言葉で、一日を昼と夜に二分し、さらに昼を晨朝《じんちょう》（早朝）、日中《にっちゅう》、日没《にちぼつ》に三分し、夜を初夜《しょや》、中夜《ちゅうや》、後夜《ごや》（深夜）に三分する。今も寺院では晨朝法要や日中法要などという言葉がある。

▼35 **曼陀羅華《まんだらけ》**　天上に咲くといわれる美しい花で、天妙華《てんみょうげ》とも訳される。阿弥陀堂《あみだどう》の内部の壁面などに宝相華《ほうそうげ》などの名で描かれる。

▼36 **経行《きょうぎょう》**　「きんひん」とも読む。坐禅《ざぜん》のあとに身体をほぐしたり、食後の腹ごなしにごくゆっくりと僧院の敷地内など一定の場所を歩くこと。

▼37 **舎利《しゃり》**　羽は黒、脚が黄色、嘴《くちばし》が橙色《だいだいいろ》の鳥で、人間の言葉を聞いて復唱することができるという。

▼38 **迦陵頻伽《かりょうびんが》**　最高に美しい声で鳴くといわれる極楽浄土《ごくらくじょうど》を代表する鳥で、その声は藪鶯《やぶうぐいす》という鳥に似ているという。しかし、これは想像上の鳥である。ニューギニアなどに棲息する極楽鳥《ごくらくちょう》という鳥が迦陵頻伽《かりょうびんが》になぞらえられ、この鳥に姿が似ているという極楽鳥花《ごくらくちょうか》は日本でも栽培され、生花店で売られている。

▼39 **共命《ぐみょう》**　双頭の鳥で、雉《きじ》の仲間とされる。

▼40 **五根五力《ごこんごりき》**　「根《こん》」は個人個人に具《そな》わる能力や資質のこと。「五根《ごこん》」は信仰心をもつ「信根《しんこん》」、善行に努力する「精進根《しょうじんこん》」、仏を念ずる「念根《ねんこん》」、禅定《ぜんじょう》（瞑想《めいそう》）に励む「定《じょう》根《こん》」、そして、悟りの智慧《ちえ》に向かう「慧根《えこん》」である。そして、「五力《ごりき》」は五根《ごこん》の働きで、信仰、努力、憶念《おくねん》（心にさまざまな事柄を念じて、これを記憶すること）、禅定《ぜんじょう》

（精神を統一すること）の四つを実践することによって得られる悟りの智慧《ちえ》の働きである。

▼41 **七菩提分《しちぼだいぶん》** 悟りに至る七つの道のことで、「七覚支《しちかくし》」と呼ばれる。真偽を見極め、偽を捨てて真を選択する「択法覚支《ちゃくほうかくし》」、択《えら》んだ真実に基づいて実践し、怠ることなく努力する「精進覚支《しょうじんかくし》」、真実に基づいて実践に励むことを喜ぶ「喜覚支《きかくし》」、身心を最高の状態に保つ「軽安覚支《きょうあんかくし》」、物事に対する執着を捨てるように努める「捨覚支《しゃかくし》」、坐禅をして心を集中する「定覚支《じょうかくし》」、そして、禅定《ぜんじょう》（瞑想）して悟りの智慧《ちえ》に向かう「念覚支《ねんかくし》」の七項目である。

▼42 **八聖道分《はっしょうどうぶん》** 「八正道《はっしょうどう》」に同じ（詳細は18ページを参照）

▼43 **念仏念法念僧《ねんぶつねんぽうねんそう》** 「仏法僧《ぶっぽうそう》」は「三宝《さんぼう》」と呼ばれ、仏教のこと。「仏《ぶつ》」はブッダ（釈《しゃ》迦《か》）、「法《ほう》」は仏法《ぶっぽう》と呼ばれるブッダの教え、「僧《そう》」がブッダの教えに従って修行し、悟りを目指す僧のグループを表わす。この三つのどれが欠けても仏教は成立しないので、三つの宝（三宝《さんぼう》）と呼ぶ。聖徳太子《しょうとくたいし》の「十七条憲法」の冒頭に「篤《あつ》く三宝《さんぼう》を敬え」という有名な言葉があるが、極楽浄土《ごくらくじょうど》の瑞鳥《ずいちょう》の声を聞いているだけで自然に仏法《ぶっぽう》に従って生きるようになり、無理なく悟り（菩提《ぼだい》）の世界に行くことができるという。

▼44 **三悪道《さんまくどう》** 娑婆《しゃば》世界（われわれが住む迷いの世界）では地獄《じごく》、餓鬼《がき》、畜生《ちくしょう》の三つの悪所に落ちて、大変な苦しみを受ける。鳥は娑婆《しゃば》世界では畜生《ちくしょう》の生き物で、過去に

罪を犯した結果、鳥獣などに生まれて苦しみを受けると考えられている。しかし、迦陵頻伽《かりょうびんが》（▼38参照）などの極楽浄土《ごくらくじょうど》の鳥は罪業《ざいごう》の結果、生まれたのではなく、その世界の人々を悟りに向かわせるために存在しているので、畜生《ちくしょう》の苦しみを受けることもないのだ。

▼45 **変化所作《へんげしょさ》**　釈迦《しゃか》や阿弥陀仏《あみだぶつ》をはじめとするブッダはあらゆるものを、自在に創り出すことができるという。

▼46 **十劫《じっこう》**　計り知れないほど長い時間で、実数ではない。

▼47 **一生補処《いっしょうふしょ》の菩薩《ぼさつ》**　一口に菩薩《ぼさつ》といってもさまざまなレベルの差があり、仏典には初歩の菩薩《ぼさつ》から最高位の菩薩《ぼさつ》まで五十ほどの階位が示されている。一生補処《いっしょうふしょ》の菩薩《ぼさつ》は最高位の菩薩《ぼさつ》で、輪廻転生《りんねてんしょう》するのはこの一生だけで、次の世には必ず仏となって輪廻転生《りんねてんしょう》から解放される。観音菩薩《かんのんぼさつ》や文殊菩薩《もんじゅぼさつ》などわれわれが仏像で拝観する菩薩《ぼさつ》はみな一生補処《いっしょうふしょ》の菩薩《ぼさつ》だが、輪廻転生《りんねてんしょう》を繰り返し、苦しみに喘《あえ》ぐ衆生《しゅじょう》がいる限り、仏にはならないで釈迦如来《しゃかにょらい》や阿弥陀如来《あみだにょらい》の手伝いをしている。

▼48 **阿弥陀仏《あみだぶつ》の本願《ほんがん》**　衆生《しゅじょう》を極楽浄土《ごくらくじょうど》に連れて行って救おうという阿弥陀仏《あみだぶつ》の願い。これを大願《たいがん》といい、阿弥陀仏《あみだぶつ》は四十八《しじゅうはち》の大願《たいがん》を立てたという。

▼49 **阿弥陀《あみだ》仏は～現《あらわ》れるだろう**　これが阿弥陀仏《あみだぶつ》の「来迎《らいごう》」である。日本では平安時代の後半に阿弥陀《あみだ》信仰が盛んになると、阿弥陀仏《あみだぶつ》が大勢の菩薩《ぼさつ》たちを引き連れて、極楽浄土《ごくらくじょうど》から臨終を迎えた人を迎えに来る光景を描いた「阿弥陀来迎図《あみだらいごうず》」という画

像が盛んに制作されるようになった。

▼50 **広長舌《こうじょうぜつ》**　仏（如来《にょらい》）の舌は広くて大きい。「如来《にょらい》の三十二相八十種好《そうはちじっしゅこう》」という偉人の特徴をまとめたものの中に「広長舌相《こうじょうぜつそう》」というのがある。舌を出すと顔をスッポリ覆うほどの大きさだという。大きな舌で真実のみを雄弁に語り、すべての人々を頷《うなず》かせるという意味である。『法華経《ほけきょう》』にも「釈迦《しゃか》が広長舌《こうじょうぜつ》を振るった」という表現がよく出て来る。

▼51 **経《きょう》**　阿弥陀仏《あみだぶつ》の教え。すなわち、「浄土三部経《じょうどさんぶきょう》」。諸仏《しょぶつ》はこの教えを常に護《まも》り、人々に信ずるように薦めている。

▼52 **五濁悪世《ごじょくあくせ》**　「五濁《ごじょく》」の最初は「劫濁《こうじょく》」で、古くから人間は行いが正しかったため、ほぼ永遠の寿命を保った。しかし、時代的、社会的な汚れから悪を働くものが増え、人間の寿命が二万歳以下にあるときで、疫病《えきびょう》や飢饉、戦争などがはじまる時代。この「劫濁《こうじょく》」から次の四濁《しじょく》が起こる。二番目の「見濁《けんじょく》」はさまざまな邪《よこしま》な思想や見解（見）がはびこる時代。三番目の「煩悩濁《ぼんのうじょく》」はさまざまな煩悩《ぼんのう》がはびこる。四番目の「衆生濁《しゅじょうじょく》」は人間の果報が衰え、身心ともに資質が低下する時代。そして最後に五番目の「命濁《みょうじょく》」は寿命がだんだん短くなり、最後には十歳にまで低下する。五濁《ごじょく》は俄かに現れるのではなく、徐々に悪世《あくせ》が増幅してくるといい、このことを「五濁増《ぞう》」という。

▼53 **阿修羅《あしゅら》**　サンスクリット語のアスラの音写で、略して修羅《しゅら》ともいう。はじめ、仏

教に害を加えようとする悪神だったが、釈迦《しやか》に諭されて仏教の守護神となった。興《こう》福寺《ふくじ》の阿修羅《あしゆら》像で有名。

仏説無量寿経《ぶっせつむりょうじゅきょう》　歎仏頌《たんぶつじゅ》（讃仏偈《さんぶつげ》）

『仏説無量寿経《ぶっせつむりょうじゅきょう》』『仏説観無量寿経《ぶっせつかんむりょうじゅきょう》』『仏説阿弥陀経《ぶっせつあみだきょう》』を総称して「浄土三部経《じょうどさんぶきょう》」と呼び、浄土《じょうど》信仰の中心になる経典である。浄土宗《じょうどしゅう》、浄土真宗《じょうどしんしゅう》、時宗《じしゅう》の浄土教《じょうどきょう》系の宗派の拠《よ》り所《どころ》の経典で、『仏説阿弥陀経《ぶっせつあみだきょう》』については天台宗《てんだいしゅう》でも読まれる。

『仏説無量寿経《ぶっせつむりょうじゅきょう》』は阿弥陀如来《あみだにょらい》のプロフィールが事細かに説かれている。つまり、阿《あ》弥陀《みだ》如来《にょらい》がどうして仏道《ぶつどう》修行を志したか、衆生《しゅじょう》（すべての人々）を救うためにどのような願《がん》をたて、どのように修行して、その願《がん》が実現可能にしたのか。そして、阿弥陀《あみだ》如来《にょらい》は今はこの娑婆《しゃば》世界から遠く離れた西方極楽浄土《さいほうごくらくじょうど》にいて教えを説いているが、臨終を迎えた人々が念仏《ねんぶつ》を称《とな》えると即座に迎えに来て、極楽浄土《ごくらくじょうど》に連れて行ってくれる。

このような内容の『仏説無量寿経《ぶっせつむりょうじゅきょう》』のうち、とくによく読まれるのが「歎仏頌《たんぶつじゅ》」で、浄土真宗《じょうどしんしゅう》では「讃仏偈《さんぶつげ》」といっている。遠い昔、阿弥陀如来《あみだにょらい》は世自在王仏《せじざいおうぶつ》というブッダのもとで出家し、法蔵比丘《ほうぞうびく》という名で修行に励んでいた。あるとき、法蔵比丘《ほうぞうびく》は師の世自在王仏《せじざいおうぶつ》の前で師を讃《たた》え、自分もやがては師のようになって、衆生《しゅじょう》を救いたいという決意を述べた、というのがあらましの内容である。

原文

光《こう》顔《げん》巍《ぎ》巍《ぎ》
威《い》神《じん》無《む》極《ごく》
如《にょ》是《ぜ》焔《えん》明《みょう》
無《む》与《よ》等《とう》者《しゃ》
日《にち》月《がつ》摩《ま》尼《に》
珠《しゅ》光《こう》焔《えん》耀《にょう》

現代語訳

光り輝く師（世自在王仏《せじざいおうぶつ》▼1）のお顔【光顔《こうげん》】は神々しく【巍巍《ぎぎ》】、その威光【威神《いじん》】は極まる所がない（どこまでも届く）。このような極めて優れた威光は他に比べるものがない。太陽や月、あるいは如意珠《にょいしゅ》や珠玉《しゅぎょく》▼2がいかに燦然《さんぜん》と輝こうとも、（それらの輝きは、世自在王仏《せじざいおうぶつ》の威光によって）ことごとく覆い尽くされ、まるで墨のかたまりのようだ。

皆《かい》悉《しつ》隠《おん》蔽《ぺい》
猶《ゆ》若《にゃく》聚《じゅ》墨《もく》
如《にょ》来《らい》容《よう》顔《げん》
超《ちょう》世《せ》無《む》倫《りん》
正《しょう》覚《がく》大《だい》音《おん》
響《こう》流《る》十《じっ》方《ぽう》
戒《かい》聞《もん》精《しょう》進《じん》
三《さん》昧《まい》智《ち》慧《え》
威《い》徳《とく》無《む》侶《りょ》

如来《にょらい》（世自在王仏《せじざいおうぶつ》）の風貌《ふうぼう》やその姿は、この世のすべてのものを超えた（素晴らしいもので）他に比べるものがない。（完璧《かんぺき》な悟りの境地に到達している）師（世自在王仏《せじざいおうぶつ》）のお声は、大きく高らかで【大音《だいおん》】、あらゆる方角【十方《じっぽう》】に（果てしなく）響き渡る。[3]

（世自在王仏《せじざいおうぶつ》は）戒律を守り【戒《かい》】、多くのブッダの教えを聞き【聞《もん》】、精進《しょうじん》すること、身心を統一していること【三昧《さんまい》】、そして、その結果として偉大な智慧《ちえ》を具《そな》えていること。そういった世自在王仏《せじざいおうぶつ》の威徳は他に比べるものがない

殊《しゅ》勝《しょう》希《け》有《う》
深《じん》諦《たい》善《ぜん》念《ねん》
諸《しょ》仏《ぶつ》法《ほう》海《かい》
窮《ぐ》深《じん》尽《じん》奥《のう》
究《く》其《ご》涯《がい》底《たい　てい》
無《む》明《みょう》欲《よく》怒《ぬ》
世《せ》尊《そん》永《よう》無《む》
人《にん》雄《のう》師《し》子《し》
神《じん》徳《とく》無《む》量《りょう》

（ほど優れたものである）。深く熟考して真実を明らかにし【深諦《じんたい》】▼4、諸仏《しょぶつ》の広大無辺な教え【法《ほう》海《かい》】に思いを馳《は》せ、その奥深い意味を極め、その深遠な奥底にある真の意味を究め尽くしている。無知と欲と怒り【無明欲怒《むみょうよくぬ》】▼5とは、師（世《せ》自在王仏《じざいおうぶつ》）に於《お》いては完全に絶えて尽きている。

　また、師（世自在王仏《せじざいおうぶつ》）は人々の中の英雄【人《にん》雄《のう》】▼6で、獅子《しし》▼7のように堂々としている。（そして、今までに）数限りない功績をあげ、その智慧《ちえ》は

功《く》勲《くん》広《こう》大《だい》　智《ち》慧《え》深《じん》妙《みょう》

光《こう》明《みょう》威《い》相《そう》　震《しん》動《どう》大《だい》千《せん》

願《がん》我《が》作《さ》仏《ぶつ》《ぶ》　斉《ざい》聖《しょう》法《ほう》王《おう》

過《か》度《ど》生《しょう》死《じ》　靡《み》不《ふ》解《げ》脱《だっ》《だ》

布《ふ》施《せ》調《じょう》意《い》

限りなく深遠である。（人々を救う）偉大な光《こう》明《みょう》は、全宇宙【大千《だいせん》（世界）】▼8の隅々にまで行き渡るのだ。

願わくは、私（法蔵比丘《ほうぞうびく》、後の阿弥陀如来《あみだにょらい》）も（悟りを開いて）ブッダとなり、（世自在王仏《せじざいおうぶつ》のような）神聖このうえない仏【聖法王《しょうほうおう》】となり、（この娑婆《しゃば》世界で）迷い苦しんでいる人々を救い、すべての人々を解脱《げだつ》させてあげたい。

布施《ふせ》と心の制御【調意《じょうい》】と戒律を守ることと

戒《かい》忍《にん》精《しょう》進《じん》
如《にょ》是《ぜ》三《さん》昧《まい》
智《ち》慧《え》為《い》上《じょう》
吾《ご》誓《せい》得《とく》仏《ぶつ》
普《ふ》行《ぎょう》此《し》願《がん》
一《いっ》切《さい》恐《く》懼《く》
為《い》作《さ》大《だい》安《あん》
仮《け》使《し》有《う》仏《ぶつ》
百《ひゃく》千《せん》億《のく》万《まん》

耐えること【忍《にん》】と善行を行うことに弛《たゆ》まず努力すること【精進《しょうじん》】と瞑想《めいそう》を深めることによって悟りの智慧《ちえ》を完成する（修行）。この修行が最上の修行である。▼9

私は誓う。（私が人々を救うために立てた）願《がん》▼10を実現するために修行して、ブッダとなり、あらゆる苦難に怯《おび》える人たちに、大いなる安らぎ【大安《だいあん》】を与えたいと思う。たとえ、この広大無辺の宇宙に無数【百千億万《ひゃくせんのくまん》】▼11の仏【大聖《だいしょう》】▼12がいて、その数はガンジス河の砂【恒沙《ごうじゃ》】▼13のように膨大なものであっても、それら一切の諸仏《しょぶつ》を供養《くよう》（して助けを求める）するよりも、固い決意をもって、（六波羅蜜《ろくはらみつ》の）正しい修行に励み、それを続けることが大切である。

無《む》量《りょう》大《だい》聖《しょう》
数《しゅ》如《によ》恒《ごう》沙《じゃ》
供《く》養《よう》一《いっ》切《さい》
斯《し》等《とう》諸《しょ》仏《ぶつ》《ぶ》
不《ふ》如《によ》求《ぐ》道《どう》
堅《けん》正《しょう》不《ふ》却《きゃく》
譬《ひ》如《によ》恒《ごう》沙《じゃ》
諸《しょ》仏《ぶつ》《ぶ》世《せ》界《かい》
復《ぶ》不《ふ》可《か》計《け》《げ》

たとえば、ガンジス河の砂の数ほどの多くの仏の世界（仏国土《ぶっこくど》）があり、また、数えきれないほどの【無数《むしゅ》】の国土《こくど》【刹土《せつど》】があったとしても、（私がブッダとなったなら）それらすべての国々に光明《こうみょう》を放って照らし出すだろう。

無《む》数《しゅ》刹《せつ》土《ど》
光《こう》明《みょう》悉《しっ》照《しょう》
偏《へん》此《し》諸《しょ》国《こく》
如《にょ》是《ぜ》精《しょう》進《じん》
威《い》神《じん》難《なん》量《りょう》
令《りょう》我《が》作《さ》仏《ぶっ》
国《こく》土《ど》第《だい》一《いち》
其《ご》衆《しゅ》奇《き》妙《みょう》
道《どう》場《じょう》超《ちょう》絶《ぜつ》

（このような決意の下に）精進《しょうじん》して、神のような威力を具えたいと思う。

私がブッダとなった暁には、（私が治める国《こく》土《ど》を他に比べるもののない）最高の国土《こくど》[14]にするであろう【国土《こくど》第一《だいいち》】。（私が創る国土《こくど》の）人々はみな素晴らしい品格を具えている。そして、彼らが修行する道場もこの上なく優れている。そこはまるで悟りの世

国《こく》如《によ》泥《ない》洹《おん》
而《に》無《む》等《とう》雙《そう》
我《が》当《とう》哀《あい》愍《みん》
度《ど》脱《だつ》一《いっ》切《さい》
十《じっ》方《ぽう》来《らい》生《しょう》
心《しん》悦《ねっ》清《しょう》浄《じょう》
已《い》到《とう》我《が》国《こく》
快《け》楽《らく》安《あん》穏《のん》
幸《こう》仏《ぶっ》信《しん》明《みょう》

界【泥洹《ないおん》】[15]のようで、他に比べようのない素晴らしい世界だ。私はまさに（この娑婆《しゃば》世界で苦しむ）一切の衆生《しゅじょう》のことをあわれみ悲しんで、悟りの世界に導きたいと思う。あらゆる方角【十方《じっぽう》】に点在する世界から、私の世界に生まれようとした者の喜び[16]に満《み》ち溢《あふ》れ、清らかな心で過ごすことができるだろう。そして、私の国に生まれたすべての人がこの上ない楽しみを享受し、安穏《あんのん》に暮らすことができるようにしたいと思う【快楽安穏《けらくあんのん》】[17]。

願わくはわが師（世自在王仏《せじざいおうぶつ》）よ！　私が今、

是《ぜ》我《が》真《しん》証《しょう》　発《ほっ》願《がん》於《のお》彼《ひ》
力《りき》精《しょう》所《しょ》欲《よく》　十《じっ》方《ぼう》世《せ》尊《そん》
智《ち》慧《え》無《む》礙《げ》　常《じょう》令《りょう》此《し》尊《そん》
知《ち》我《が》心《しん》行《ぎょう》　仮《け》令《りょう》身《しん》止《し》
諸《しょ》苦《く》毒《どく》中《ちゅう》

申しましたような国土《こくど》を建設できるかどうか、その証《あかし》【信明《しんみょう》】をお示しください！　あなたこそ、私の真の証人【我真証《がしんしょう》】[18]になるでしょう。（あなたがその証をお示しくだされば）私が願《がん》を発して、その願《がん》が実現可能になるように努力精進《しょうじん》したいと思います。

十方《じっぽう》のブッダ【世尊《せそん》】たちは、（人々を）自由自在に救うことができる優れた智慧《ちえ》【智慧無《ちえむ》礙《げ》】をそなえていらっしゃる。それらのブッダたちに大願《たいがん》を成就するために修行に励む私を見守っていただきたい。たとえ、この身がどのような苦難【苦毒《くどく》】の底に沈もうとも、私は努力精進《しょうじん》して、その苦難を耐え忍び、（願《がん》を立てて厳しい修行生活に入ったことを）決して後悔しないだろう。

我《が》行《ぎょう》精《しょう》進《じん》

忍《にん》終《じゅ》不《ふ》悔《け》

▼1 **世自在王仏《せじざいおうぶつ》**　サンスクリット語ではローカ・イーシュヴァラという。仏教では釈《しゃ》迦《か》の過去にも未来にも多くのブッダが出現したとされるが、『仏説無量寿経《ぶっせつむりょうじゅきょう》』では無数劫《むしゅこう》というとてつもなく遠い昔に悟りを開いてブッダとなったと説き、遠い過去に釈迦が前生で修行中だったとき、釈迦が遠い未来に悟りを開いてブッダとなるだろうと太鼓判をおした燃燈仏《ねんとうぶつ》から過去に遡《さかのぼ》ること八一人目のブッダであるという。

▼2 **如意珠《にょいしゅ》や珠玉《しゅぎょく》**　如意宝珠《にょいほうじゅ》ともいい、意の如く願い事を叶《かな》えてくれる魔法の珠《たま》。如《にょ》意輪観音《いりんかんのん》や地蔵菩薩《じぞうぼさつ》、吉祥天《きっしょうてん》などが持つ桃の実のようなものが如意宝珠《にょいほうじゅ》だ。珠玉も尊い珠という意味で、如意珠《にょいしゅ》と同じように有り難いものだ。

▼3 **十方《じっぽう》に（果《は》てしなく）響《ひび》き渡《わた》る**　如来《にょらい》に具《そな》わっている三十二相八十種好《そうはちじっしゅこう》（偉人の特徴）の中に「梵音相《ぼんのんそう》」というのがある。「梵《ぼん》」は優れたという意味で、如来《にょらい》の声は大きく澄み渡っていて、四方八方にどこまでも届き、しかも、すぐ近くにいてもちょうど良い音量で心地よく耳に入って来るという。『法華経《ほけきょう》』に出て来る「海潮《かいちょう》

音《おん》」も如来《にょらい》の声を形容した言葉だ。また、梵鐘《ぼんしょう》も妙《たえ》なる響きを放つことから、梵音《ぼんのん》に譬《たと》えられる。

▼4　深諦《じんたい》　「諦《たい》」は真理（真実）の意味。その真実を明らめる（諦《あきら》める）ことである（17ページ参照）。仏教の根幹は苦《く》・集《じゅう》・滅《めっ》・道《どう》の「四諦《したい》（四つの真理）」を明らかに知ることにある。

▼5　無明欲怒《むみょうよくぬ》　「無明《むみょう》」は凡夫《ぼんぶ》に具わる根本的な知識の欠如で、無明《むみょう》に覆われているから真実を見ることができない。薄暮の細い道に落ちていた一本の縄を蛇と間違え、それを恐れて回り道し、草むらに潜んでいた毒蛇に噛《か》まれて死ぬ。人間は無知（無《む》明《みょう》）からとんでもない結果に遭遇することがあるのだ。「欲」は貪欲《どんよく》。深い欲望のことである。この欲によってわれわれの心は乱れ、正しい道を歩むことができない。「怒《ぬ》」は他人やモノに対する怒りの感情。

▼6　人雄《にんのう》　ブッダは人々の中の英雄という意味。また、偉大な英雄ということから「大雄《だいゆう》」ともいわれる。禅宗《ぜんしゅう》寺院で仏殿（本堂）を「大雄宝殿《だいゆうほうでん》」などというが、これは偉大な英雄が住む宝の殿堂という意味だ。

▼7　獅子《しし》　ブッダは百獣の王、獅子（ライオン）に譬えられる。獅子の前ではすべての動物が大人しく従うように、ブッダの教えにはすべての人が従う。ブッダは真実のみを説くため、最終的にはすべての人が納得して従うからである。また、日本の各宗派の管長などは「猊下《げいか》」という尊称で呼ばれる。この「猊《げい》」は獅子の視線のこと

で、その下にいるものはみな従うという意味だ。

▼8 **大千《だいせん》（世界《せかい》）** 仏教の世界観で須弥山《しゅみせん》を中心とした無数の仏国土《ぶっこくど》が集まったもので、全宇宙を表わす。一つの仏国土《ぶっこくど》が千個集まったものを「小千世界《しょうせんせかい》」、小千世界《しょうせんせかい》が千個集まった世界を「中千世界《ちゅうせんせかい》」、中千世界《ちゅうせんせかい》が千個集まったものを「大千世界《だいせんせかい》」といい、総称して「三千大千世界《さんぜんだいせんせかい》」あるいは「大千世界《だいせんせかい》」という。

▼9 **布施《ふせ》と心《こころ》の制御《せいぎょ》〜最上《さいじょう》の修行《しゅぎょう》である** 人に施しをする「布施《ふせ》」、戒律をまもる「持戒《じかい》」、他人の言動などに対する怒りの感情を抑えて耐える「忍辱《にんにく》」、弛《たゆ》まなく善行に努力する「精進《しょうじん》」、心を鎮め、精神を統一して瞑想《めいそう》に入る「禅定《ぜんじょう》」、これらのことを常に実践すると悟りの「智慧《ちえ》」が顕現する。これは、大乗《だいじょう》仏教で在家の人々の修行の根幹を成す「六波羅蜜《ろくはらみつ》」と呼ばれるものである。

▼10 **願《がん》** 阿弥陀《あみだ》如来《にょらい》は法蔵比丘《ほうぞうびく》といった修行時代に、衆生《しゅじょう》救済のために四十八《しじゅうはち》の大願《たいがん》を建てた。

▼11 **百千億万《ひゃくせんのくまん》** 数えることが不能な膨大な数を表わす常套句《じょうとうく》。仏典にはしばしばこのような表現が出て来る。

▼12 **大聖《だいしょう》** 悟りを開いた仏に対する尊称で、菩薩《ぼさつ》についても用いられる。

▼13 **恒沙《ごうじゃ》** 「恒河沙《ごうがじゃ》」ともいい、恒河《ごうが》はガンジス河の意味で、ガンジス河の砂の数ほど多いということである。実数ではないが、古くから十の五十二乗、あるいは五十六乗などといわれている。

▼14 **最高《さいこう》の国土《こくど》**　阿弥陀如来《あみだにょらい》の西方極楽浄土《さいほうごくらくじょうど》のことで、以下、法蔵比丘《ほうぞうびく》が思い描く理想的な国土《こくど》の様子の描写が続く。

▼15 **泥洹《ないおん》**　涅槃《ねはん》、すなわち「悟りの世界」のこと。

▼16 **あらゆる方角《ほうがく》～生《う》まれようとした者《もの》**　極楽《ごくらく》世界に生まれること。すなわち、極楽往《ごくらくおう》生《じょう》。

▼17 **快楽安穏《けらくあんのん》**　「極楽浄土《ごくらくじょうど》」とは、楽しみを極めた世界で、この国に生まれると（往生《おうじょう》すると）、さまざまな楽しみを享受し、いつも、心穏やかに過ごすことができる。いつも楽しいのは享楽の限りを尽くすからではない。ここに生まれたものは刻々と煩悩《ぼんのう》（欲望）が無くなっていく。だから、あれが欲しいとかああしたい、こうしたいと言ったことに執着しなくなる。心穏やかに過ごすことができ、間もなく悟りの世界に入って行くという。

▼18 **我真証《がしんしょう》**　大乗《だいじょう》仏教では過去にも未来にも多くのブッダが出現したとされるが、将来、悟りを開く者は、先輩のブッダから「お前は将来、必ず私と同じ悟りを開きブッダとなるであろう」というお墨付きを貰《もら》わなければならない。このことを「授記《じゅき》」といい、釈迦《しゃか》は遠い前生で燃燈仏《ねんとうぶつ》というブッダに授記《じゅき》を受け、その釈迦は弥勒《みろく》菩薩《ぼさつ》に自分（釈迦）がこの世を去ってから五十六億七千万年後に娑婆《しゃば》世界に降りて悟りを開き、ブッダとなってすべての衆生《しゅじょう》を救うだろうとの授記《じゅき》を与えた。

仏説無量寿経《ぶっせつむりょうじゅきょう》　四誓偈《しせいげ》（重誓偈《じゅうせいげ》）

浄土宗《じょうどしゅう》、浄土真宗《じょうどしんしゅう》、時宗《じしゅう》の浄土《じょうど》信仰に基づく各派で重んじられ、法要の際によく読まれる。

阿弥陀《あみだ》如来《にょらい》が法蔵菩薩《ほうぞうぼさつ》といった修行時代に建てた四十八《しじゅうはち》の大願《たいがん》の要点を重ねて説いたもので、阿弥陀《あみだ》如来《にょらい》の願《がん》が特に優れていること、すべての人々はこの願《がん》によってあらゆる苦しみから解放されることなどが説かれている。

浄土宗《じょうどしゅう》では四つの誓願《せいがん》（誓い）が表明されているということで「四誓偈《しせいげ》」といい、浄土真宗《じょうどしんしゅう》では重ねて誓ったことから「重誓偈《じゅうせいげ》」、あるいは三つの誓いを立てているとみて「三誓偈《さんせいげ》」と呼んでいる。四十八願《しじゅうはちがん》の内容は概《おおむ》ね、悟りを開いてブッダ（阿弥陀《あみだ》如来《にょらい》）となった暁には阿弥陀《あみだ》如来《にょらい》の救済の力を信じ、「南無阿弥陀仏《なむあみだぶつ》」とその名を称《とな》える人はすべて極楽浄土《ごくらくじょうど》に連れて来てあげようというものだ。

菩薩《ぼさつ》は衆生《しゅじょう》を救おうという強い思いに駆られ、このような方法で救おうとの大願《たいがん》を立てる。そして、厳しい修行に耐えてその願《がん》を必ず実現可能なものにすることを誓う。だから、「誓願《せいがん》」というのである。

また、阿弥陀《あみだ》の四十八《しじゅうはち》の大願《たいがん》の中でも第十八願《がん》がとくに重要だとされている。その願《がん》とは「私が悟りを開いて仏となった後にも、清らかな心で深く仏の教えを信じ、また念仏《ねんぶつ》を十回称えても極楽浄土《ごくらくじょうど》に往生《おうじょう》することができない人がいたなら、私は悟りを開いて仏となることを止めよう」というものだ。日本でも法然上人《ほうねんしょうにん》や親鸞上人《しんらんしょうにん》がこの第十八願《がん》を四十八願《しじゅうはちがん》の真骨頂として重んじている。得意な芸などのことを「十八番《おはこ》」というのはこれに由来する。

原文

我《が》建《ごん》超《ちょう》世《せ》願《がん》
必《ひっ》至《し》無《む》上《じょう》道《どう》

現代語訳

私はこの上なく優れた願《がん》【超世願《ちょうせがん》】を立てた。（この願《がん》を実現すれば）この上ない悟りの境地【無上道《むじょうどう》】に至るだろう。しかし、もしこの願《がん》

斯《し》願《がん》不《ふ》満《まん》足《ぞく》
誓《せい》不《ふ》成《じょう》正《しょう》覚《がく》
我《が》於《お》無《む》量《りょう》劫《こう》
不《ふ》為《い》大《だい》施《せ》主《しゅ》
普《ふ》済《さい》諸《しょ》貧《びん》苦《ぐ》
誓《せい》不《ふ》成《じょう》正《しょう》覚《がく》
我《が》至《し》成《じょう》仏《ぶつ》道《どう》
名《みょう》声《しょう》超《ちょう》十《じっ》方《ぽう》
究《く》竟《きょう》靡《み》所《しょ》聞《もん》

が実現できなければ、私は決して悟りを開いてブッダとならない【不成正覚《ふじょうしょうがく》】▼1ことを誓う。とてつもなく長い年月にわたって、大施主《だいせしゅ》となって、広く種々の困窮する人々を救うことができなければ、誓って仏にはならないだろう。

私がブッダとなるための道を進んで、それを完成してブッダとなった暁に、私の名声は全世界【十方《じっぽう》】に行き渡るだろう。しかし、もしも行き渡らないところがあれば、私は決してブッダにならないことを誓う。

誓《せい》不《ふ》成《じょう》正《しょう》覚《がく》
離《り》欲《よく》深《じん》正《しょう》念《ねん》
浄《じょう》慧《え》修《しゅ》梵《ぼん》行《ぎょう》
志《し》求《ぐ》無《む》上《じょう》道《どう》
為《い》諸《しょ》天《てん》人《にん》師《し》
神《じん》力《りき》演《えん》大《だい》光《こう》
普《ふ》照《しょう》無《む》際《さい》土《ど》
消《しょう》除《じょ》三《さん》垢《く》冥《みょう》
広《こう》済《さい》衆《しゅ》厄《やく》難《なん》

私は欲を離れ、深く正しい思慮【深正念《じんしょうねん》】▼2の中にあり、清らかな智慧《ちえ》を得て、菩薩《ぼさつ》の神聖な修行【梵行《ぼんぎょう》】▼3を修め、この上ない悟り【無上道《むじょうどう》】を求めて、もろもろの神や人の師【天人師《てんにんし》】▼4になるであろう。超人的な【神力《じんりき》】偉大な光を放って、全宇宙を照らし、貪《むさぼ》りと怒りと無知の迷い【三垢冥《さんくみょう》】▼5を消し去り、広くさまざまな災いや困難から（衆生《しゅじょう》を）救いたいと思っている。

（この娑婆《しゃば》世界で迷っている人々の）智慧《ちえ》の眼を開き、無知の闇を破り、種々の悪い世界【悪《あく》

開《かい》彼《ひ》智《ち》慧《え》眼《げん》
滅《めつ》此《し》昏《こん》盲《もう》闇《あん》
閉《へい》塞《そく》諸《しょ》悪《あく》道《どう》
通《つう》達《だつ》善《ぜん》趣《しゅ》門《もん》
功《こう》祚《そ》成《じょう》満《まん》足《ぞく》
威《い》曜《よう》朗《ろう》十《じっ》方《ぽう》
日《にち》月《がつ》戢《しゅう》重《じゅう》暉《き》
天《てん》光《こう》隠《おん》不《ふ》現《げん》
為《い》衆《しゅ》開《かい》法《ほう》蔵《ぞう》

道《どう》▼6】への道を閉じ、善い世界【善趣《ぜんしゅ》▼7】の門に人々を至らせよう。（私は）悟りを開いてブッダとなり【功祚成満足《こうそじょうまんぞく》▼8】、その威光（光明《こうみょう》）はあらゆる世界【十方《じっぽう》】を輝かせる。そのため、太陽や月の光も輝きが目立たなくなり、神々の威光【天光《てんこう》】も隠れてしまうだろう。生きとし生けるものに、ブッダの教え【法蔵《ほうぞう》】を授け、広くその宝のような功徳《くどく》を施し、教え導くだろう。

広《こう》施《せ》功《く》徳《どく》宝《ほう》
常《じょう》於《お》大《だい》衆《しゅ》中《じゅう》
説《せっ》法《ぽう》師《し》子《し》吼《く》
供《く》養《よう》一《いっ》切《さい》仏《ぶつ》
具《ぐ》足《そく》衆《しゅ》徳《とく》本《ほん》
願《がん》慧《ね》悉《しつ》成《じょう》満《まん》
得《とく》為《い》三《さん》界《がい》雄《おう》
如《にょ》仏《ぶつ》無《む》礙《げ》智《ち》
通《つう》達《だつ》靡《み》不《ふ》照《しょう》

（また、私は）すべてのブッダを供養《くよう》し、たくさんの功徳《くどく》を具《そな》え、（衆生《しゅじょう》救済の）願《がん》と（深遠な悟りの）智慧《ちえ》をすべて具えて、迷いの世界【三界《さんがい》】[9]の導師となるであろう。ブッダの完璧《かんぺき》な智慧《ちえ》【無礙智《むげち》】は何ものにも妨げられることがなく、すべてを照らすことができる。願わくは私の智慧《ちえ》の力もブッダ【最勝尊《さいしょうそん》】[10]と同じものであって欲しい。このような私の願いが成し遂げられるならば、全宇宙【大千《だいせん》】が感動し、天界の神々と地上にいる人々は、（世にも有り難

願《がん》我《が》功《く》慧《え》力《りき》
等《とう》此《し》最《さい》勝《しょう》尊《そん》
斯《し》願《がん》若《にゃっ》剋《こっ》果《か》
大《だい》千《せん》応《おう》感《かん》動《どう》
虚《こ》空《く》諸《しょ》天《てん》人《にん》
当《とう》雨《う》珍《ちん》妙《みょう》華《け》

い）妙《たえ》なる華を雨のように降らすであろう。

▼1 正覚《しょうがく》 正しい覚り（悟り）の意味。

▼2 正念《しょうねん》 初期の仏教では悟りに至るための実践（修行）方法として「八正道《はっしょうどう》」という八つの項目が挙げられた。先《ま》ず、正見《しょうけん》は世の中の真理を正しく見ること。正思《しょうし》は正見《しょうけん》で認識した真理について正しく考察すること。正語《しょうご》は真実味のある正しい言葉

を語ること。正業《しょうごう》は穢《けが》れのない清らかな生活をすること。正命《しょうみょう》は善い行いを慎み、仏の教えに従って生活すること。正精進《しょうしょうじん》は善行を行うために弛《たゆ》まず努力すること。そして、正念《しょうねん》は邪念を離れ、正しい道について考えること。最後に正定《しょうじょう》は精神を集中して安定した迷いのない清浄な境地に入ること。つまり、深い瞑想《めいそう》に入ることである。大乗仏教《だいじょうぶっきょう》の時代に、八正道《はっしょうどう》から発展した在家の修行が布施《ふせ》、持戒《じかい》、忍辱《にんにく》、精《しょう》進《じん》、禅定《ぜんじょう》、智慧《ちえ》からなる「六波羅蜜《ろくはらみつ》」だ。

▼3 梵行《ぼんぎょう》　「梵《ぼん》」はサンスクリット語でブラフマンといい、もともと天地創造の神、梵《ぼん》天《てん》のことだった。それが仏教に取り入れられて「優れている」「神聖な」という意味で用いられるようになった。「梵行《ぼんぎょう》」は悟りに至るための優れた修行のこと。

▼4 天人師《てんにんし》　如来《にょらい》（ブッダ）にはさまざまな呼び名があり、これを「如来《にょらい》の十号《じゅうごう》」と言っている。

十号《じゅうごう》とは「如来《にょらい》（真理の世界からやって来た人）」「応供《おうぐ》（供養《くよう》に値する人）」「正遍《しょうへ》知《んち》（正しい智慧《ちえ》を持つ人）」「明行足《みょうぎょうそく》（戒律を守り、深い瞑想によって悟りを得た人）」「善逝《ぜんぜい》（この上ない悟りの世界に達した人）」「世間解《せけんげ》（世の中のことをすべて知っている人）」「無上士《むじょうし》（人類の中の最高の人）」「調御丈夫《じょうごじょうぶ》（御者が馬をよく操るように、人々を導いて悟りに至らしめる人）」「天人師《てんにんし》（神々と人間の師）」「世尊《せそん》（世の尊敬に値する人）」の十の呼び名で、みな、ブッダの尊称である。仏教では神々（天）も人間と同じように娑婆《しゃば》世界で輪廻転生《りんねてんしょう》を繰り返すと考える。だから、神々も悟りを開くためにブッダを師とする必要があるのだ。

▼5 **三垢冥**《さんくみょう》 貪《とん》、怒り、愚痴の三つは煩悩《ぼんのう》の根本と考えられている。仏教ではふつうこれを「三毒《さんどく》」といっているが、「三垢瞑《さんくみょう》」も同じ意味である。

▼6 **悪道**《あくどう》 衆生《しゅじょう》が輪廻転生《りんねてんしょう》を繰り返す六道《ろくどう》のうち、地獄《じごく》、餓鬼《がき》、畜生《ちくしょう》の三つの道（世界）は「三悪道《さんまくどう》」と呼ばれる悲惨な世界だ。

▼7 **善趣**《ぜんしゅ》 ここでは三悪道《さんまくどう》以外の修羅《しゅら》、人間《にんげん》、天《てん》のことではなく、六道輪廻《ろくどうりんね》から解脱《げだつ》（抜け出すこと）した悟りの世界。仏の世界を指している。

▼8 **功祚成満足**《こうそじょうまんぞく》 「功祚《こうそ》」はブッダの位のことで、「成満足《じょうまんぞく》」はそれを完成すること。つまり、悟りを開いてブッダとなることだ。

▼9 **三界**《さんがい》 凡夫《ぼんぶ》が住む迷いの世界（娑婆世界《しゃばせかい》）で、「欲界《よくかい》」「色界《しきかい》」「無色界《むしきかい》」の三つの世界からなるので三界《さんがい》と呼ばれる。「欲界《よくかい》」は煩悩《ぼんのう》（欲望）が渦巻くわれわれ凡夫《ぼんぶ》の世界。「色界《しきかい》」は煩悩《ぼんのう》をある程度、断ちきった出家の修行僧の世界。「無色界《むしきかい》」は修行を重ねて悟りの世界により近づいた高僧の世界ということができる。「三界《さんがい》に家なし」という言葉があるが、無色界《むしきかい》に至ってもまだ輪廻転生《りんねてんしょう》を繰り返すわれわれ凡夫《ぼんぶ》は、次に生を受けたときに六道《ろくどう》のうちのどこに生まれるか分からない。だから、この世の今の人生は仮住まいということだ。

▼10 **最勝尊**《さいしょうそん》 如来《にょらい》（ブッダ）の尊称。最も勝《すぐ》れた、最も尊い智慧《ちえ》を持つことからこのように呼ばれる。また、その智慧《ちえ》はブッダの頭のてっぺんに凝縮されているといわ

れ、密教《みっきょう》では「仏頂尊《ぶっちょうそん》」「最勝仏頂《さいしょうぶっちょう》」という尊像が造られて厚く信仰されている。仏頂《ぶっちょう》とは仏像（如来像《にょらい》）の頭頂の部分の肉髻《にっけい》という膨らみのこと。

仏説観無量寿経《ぶっせつかんむりょうじゅきょう》　第九真身願文《しんじんがんもん》

阿弥陀如来《あみだにょらい》に救われ、その浄土《じょうど》に生まれる（往生《おうじょう》する）ことを説く浄土教《じょうどきょう》では、阿《あ》弥陀如来《みだにょらい》そのものに出会うことが最も重要とされる。そこで、阿弥陀如来《あみだにょらい》の真の姿に思いを馳せる第九の「真身観《しんしんかん》」が十六観《じゅうろくかん》の中の白眉《はくび》と考えられ、浄土宗、浄土真宗でよく読まれる。

釈迦《しゃか》の時代、インドに最大の勢力を誇ったマガダ国という王国があった。その国の王子、ビンビサーラにはヴェーデーヒー（韋提希《いだいけ》）という妃《きさき》がいた。なかなか子宝に恵まれないことに悩んだ韋提希《いだいけ》夫人は、しだいに占いを信じるようになり、山奥にいる修行者を殺せばすぐに子宝に恵まれるだろうという占い師の言葉を信じ、夫のビンビサーラ王を説得してその修行者を殺させた。息絶える前に修行者は凄《すさ》まじい形相で国王夫妻を睨《にら》みつけ、この恨みを必ず晴らしてやると叫んだ。

それから間もなく韋提希《いだいけ》夫人は身ごもったが、修行者の最期の形相と叫び声に日々、脅かされていた。そんな折、再び占い師が、これから生まれて来る王子は両親に大変な怨《うら》みを持っている。王子は長ずると両親を殺すであろうと予言した。それを聞いた夫人は恐怖のどん底に突き落とされ、子どもを産むときに産室を二階に設け、一階にはたくさんの剣を林立させて、そこに産み落として殺してしまおうという恐ろしい計画を企て実行する。しかし、王子は小指を一本、切り落としただけで済んだ。

夫妻はこの王子をアジャータシャトル（阿闍世《あじゃせ》）と名付けた。王子は何不自由なくすくすくと育ったが、長じて釈迦《しゃか》の従兄《いとこ》のダイバダッタ（提婆達多）から出生の秘密を聞かされる。これを聞いた阿闍世《あじゃせ》は激怒し、すぐさま父のビンビサーラを牢獄《ろうごく》に幽閉し、自ら王位に就いた。妃の韋提希《いだいけ》夫人は夫を気遣って、密かに牢獄に食事を運び続けたが、間もなくそのことが阿闍世《あじゃせ》王に知られ、王は夫人をも幽閉してしまった。

そのとき、霊鷲山《りょうじゅせん》で『法華経《ほけきょう》』を説法していた釈迦《しゃか》は夫人の悲しみを察知し、説法を中断して救済に向かった。釈迦《しゃか》にとって阿弥陀如来《あみだにょらい》の衆生《しゅじょう》救済について説くことは、『法華経《ほけきょう》』を説くことと同じく最重要課題だったのだ。釈迦《しゃか》を眼前にした韋提希《いだいけ》夫人は歓喜し、苦しみの心境を矢継ぎ早に語った。限りなく慈しみ深い表情を浮かべた釈《しゃ》迦《か》は、夫人の話を黙って聞いた。この場面は『観無量寿経《かんむりょうじゅきょう》』で説く「無言の説法」としてよく知られている。そして、夫人がこれ以上、言葉で言い表すことができなくなり、ただ、身を投げ出してひたすら釈迦《しやか》を礼拝《らいはい》した。その姿を見た釈迦は、神通力《じんずうりき》をもって夫人の眼前に阿弥陀如来《あみだにょらい》の浄土《じょうど》の素晴らしい光景を描き出し、そこに行くための（極楽往生《ごくらくおうじょう》するための）十六の瞑想《めいそう》方法（「十六観《じゅうろくかん》」）を教えた。

以上が『仏説観無量寿経《ぶっせつかんむりょうじゅきょう》』のあらましだが、第九「真身願文《しんじんがんもん》」は十六観《じゅうろくかん》の九番目の阿弥陀如来《あみだにょらい》そのものを観想（イメージ）する方法を説いたものである。「十六観《じゅうろくかん》」は以下のような内容である。

（一）日想観《にっそうかん》――夕陽を眺めて西に極楽浄土《ごくらくじょうど》があるという思いを起こす。

（二）水想観《すいそうかん》――水と氷の美しさを観じて極楽《ごくらく》の大地に思いを馳《は》せる。

（三）地想観《ちそうかん》――水想観《すいそうかん》を完成して極楽《ごくらく》の大地の美しさにしみじみと思いを馳せる。

（四）樹想観《じゅそうかん》（宝樹観《ほうじゅかん》）――金銀宝石でできているという極楽《ごくらく》の宝樹に思いを馳せる。

（五）八功徳水想観《はっくどくすいそうかん》（宝池観《ほうちかん》）――極楽《ごくらく》の池や霊水に思いを馳せる。

（六）楼想観《ろうそうかん》（宝楼観《ほうろうかん》）――金銀宝石でできているという極楽《ごくらく》の宝楼（建物）に思いを馳せる。この楼想観《ろうそうかん》の完成によって（一）から（五）の観想が自《おの》ずから成し遂げられるので、総想観《そうそうかん》ともいう。

（七）蓮座想観《れんざそうかん》――阿弥陀如来《あみだにょらい》の蓮華《れんげ》の台座に思いを馳せる。

（八）像想観《ぞうそうかん》――仏像を拝観して阿弥陀仏《あみだぶつ》の姿に思いを馳せる。

（九）偏観一切色身想観《へんかんいっさいしきしんそうかん》（真身観《しんしんかん》）――阿弥陀仏《あみだぶつ》の真の姿を想うことによって、一切《いっさい》諸仏《しょぶつ》の姿を見ることができる。

（十）観音観《かんのんかん》――阿弥陀如来《あみだにょらい》の脇侍《きょうじ》である観音菩薩《かんのんぼさつ》に思いを馳せる。

（十一）勢至観《せいしかん》――同じく阿弥陀如来《あみだにょらい》の脇侍《きょうじ》の勢至菩薩《せいしぼさつ》に思いを馳せる。

（十二）普観想観《ふかんそうかん》――極楽浄土《ごくらくじょうど》のすべての仏・菩薩《ぼさつ》に思いを馳せる。

（十三）雑想観《ざっそうかん》――能力や素質が劣っていて、（十）から（十二）の観想ができない者が、大身《たいしん》、小身《しょうしん》の阿弥陀如来《あみだにょらい》の姿に思いを馳せる。

（十四）上輩観《じょうはいかん》。

（十五）中輩観《ちゅうはいかん》。

（十六）下輩観《げはいかん》――最後にそれぞれの能力や素質に応じた修行によって極楽《ごくらく》に生まれる光景に思いを馳せる。

仏《ぶつ》告《ごう》阿《あ》難《なん》及《ぎゅう》韋《い》提《だい》
希《け》此《し》想《そう》成《じょう》已《い》次《し》当《とう》
更《きょう》観《かん》無《む》量《りょう》寿《じゅ》仏《ぶっ》身《しん》
相《そう》光《こう》明《みょう》阿《あ》難《なん》当《とう》知《ち》
無《む》量《りょう》寿《じゅ》仏《ぶっ》身《しん》如《にょ》百《ひゃく》
千《せん》万《まん》億《のく》夜《や》摩《ま》天《てん》閻《えん》
浮《ぶ》檀《だん》金《ごん》色《じき》仏《ぶっ》身《しん》高《こう》
六《ろく》十《じゅう》万《まん》億《のく》那《な》由《ゆ》他《た》
恒《ごう》河《が》沙《しゃ》由《ゆ》旬《じゅん》眉《み》間《けん》

ブッダ（釈迦《しゃか》）は阿難（140ページ▼12参照）と韋《い》提希《だいけ》夫人に向かって言った。仏の姿を観じた（イメージした）次に、▼1さらに無量寿仏《むりょうじゅぶつ》▼2（阿《あ》弥陀《みだ》如来《にょらい》）の姿と光明《こうみょう》を観じなさい。無量光仏《むりょうこうぶつ》の身体は夜摩天《やまてん》▼3の紫金色《しこんじき》【閻浮檀金《えんぶだんごん》】▼4の百千万倍の勢いで輝いている。仏身《ぶっしん》の高さ（仏の身長）は、とてつもなく高く、六十万億那由他恒河沙《ろくじゅうまんのくなゆたごうがしゃ》由旬《ゆじゅん》▼5もある。眉間《みけん》の白い毛【白毫《びゃくごう》】は右に巡って丸まっており、その大きさは須弥山《しゅみせん》を五つ合わせたぐらいある。また、ブッダの眼は須弥山《しゅみせん》を囲む四つの海【四大海《しだいかい》】▼6の水のように、青白く澄み切っている。

白《びゃく》毫《ごう》右《う》旋《せん》婉《おん》転《でん》如《にょ》
五《ご》須《しゅ》弥《み》山《せん》仏《ぶつ》眼《げん》如《にょ》
四《し》大《だい》海《かい》水《すい》青《しょう》白《びゃく》分《ふん》
明《みょう》身《しん》諸《しょ》毛《もう》孔《く》演《えん》出《じゅつ》
光《こう》明《みょう》如《にょ》須《しゅ》弥《み》山《せん》彼《ひ》
仏《ぶつ》円《えん》光《こう》如《にょ》百《ひゃく》億《おく》三《さん》
千《ぜん》大《だい》千《せん》世《せ》界《かい》於《お》円《えん》
光《こう》中《じゅう》有《う》百《ひゃく》万《まん》億《のく》那《な》
由《ゆ》他《た》恒《ごう》河《が》沙《しゃ》化《け》仏《ぶつ》

身体じゅうの毛穴から光明《こうみょう》が放たれ、その光景はまるで燦然《さんぜん》と輝く須弥山《しゅみせん》のようだ。また、ブッダの後光《ごこう》▼7【円光《えんこう》】は三千大千世界《さんぜんだいせんせかい》を百億も合わせたような雄大なスケールである。その後《ご》光《こう》の中には数えきれないほど多くの【百万億那《ひゃくまんのくな》由他恒河沙《ゆたごうがしゃ》】ブッダ（阿弥陀如来《あみだにょらい》）の分身の化仏《けぶつ》があり、さらに一つひとつの化仏《けぶつ》の中には無数の化菩薩《けぼさつ》▼8が侍者として従っている。

一《いち》一《いち》化《け》仏《ぶつ》亦《やく》有《う》衆《しゅ》
多《だ》無《む》数《しゅ》化《け》菩《ぼ》薩《さつ》以《い》
為《い》侍《じ》者《しゃ》無《む》量《りょう》寿《じゅ》仏《ぶつ》
有《う》八《はち》万《まん》四《し》千《せん》相《そう》一《いち》
一《いち》相《そう》各《かく》有《う》八《はち》万《まん》四《し》
千《せん》随《ずい》形《ぎょう》好《こう》一《いち》一《いち》好《こう》
復《ぶ》有《う》八《はち》万《まん》四《し》千《せん》光《こう》
明《みょう》一《いち》一《いち》光《こう》明《みょう》徧《へん》照《じょう》
十《じっ》方《ぽう》世《せ》界《かい》念《ねん》仏《ぶっ》衆《しゅ》

無量寿仏《むりょうじゅぶつ》には数限りない【八万四千《はちまんしせん》】（われわれ凡人には見られない）優れた特徴【相《そう》】があり、その一つひとつにそれに付随した数限りない相《そう》（75ページ参照）が具《そな》わっている。そして、一つひとつの付随した特徴からは無数の光明《こうみょう》が放たれている。その一つひとつの光明《こうみょう》は世界の隅々【十方世界《じっぽうせかい》】まで照らし、念仏《ねんぶつ》を称《とな》えて極《ご》楽往生《らくおうじょう》を願う人々を必ず救い取り、決して見捨てることはないのだ。

生《じょう》摂《せつ》取《しゅ》不《ふ》捨《しゃ》其《ご》光《こう》
明《みょう》相《そう》好《ごう》及《ぎゅう》与《よ》化《け》仏《ぶつ》
不《ふ》可《か》具《ぐ》説《せつ》但《たん》当《とう》憶《おく》
想《そう》令《りょう》心《しん》眼《げん》見《けん》見《けん》此《し》
事《じ》者《しゃ》即《そっ》見《けん》十《じっ》方《ぽう》一《いっ》
切《さい》諸《しょ》仏《ぶつ》以《い》見《けん》諸《しょ》仏《ぶつ》
故《こ》名《みょう》念《ねん》仏《ぶつ》三《さん》昧《まい》作《さ》
是《ぜ》観《かん》者《しゃ》名《みょう》観《かん》一《いっ》切《さい》
仏《ぶっ》身《しん》以《い》観《かん》仏《ぶっ》身《しん》故《こ》

（実は）無量寿仏《むりょうじゅぶつ》（阿弥陀如来《あみだにょらい》）の光明《こうみょう》や身体の特徴、および化仏《けぶつ》についても（それらが余りにも偉大で人間の想像をはるかに超えており、言葉で表わすことができない。だから）詳しく説くことができないのだ【不可具説《ふかぐせつ》】▼9。だから、観想（イメージ）【憶想《おくそう》】して、心眼によって見ることしかできないのだ。心眼で無量寿仏《むりょうじゅぶつ》の特徴を見ることができたものは、他の一切のブッダを見ることができる。一切のブッダを見ることができるから、この観法は念仏三昧《ねんぶつさんまい》▼10といわれるのだ。また、この観法は一切のブッダの身体を観ずる（イメージする）方法とも呼ばれている。そして、この観法によって仏の身体を見ることができれば、その心をも知ることができる。仏

亦《やっ》見《けん》仏《ぶっ》心《しん》仏《ぶっ》心《しん》者《じゃ》
大《だい》慈《じ》悲《ひ》是《ぜ》以《い》無《む》縁《えん》
慈《じ》摂《せっ》諸《しょ》衆《しゅ》生《じょう》作《さ》此《し》
観《かん》者《しゃ》捨《しゃ》身《しん》他《た》世《せ》生《しょう》
諸《しょ》仏《ぶっ》前《ぜん》得《とく》無《む》生《しょう》忍《にん》
是《ぜ》故《こ》智《ち》者《しゃ》応《おう》当《とう》繋《け》
心《しん》諦《たい》観《かん》無《む》量《りょう》寿《じゅ》仏《ぶっ》
観《かん》無《む》量《りょう》寿《じゅ》仏《ぶっ》者《しゃ》従《じゅう》
一《いち》相《そう》好《ごう》入《にゅう》但《たん》観《かん》眉《み》

の心とは大慈悲《だいじひ》[11]のことだ。仏は常にこの無限【無縁《むえん》】の慈悲《じひ》をもって人々を救うのだ。

この観法を実践するものは死んだ【捨身他《しゃしんた》世《せ》】後に、浄土《じょうど》に生まれ、多くの仏の前で何ごとにも執着しない安らぎの境地【無生忍《むしょうにん》】[12]に入ることができる。だから、智者《ちしゃ》（心ある人）は努めて仏を明らかに見るようにするべきだ。そして、無量寿仏《むりょうじゅぶつ》を見ようとするなら、身体の優れた特徴のうち、先《ま》ず一つの特徴から見ていくべきだ。それは、眉間白毫《みけんびゃくごう》で、それを見て仏のイメージをハッキリさせるのだ。

間《けん》白《びやく》毫《ごう》極《ごく》令《りよう》明《みよう》了《りよう》
見《けん》眉《み》間《けん》白《びやく》毫《ごう》者《しや》八《はち》
万《まん》四《し》千《せん》相《そう》好《ごう》自《じ》然《ねん》
当《とう》現《げん》見《けん》無《む》量《りよう》寿《じゆ》仏《ぶつ》
者《しや》即《そつ》見《けん》十《じつ》方《ぽう》無《む》量《りよう》
諸《しよ》仏《ぶつ》得《とつ》見《けん》無《む》量《りよう》諸《しよ》
仏《ぶつ》故《こ》諸《しよ》仏《ぶつ》現《げん》前《ぜん》授《じゆ》
記《き》是《ぜ》為《い》徧《へん》観《かん》一《いつ》切《さい》
色《しき》身《しん》想《そう》名《みよう》第《だい》九《く》観《かん》

眉間の白毫《びやくごう》を見るものには八万四千《はちまんしせん》にも及ぶ、身体の優れた特徴が自然に露《あら》わになってくる。そして、無量寿仏《むりようじゆぶつ》の姿をとらえることができたものは、あらゆる無数のブッダの姿を見ることができるのだ。あらゆるブッダを見たならば、その人は無数のブッダから仏になることを予言される【授記《じゆき》】[13]。

（今述べてきたように）この観想はすべてのブッダの身体（姿）をとらえるもので、「第九《だいく》の観《かん》」と名付けている。そして、（十六観《じゆうろくかん》のうちでもこの観想がもっとも重要で）この「真身《しんしん》観《かん》」の実践を正しい観想【正観《しようがん》】、他の観想を

作《さ》此《し》観《かん》者《しゃ》名《みよう》為《い》正《しょう》
観《がん》若《にやく》他《た》観《かん》者《しゃ》名《みよう》為《い》
邪《じゃ》観《かん》

誤った観想【邪観《じゃかん》】▼14というのである。

▼1 次《つぎ》に　十六観《じゅうろくかん》の第八の「像想観《ぞうそうかん》」で仏像を拝観して阿弥陀如来《あみだにょらい》の姿に思いを馳《は》せた「次に」、この「真身観《しんしんかん》」を実践しなさい、という意味。

▼2 無量寿仏《むりょうじゅぶつ》　阿弥陀如来《あみだにょらい》には無量寿仏《むりょうじゅぶつ》、無量光仏《むりょうこうぶつ》という二つの名前がある。無量寿《むりょうじゅ》仏《ぶつ》はサンスクリット語でアミターユス、無量光仏《むりょうこうぶつ》はアミターバという。両者に共通するアミタは「計り知れない（無量）」という意味で、アーユスは「寿命」、アーバは「光明《こうみょう》」という意味だ。無量の寿命と光明《こうみょう》とも兼《か》ね具《そな》えたという意味で、両者に共通するアミタを音写して阿弥陀《あみだ》という。

▼3 夜摩天《やまてん》　われわれが輪廻転生《りんねてんしょう》する迷いの世界である三界《さんがい》（171ページ▼9参照）のうち、欲界《よくかい》は地獄《じごく》、餓鬼《がき》、畜生《ちくしょう》、修羅《しゅら》、人間《にんげん》、天《てん》の六道《ろくどう》と、その上方に位置する六つの天界（六欲天《ろくよくてん》）からなっており、その第六天が夜摩天《やまてん》で、昼夜を分かたず光《こう》

明《みょう》が光り輝いているという。

▼4 **閻浮檀金《えんぶだんごん》**　▼3の夜摩天《やまてん》にある黄金のことで、赤黄色で金の中でも最も尊いものとされている。夜摩天《やまてん》にはその黄金が放つ光が満《み》ち溢《あふ》れているという。

▼5 **六十万億那由他恒河沙由旬《ろくじゅうまんのくなゆたごうがじゃゆじゅん》**　「那由他《なゆた》」は数の単位で、一千億とされている。「恒河《ごうが》沙《しゃ》」はガンジス河の砂の数ほどという意味で、極めて膨大な数をあらわす。「由《ゆ》旬《じゅん》」も距離や長さの単位で、一説に一四・四キロメートルという。ここでは六十万×一億×一千億×一四・四キロメートルということになる。由旬《ゆじゅん》の前に恒河《ごうが》沙《じゃ》の語をおくことでそんなとてつもない高さ（仏の身長）をさらに強調しているのだ。実数ではなく、極めて高いことを表現したもの。仏典にはよく出て来る表現である。

▼6 **四大海《しだいかい》**　仏教の世界観で世界の中心に聳《そび》える須弥山《しゅみせん》（89ページ▼6参照）の四方にあるという大海。

▼7 **後光《ごこう》**　三十二相《そう》、八十種好《はちじっしゅこう》のなかに「条光相《じょうこうそう》」というのがある。仏の背後には常に一条の光があるというものだ。仏像の背後にある光背《こうはい》はこの光を表わしたものだ。

▼8 **化仏《けぶつ》～化菩薩《けぼさつ》**　ブッダが衆生《しゅじょう》救済のために表わした変化身《へんげしん》で、ブッダの分身と考えられている。たとえば、阿弥陀如来《あみだにょらい》の侍者として従うが観音菩薩《かんのんぼさつ》の頭上には阿弥《あみ》陀如来《だにょらい》の化仏《けぶつ》（小仏）が表わされている。

▼9 **不可具説《ふかぐせつ》**　仏（如来《にょらい》）は余りにも偉大で、われわれ人間の視覚をはじめとする感覚器官では到底とらえることができない。『法華経《ほけきょう》』など他の経典でもそのように

説かれている。そして、その姿を見るには経典の記述などの導きによって、イメージするよりほかにない。大乗《だいじょう》仏教の時代になって紀元一世紀の中ごろにガンダーラではじめて仏像が登場するが、仏像はわれわれ凡夫《ぼんぶ》がブッダをイメージするための手助けとなるものだ。

▼10 念仏三昧《ねんぶつさんまい》　浄土《じょうど》信仰では「南無阿弥陀仏《なむあみだぶつ》」と声をだして称《とな》える念仏《ねんぶつ》が一般的である。しかし、念仏《ねんぶつ》は文字通り「仏の念ずる（イメージする）こと」である。だから、早い時代には声を出さず、瞑想《めいそう》して仏をイメージする念仏《ねんぶつ》が行われており、これを「観念念仏《かんねんねんぶつ》」という。

観念念仏《かんねんねんぶつ》は坐禅《ざぜん》と同じ観想法である。また、仏（ブッダ）とはわれわれ人間の中に潜む仏性《ぶっしょう》（純粋な精神性）を示し、念仏《ねんぶつ》とは客体としての仏を見るのではなく、人間の心の中にある仏性《ぶっしょう》を見ることである。深山幽谷で坐禅《ざぜん》に励む禅宗《ぜんしゅう》の修行僧にはこれが可能かもしれないが、在家の者には静かに瞑想して仏性《ぶっしょう》を見ることは困難だ。そこで、声を出して「南無阿弥陀仏《なむあみだぶつ》」と称える称名念仏《しょうみょうねんぶつ》が考案された。声を出して一心に称えているうちにしだいに陶酔状態になり、仏に会うという神秘体験をすることもあるのだ。また、「三昧《さんまい》」はサンスクリット語のサマーディの音写語で、瞑想することである。精神を集中して一心に念仏《ねんぶつ》を称えること。これが念仏三昧《ねんぶつさんまい》だ。

▼11 大慈悲《だいじひ》　ブッダは常に衆生《しゅじょう》を完璧《かんぺき》に救おうという慈悲《じひ》の心で満たされている。

▼12 無生忍《むしょうにん》　不生不滅《ふしょうふめつ》の道理、すなわち、世の中のすべての存在は生ずることも滅す

ることもないという真理を受け止めること。われわれ凡夫《ぼんぷ》は何かが生じた（得た）、滅した（無くなった）などといって、一喜一憂して常に心を乱しているが、この世の実体は不生不滅なのである。これを知れば寂浄《じゃくじょう》の世界に安住することができる。

▼13 **授記**《じゅき》　先輩のブッダから授けられる、将来、必ずブッダになるという予言（太鼓判）。ふつうは釈迦《しゃか》などの極めて優れた者にしか与えられないが、『観無量寿経《かんむりょうじゅきょう》』では白毫《びゃくごう》を観想して阿弥陀如来《あみだにょらい》の姿をとらえ、さらには、無数のブッダに出会うことができれば、すべての人に与えられると説く。

▼14 **邪観**《じゃかん》　ここでは「十六観《じゅうろくかん》」以外の観想を指す。そして、十六観《じゅうろくかん》のなかでもこの「真身観《しんしんかん》」が最も勝《すぐ》れているといっている。浄土《じょうど》信仰が阿弥陀如来《あみだにょらい》に出会い、救ってもらうことを根本においているので、必然的にこの第九観《だいくかん》がもっとも重要視され、十六観《じゅうろくかん》の他の観《かん》は第九観《だいくかん》に至るまでのプロセスなどを説いたものである。

一枚起請文《いちまいきしようもん》

建暦《けんりやく》二年（一二一二）正月、法然《ほうねん》が最晩年、弟子の源智《げんち》の求めに応じて念仏《ねんぶつ》による極楽往生《ごくらくおうじよう》の要旨を一枚の紙に認《したた》めたと伝えられている。そのことから、『一枚起請《いちまいきしよう》文《もん》』の名で呼ばれ、また、『一枚消息《いちまいしようそく》』『御誓言《ごせいごん》』などとも呼ばれている。浄土宗《じようどしゆう》では朝夕の勤行《ごんぎよう》や法要のときにしばしば読み上げられ、もっとも親しまれている。全文はわずか二百数十文字で、『般若心経《はんにやしんぎよう》』ほどの長さであるが、法然《ほうねん》の念仏《ねんぶつ》に対する考えが簡潔に、遺憾なく示されている。

仏典は漢文で書かれ、難解なものが多いが、『一枚起請文《いちまいきしようもん》』はごく平易な仮名交じりの文章で簡潔にまとめられている。法然《ほうねん》の時代に念仏《ねんぶつ》を中心として仏教が民衆の中に広まった。仮名交じりの平易な表現は時代の要請だったのだ。法然《ほうねん》、八十歳のときの作。この年の十二月二十五日、大往生《だいおうじよう》を遂げた。

原文

唐土《もろこし》我朝《わがちょう》に、もろもろの智者《ちしゃ》達《たち》の、沙汰《さた》し申《もう》さるる観念《かんねん》の念《ねん》にもあらず。また学問《がくもん》をして、念《ねん》のこころを悟《さと》りて申《もう》す念仏《ねんぶつ》にもあらず。ただ往生《おうじょう》極楽《ごくらく》のためには、南無阿弥陀《なむあみだ》仏《ぶつ》と申《もう》して、うたがひなく往《おう》生《じょう》するぞと思《おも》ひ取《と》りて申《もう》す外《ほか》には別《べつ》の仔細候《しさいそうら》はず。但《ただ》し三《さん》心四修《じんししゅ》と申《もう》すことの候《そうろ》うは、皆決定《みなけつじょう》して南無阿弥陀仏《なむあみだぶつ》にて

現代語訳

中国【唐土《もろこし》】や我が国【我朝《わがちょう》】の多くの智者《ちしゃ》（高僧）たちが論じている観念《かんねん》の念仏《ねんぶつ》でもなく、また、学問をして念仏の意味を悟って称《とな》える念仏でもない。ただ、極楽《ごくらく》に往生《おうじょう》するためには南《な》無阿弥陀仏《むあみだぶつ》を称えれば、疑い無く（必ず）往生《おうじょう》するのだという、しっかりとした思いをもって（信心《しんじん》をもって）称える以外に、別の（細かな喧《やかま》しい）事情【仔細《しさい》】があるわけではないのだ。

ただし、至誠心《しじょうしん》（まごころ）・深心《じんしん》（深く信ずる心）・回向発願心《えこうほつがんしん》（往生《おうじょう》を願う心）といった三つの心と、命の尽きるまで念仏を称えるという「長時修《ちょうじしゅ》」・うやうやしく念仏を称える「恭敬《くぎょ》修《うしゅ》」・休みなく念仏を称える「無間修《むけんしゅ》」・もっぱら念仏に専念する「無余修《むよしゅ》」といった「四修《ししゅ》」と

往生《おうじょう》するぞと思《おも》ふうちにこもり候《そうろ》うなり。この外《ほか》に奥《おく》ふかき事《こと》を存《ぞん》ぜば、二尊《にそん》のあはれみにはづれ、本願《ほんがん》にもれ候《そうろ》うべし。念仏《ねんぶつ》を信《しん》ぜん人《ひと》は、たとひ一代《いちだい》の法《ほう》をよくよく学《がく》すとも、一文不知《いちもんふち》の愚鈍《ぐどん》の身《み》になして、尼入道《あまにゅうどう》の無智《むち》のともがらに同《おな》じうして、智者《ちしゃ》のふるまひをせずしてただ一向《いっこう》に念仏《ねんぶつ》すべし。

証《しょう》のために両手印《りょうしゅいん》をもってす。

浄土宗《じょうどしゅう》の安心起行《あんじんきぎょう》この一紙《いっし》

いったものは、南無阿弥陀仏《なむあみだぶつ》を称えれば往生《おうじょう》するのだという（確信に満ちた）心の中に（すでに）含まれているのだ【三心四修《さんじんししゅ》】▼1。（そして、）もしもこの外に深い意味を考えようとするなら、釈迦如来《しゃかにょらい》と阿弥陀如来《あみだにょらい》の二尊《にそん》のあわれみ（慈悲）に外れ、本願《ほんがん》の救いからも漏れることになるのだ。

念仏《ねんぶつ》を信ずる人は、釈迦《しゃか》一代の教えを学んだとしても、一文不知《いちもんふち》の愚鈍の身に徹し、尼《あま》や入《にゅう》道《どう》【尼入道《あまにゅうどう》】▼2の無知の仲間と同じようになり、智者《ちしゃ》のような振舞いをせず、ただひたすら念仏に専念すべきである。

以上のことを証明するために両手の掌《てのひら》の印を押す。

浄土宗《じょうどしゅう》の信仰（信心《しんじん》）と修行（念仏）【安心起《あんじんき》行《ぎょう》】のあり方が、この一枚の紙に究められてい

に至極《しごく》せり。源空《げんくう》が所存《しょぞん》、この外《ほか》に全《まった》く別義《べつぎ》を存《ぞん》ぜず、滅《めっ》後《ご》の邪義《じゃぎ》をふせがんがために、所存《しょぞん》をしるし畢《おわ》んぬ。

建暦《けんりゃく》二《に》年《ねん》正月《しょうがつ》二十三日《にじゅうさんにち》

大師在御判《だいしざいごはん》

る。私、源空《げんくう》の考えはこの外には何一つないのだ。私が没した後、誤解【邪義《じゃぎ》】を防ぐために（私の）考えを記しておく。

建暦《けんりゃく》二年正月二十三日

源空花押《げんくうかおう》

▼1　三心四修《さんじんししゅ》　「三心《さんじん》」は『観無量寿経《かんむりょうじゅきょう》』に説く「至誠心《しじょうしん》」「深心《じんしん》」「回向発願心《えこうほつがんしん》」の三つの心。「至誠心《しじょうしん》」はまごころから（真実に）浄土《じょうど》に往生《おうじょう》することを願う心。「深《じん》心《しん》」は浄土《じょうど》に深く思いを馳《は》せる心。「回向発願心《えこうほつがんしん》」は修めた功徳《くどく》（念仏《ねんぶつ》）によって往生《おうじょう》を願う心。法然《ほうねん》はこの三心《さんじん》を『大無量寿経《だいむりょうじゅきょう》』で説く第十八願《がん》の中の「至心《ししん》」「信楽《しんぎょう》」「欲生《よくしょう》」にあてはめて念仏の心構えを説いた。

また、「四修《ししゅ》」は「長時修《ちょうじしゅ》」「恭敬修《くぎょうしゅ》」「無間修《むけんしゅ》」「無余修《むよしゅ》」の四つの修行（実践）で、長時修《ちょうじしゅ》は臨終に至るまで、恭敬修《くぎょうしゅ》、無間修《むけんしゅ》、無余修《むよしゅ》を修めること。恭敬修《くぎょうしゅ》は常に敬いの心をもって念仏を称えること。無間修《むけんしゅ》は休むことなく念仏を称えること。

無余修《むよしゅ》は他の行《ぎょう》は一切おこなわず、念仏だけを称えることである。

▼2 尼入道《あまにゅうどう》　尼《あま》は比丘尼《びくに》の略で、尼僧《にそう》のこと。古くは男尊女卑的な認識から尼僧は学がなく、無知なものとされていた。入道《にゅうどう》は「仏道《ぶつどう》に入った者」という意味で、もともとは出家者を指し、しかも、古くは貴族や皇族など高貴な出家者を指す尊称だった。しかし、平安時代後期ぐらいからは、僧兵のように仏教の教理を理解せず、ただ出家だけした僧を蔑《さげす》んで入道《にゅうどう》と呼ぶようになった。法然《ほうねん》は自らを「愚中《ぐちゅう》の極愚《ごくぐ》」と称し、人間はどんなに学問を修めても愚かなものであるという自覚に立っている。つまり、どんなに学問を修めた学僧も愚者の自覚に立って、ひたすら念仏《ねんぶつ》を称えるべきであると説いたのである。

コラム／愚者《ぐしゃ》の認識

法然《ほうねん》は自らを「十悪《じゅうあく》の法然房《ほうねんぼう》、愚痴の法然房《ほうねんぼう》」と言っている。また、親鸞《しんらん》は自らを「愚禿《ぐとく》」と称している。

愚禿《ぐとく》とは衣だけ着ているニセ僧侶という意味だという。いずれにしても痛烈な自己反省のもとに強烈な愚者の認識を持ったのであり、そんな愚者でも救われる道を切《き》り拓《ひら》いたのだ。

釈迦《しゃか》の最も出来の悪い弟子に周利槃特《しゅりはんどく》という人がいた。彼はごく短い経文も覚えることができず、あるとき「私はどうしてこんなに愚かなのでしょう?」と釈迦に言った。すると、釈迦は「お前は決して愚かではない。なぜなら己の愚かさを知っているからだ!」と言った。

この言葉に奮起した周利槃特《しゅりはんどく》はごく短い経文を覚えて繰り返し称《とな》え、悟りの境地に達したという。愚かさを知らないものには発展がないのだ。

正信念仏偈《しょうしんねんぶつげ》

親鸞聖人《しんらんしょうにん》の主著『教行信証《きょうぎょうしんしょう》』の「行巻《ぎょうかん》」の巻末にあるもので、七言百二十偈《げ》からなる偈文《げもん》。『正信偈《しょうしんげ》』とも呼ばれ、浄土真宗《じょうどしんしゅう》の教えの真髄を簡潔に説いたものだ。浄土真宗《じょうどしんしゅう》では第八世蓮如《れんにょ》がとくにこの経典を重要視し、以降、朝夕の勤行《ごんぎょう》をはじめ、あらゆる機会に読まれている。釈迦《しゃか》が『無量寿経《むりょうじゅきょう》』で説いた阿弥陀如来《あみだにょらい》の世界と、その世界を伝えた七高僧《しちこうそう》の徳を讃《たた》えている。

往生《おうじょう》のためには念仏《ねんぶつ》を何回となえたかは問題ではなく、阿弥陀如来《あみだにょらい》の本願《ほんがん》を信じること（信心《しんじん》）が最も重要である。そして、「南無阿弥陀仏《なむあみだぶつ》」の称名《しょうみょう》（念仏）はわれわれに往生《おうじょう》の機会を与えてくれた阿弥陀如来《あみだにょらい》の恩に報い、その功徳《くどく》に感謝する、「報恩謝徳《ほうおんしゃとく》」の念仏であるという親鸞《しんらん》独自の見解を端的に述べている。

具体的には、遠い昔にすべての衆生《しゅじょう》を極楽浄土《ごくらくじょうど》に救い取ろうという本願《ほんがん》を建て、長い長い修行の結果、衆生《しゅじょう》の極楽往生《ごくらくおうじょう》を実現してくれた阿弥陀如来《あみだにょらい》の恩に報い、その功《く》徳《どく》に感謝することである。浄土宗《じょうどしゅう》の法然上人《ほうねんしょうにん》は念仏《ねんぶつ》の回数が多いほど極楽往生《ごくらくおうじょう》が早まると説いたが、親鸞《しんらん》は往生《おうじょう》には念仏《ねんぶつ》の回数は関係なく、阿弥陀如来《あみだにょらい》を信じる心が重要だと説いた。

なお、先に挙げた七高僧《しちこうそう》とは、浄土真宗《じょうどしんしゅう》で浄土教《じょうどきょう》の教えを相承してきたとされる七人の高僧をいう。密教《みっきょう》や浄土教《じょうどきょう》など、すべての大乗《だいじょう》仏教の基を築いたとされるインドの龍樹《りゅうじゅ》（二〜三世紀ごろ）、唯識《ゆいしき》（一種の心理学）を研究し、法相宗《ほうそうしゅう》の基を作ったインドの天親《てんじん》（世親《せしん》、三二〇？〜四〇〇？）、中国の浄土教《じょうどきょう》の基礎を固めた曇鸞《どんらん》（四七六〜五四二）、中国浄土教《じょうどきょう》の開拓者といわれ、日に七万遍の念仏《ねんぶつ》を称《とな》えたという道綽《どうしゃく》（五六二〜六四五）、曇鸞《どんらん》、道綽《どうしゃく》の流れを汲《く》んで浄土教《じょうどきょう》を大成し『観無量寿経疏《かんむりょうじゅきょうしょ》』を著して日本の法然《ほうねん》や親鸞《しんらん》に多大な影響を与えた善導《ぜんどう》（六一三〜六八一）、そして、平安時代の中ごろ、『往生要集《おうじょうようしゅう》』を著して日本における浄土教《じょうどきょう》のパイオニアとなった源信《げんしん》（九四二〜一〇一七）、さらに、浄土宗《じょうどしゅう》の開祖・法然《ほうねん》（一一三三〜一二一二）の七人。浄土真宗《じょうどしんしゅう》では第八祖を親鸞《しんらん》としている。

原文

帰《き》命《みよう》無《む》量《りよう》寿《じゅ》如《にょ》来《らい》
南《な》無《も》《む》不《ふ》可《か》思《し》議《ぎ》光《こう》
法《ほう》蔵《ぞう》菩《ぼ》薩《さつ》《さ》因《いん》位《に》時《じ》
在《ざい》世《せ》自《じ》在《ざい》王《おう》仏《ぶつ》所《しょ》
覩《と》見《けん》諸《しょ》仏《ぶつ》《ぶ》浄《じょう》土《ど》因《いん》
国《こく》土《ど》人《にん》天《でん》之《し》善《ぜん》悪《まく》
建《こん》立《りゅう》無《む》上《じょう》殊《しゅ》勝《しょう》願《がん》

現代語訳

限りない寿命を保ち続け、限りない光明《こうみょう》を放ち続ける阿弥陀如来《あみだにょらい》に帰依《きえ》します【帰命無量寿如来南無不可思議光《きみょうむりょうじゅにょらいなもふかしぎこう》】。（阿弥陀如来《あみだにょらい》が修行時代の）法蔵菩薩《ほうぞうぼさつ》だったとき、師の世自在王仏《せじざいおうぶつ》のもとで諸仏《しょぶつ》が浄土《じょうど》を建立したいわれや、さまざまな国土《こくど》に住むものの行動の善悪を観察し、そこで苦しむものたちを救うために、この上なく優れた願《がん》【無上殊勝願《むじょうしゅしょうがん》】を立てて、世にも稀《まれ》な大《だい》誓願《せいがん》【希有大弘誓《けうだいぐぜい》】をおこされた。

そして、五劫《ごこう》というとてつもなく長い間、熟考に熟考を重ねて今までに建設された諸仏《しょぶつ》の浄《じょう》土《ど》の長所だけを選びとり、四十八願《しじゅうはちがん》にまとめあげ、南無阿弥陀仏《なむあみだぶつ》という名前【名声《みょうしょう》】▼1が全世界

超《ちょう》発《ほっ》希《け》有《う》大《だい》弘《ぐ》誓《ぜい》
五《ご》劫《こう》思《し》惟《ゆい》之《し》摂《しょう》受《じゅ》
重《じゅう》誓《せい》名《みょう》声《しょう》聞《もん》十《じっ》方《ぽう》
普《ふ》放《ほう》無《む》量《りょう》無《む》辺《へん》光《こう》
無《む》碍《げ》無《む》対《たい》光《こう》炎《えん》王《のう》
清《しょう》浄《じょう》歓《かん》喜《ぎ》智《ち》慧《え》光《こう》
不《ふ》断《だん》難《なん》思《じ し》無《む》称《しょう》光《こう》
超《ちょう》日《にち》月《がっ》光《こう》照《しょう》塵《じん》刹《せつ せ》
一《いっ》切《さい》群《ぐん》生《じょう》蒙《む》光《こう》照《しょう》

で聞かれ、称《とな》えられるようにと誓った。▼2
阿《あ》弥《み》陀《だ》如来《にょらい》の放つ光明《こうみょう》はいかなるとき、いかなるところでも決して妨げられることがなく、計り知れない威力を持ち、他に比べられるものがない（優れた光明《こうみょう》である）。そして、限りなく清浄で、歓喜に満《み》ち溢《あふ》れ、智慧《ちえ》そのものである【智慧光《ちえこう》】▼3、（永遠に）絶えることがないのだ。（その光は）人間の思考をはるかに超えるもので、太陽や月の光をはるかに凌《しの》ぎ、全世界のすみずみまで隈《くま》なく照らしている。（だから、）一切の衆生《しゅじょう》【一切群生《いっさいぐんじょう》】はこの光に照らされているのだ。
南無阿弥陀仏《なむあみだぶつ》の名を称えることは、往生《おうじょう》のための正しい修行【本願名号《ほんがんみょうごう》】で、（四十八願《しじゅうはちがん》のうちの第十八願《がん》に説かれる）至心《ししん》・信楽《しんぎょう》の願《がん》▼4に基づいているのだ。（そして、）仏になることが

本《ほん》願《がん》名《みょう》号《ごう》正《しょう》定《じょう》業《ごう》
至《し》心《しん》信《しん》楽《ぎょう》願《がん》為《に》因《いん》
成《じょう》等《とう》覚《がく》証《しょう》大《だい》涅《ね》槃《はん》
必《ひっ》至《し》滅《めつ》度《ど》願《がん》成《じょう》就《じゅ》
如《にょ》来《らい》所《しょ》以《い》興《こう》出《しゅっ》世《せ》
唯《ゆい》説《せっ》《せ》弥《み》陀《だ》本《ほん》願《がん》海《かい》
五《ご》濁《じょく》悪《あく》時《じ》群《ぐん》生《じょう》海《かい》
応《おう》信《しん》如《にょ》来《らい》如《にょ》実《じつ》言《ごん》
能《のう》発《ほっ》《ほ》一《いち》念《ねん》喜《き》愛《あい》心《しん》

決定し、偉大な悟り【大涅槃《だいねはん》】を得ることができるのは、必ず極楽浄土《ごくらくじょうど》に至ることができるという願《がん》【必至滅度願《ひっしめつどがん》】▼5が（必ず）実現【成就《じょうじゅ》】することが約束されているからである。釈迦《しゃか》がこの世に現れたのは、ただ、阿弥陀如来《あみだにょらい》の大海のように偉大な本願【本願海《ほんがんかい》】▼6を説くためだったのである。

（だから、）この闇黒《あんこく》の末法《まっぽう》の世【五濁悪時《ごじょくあくじ》】に生きるものたち【群生海《ぐんじょうかい》】は、釈迦《しゃか》の真実の言葉を信じなければならない。（無条件に）本《ほん》願《がん》を信じ、（その本願《ほんがん》が実現可能になっていることを）喜ぶ心がおきれば、煩悩《ぼんのう》を断たなくても悟り【涅槃《ねはん》】を開くことができるのだ。▼7（われわれ）凡人も聖人【凡聖《ぼんじょう》】も、五逆罪《ごぎゃくざい》を犯して、仏の教えを謗《そし》ったもの【逆謗《ぎゃくほう》】▼8も、（阿弥《あみ》陀《だ》如来《にょらい》の）本願《ほんがん》を（無条件に）信じれば、多く

不《ふ》断《だん》煩《ぼん》悩《のう》得《とく》涅《ね》槃《はん》
凡《ぼん》聖《しょう》《じょう》逆《ぎゃく》謗《ほう》斉《さい》回《え》入《にゅう》
如《にょ》衆《しゅ》水《し》《しい》入《にゅう》海《かい》一《いち》味《み》
摂《せつ》取《しゅ》心《しん》光《こう》常《じょう》照《しょう》護《ご》
已《い》能《のう》雖《すい》破《は》無《む》明《みょう》闇《あん》
貪《とん》愛《ない》瞋《しん》憎《ぞう》之《し》雲《うん》霧《む》
常《じょう》覆《ふ》真《しん》実《じ》《じつ》信《しん》心《じん》天《てん》
譬《ひ》如《にょ》日《にっ》光《こう》覆《ふ》雲《うん》霧《む》
雲《うん》霧《む》之《し》下《げ》明《みょう》無《む》闇《あん》

の河の水が大海に入ると【衆水入海《しゅしいにゅうかい》】、等しく塩味の海水となるように、平等に救われるのだ。阿弥陀《あみだ》如来《にょらい》の放つ光明《こうみょう》はわれわれを救い取って決して捨てることがない。その光明《こうみょう》でわれわれを護《まも》り続けてくださるのだ。

その光明《こうみょう》は無明《むみょう》の闇を破ってくれるというが、貪《むさぼ》り【貪愛《とんない》】や憎しみ【瞋憎《しんぞう》】▼9といった煩悩《ぼんのう》の雲や霧が（無明《むみょう》の闇を作り）、真に（阿弥陀《あみだ》如《にょ》来《らい》を心から）信じようとする心の天空を覆いかくしているのだ。（しかし、）太陽の光が雲や霧に覆われていても、雲や霧の下は必ずしも真っ暗闇ではない。それと同じように、阿弥陀《あみだ》如来《にょらい》を無条件に信じている人は、たとえ煩悩《ぼんのう》に覆われていても、心の闇は消えているのだ。（不動の）信心《しんじん》をもって（阿弥陀《あみだ》）如来《にょらい》を敬い、（そのことによって）喜びの心をおこすことができ

獲《ぎゃく》信《しん》見《けん》敬《きょう》大《だい》慶《きょう》喜《き》
即《そく》横《おう》超《ちょう》截《ぜつ》五《ご》悪《あく》趣《しゅ》
一《いっ》切《さい》善《ぜん》悪《まく》凡《ぼん》夫《ぶ》人《にん》
聞《もん》信《しん》如《にょ》来《らい》弘《ぐ》誓《ぜい》願《がん》
仏《ぶつ》言《ごん》広《こう》大《だい》勝《しょう》解《げ》者《しゃ》
是《ぜ》人《にん》名《みょう》分《ふん》陀《だ》利《り》華《け》
弥《み》陀《だ》仏《ぶつ》本《ほん》願《がん》念《ねん》仏《ぶつ》
邪《じゃ》見《けん》憍《きょう》慢《まん》悪《あく・なく》衆《しゅ》生《じょう》
信《しん》楽《ぎょう》受《じゅ》持《じ》甚《じん》以《に》難《なん》

れば、五つの迷いの世界【五悪趣《ごあくしゅ》】[10]を横ざまに超える【超截《ちょうぜつ》】[11]ことができる。

善人、悪人の別なく、一切の人々【凡夫《ぼんぶ》】が阿弥陀如来《あみだにょらい》の本願《ほんがん》を聞き、（衷心《ちゅうしん》より）信じるなら、釈迦《しゃか》はその人たちを「大いなる智慧者《ちえしゃ》【大勝解者《だいしょうげしゃ》】[12]」、あるいは、「白蓮華《びゃくれんげ》【分陀利華《ふんだりけ》】[13]」と呼ぶのである。

阿弥陀如来《あみだにょらい》の（人々を必ず救ってくれるという）本願《ほんがん》の念仏《ねんぶつ》は、邪《よこしま》な見解を持つ人や（謙虚さを忘れて）驕《おご》り高ぶった人【邪見憍慢悪衆生《じゃけんきょうまんなくしゅじょう》】にとっては、これを信じ保つこと【信楽受持《しんぎょうじゅじ》】は極めて困難である。（はるか西方に位置する）インド【印度西天《いんどさいてん》】の（仏教の教理の）研究家【論家《ろんげ》】、（さらに）中国【中夏《ちゅうか》】や日本【日域《じちいき》】[14]の高僧たちは、釈迦《しゃか》【大聖《だいしょう》】[15]がこの世に現れた本当の意味【正意《しょうい》】を明らかにし、阿《あ》

難《なん》中《ちゅう》之《し》難《なん》無《む》過《か》斯《し》
印《いん》度《ど》西《さい》天《てん》之《し》論《ろん》家《げ》
中《ちゅう》夏《か》日《じち》域《いき》之《し》高《こう》僧《そう》
顕《けん》大《だい》聖《しょう》興《こう》世《せ》正《しょう》意《い》
明《みょう》如《にょ》来《らい》本《ほん》誓《ぜい》応《おう》機《き》
釈《しゃ》迦《か》如《にょ》来《らい》楞《りょう》伽《が》山《せん》
為《い》衆《しゅ》告《ごう》命《みょう》南《なん》天《てん》竺《じく》
龍《りゅう》樹《じゅ》大《だい》士《じ》出《しゅつ》於《と》世《せ》
悉《しつ》能《のう》摧《ざい》破《は》有《う》無《む》見《けん》

弥陀如来《みだにょらい》の本願《ほんがん》【本誓《ほんぜい》】こそが凡夫《ぼんぶ》の能力にいちばん適合していることを明らかにしたのだ。

釈迦如来《しゃかにょらい》は楞伽山《りょうがせん》▼[16]で人々に次のように予言した。「南インドに龍樹菩薩《りゅうじゅぼさつ》▼[17]が現れて有と無の両極に偏った考えを打破【摧破有無見《ざいはうむけん》】▼[18]し、大乗《だいじょう》仏教《ぶっきょう》の究極の教え【大乗無上法《だいじょうむじょうほう》】を説き広め、この上なく喜びに満ちた地位【歓喜地《かんぎじ》】を得、(この世でも)命が終わって安楽浄土《あんらくじょうど》に生まれるであろう」と。

龍樹菩薩《りゅうじゅぼさつ》は自力《じりき》の難行《なんぎょう》は(遠い)陸路を行くような苦しみであることを明らかにし、他力《たりき》の行《ぎょう》【易行《いぎょう》】▼[19]は船で水路を行くように楽しみに満ちていると説いた。阿弥陀如来《あみだにょらい》の本願《ほんがん》を信じるものは、必ず悟りを開いてブッダとなることが約束されている。だから、(龍樹菩薩《りゅうじゅぼさつ》は)常に「南無阿弥陀仏《なむあみだぶつ》」を称え、阿弥陀如来《あみだにょらい》の偉大な

宣《せん》説《ぜつ》《ぜ》大《だい》乗《じょう》無《む》上《じょう》法《ほう》
証《しょう》歓《かん》喜《ぎ》地《じ》生《しょう》安《あん》楽《らく》
顕《けん》示《じ》難《なん》行《ぎょう》陸《ろく》路《ろ》苦《く》
信《しん》楽《ぎょう》易《い》行《ぎょう》水《しい》《し》道《どう》楽《らく》
憶《おく》念《ねん》弥《み》陀《だ》仏《ぶっ》《ぶ》本《ほん》願《がん》
自《じ》然《ねん》即《そく》時《じ》入《にゅう》必《ひっ》定《じょう》
唯《ゆい》能《のう》常《じょう》称《しょう》如《にょ》来《らい》号《ごう》
応《おう》報《ほう》大《だい》悲《ひ》弘《ぐ》誓《ぜい》恩《おん》
天《てん》親《じん》菩《ぼ》薩《さっ》《さ》造《ぞう》論《ろん》説《せっ》《せ》

慈《じ》悲《ひ》の恩に報いる生活をすべきである【応報大《おうほうだい》悲弘誓恩《ひぐぜいおん》】とも言っているのだ。

（そして）天親菩薩《てんじんぼさつ》[20]は『浄土論《じょうどろん》』[21]を著し、無《む》碍光如来《げこうにょらい》[22]に帰依《きえ》せよと説いた。『無量寿経《むりょうじゅきょう》』【修多羅《しゅたら》】[23]によって真実をあらわし、如来《にょらい》の本願《ほんがん》が横ざまに迷いの世界を超えて【横超《おうちょう》】[24]、悟りをもたらすことを明らかにしている。如来《にょらい》がわたしたちに差し向けた【回向《えこう》】[25]本願《ほんがん》の力によって、生きとし生けるもの【群生《ぐんじょう》】を救うために信心《しんじん》【一心《いっしん》】[26]を明らかにしたのだ。

天親菩薩《てんじんぼさつ》は「（阿弥陀如来《あみだにょらい》の）本願《ほんがん》の功徳《くどく》の宝のような大海原【大宝海《だいほうかい》】に入れば、必ずこの世で浄土《じょうど》の菩薩《ぼさつ》たちの仲間に入ることができ、命が終わった後には蓮華《れんげ》の咲く（美しい）極楽《ごくらく》浄土《じょうど》【蓮華蔵世界《れんげぞうせかい》】[27]に生まれて、（絶対的な）真理を体得したブッダ【真如法性身《しんにょほっしょうじん》】となるこ

帰《き》命《みょう》無《む》碍《げ》光《こう》如《にょ》来《らい》
依《え》修《しゅ》多《た》羅《ら》顕《けん》真《しん》実《じつ》
光《こう》闡《せん》横《おう》超《ちょう》大《だい》誓《せい》願《がん》
広《こう》由《ゆ》本《ほん》願《がん》力《りき》回《え》向《こう》
為《い》度《ど》群《ぐん》生《じょう》彰《しょう》一《いっ》心《しん》
帰《き》入《にゅう》功《く》徳《どく》大《だい》宝《ほう》海《かい》
必《ひっ》獲《ぎゃく》入《にゅう》大《だい》会《え》衆《しゅう》《しゅ》数《しゅ》
得《とく》至《し》蓮《れん》華《げ》蔵《ぞう》世《せ》界《かい》
即《そく》証《しょう》真《しん》如《にょ》法《ほっ》性《しょう》身《しん》《じん》

とができる。また、煩悩《ぼんのう》の林に遊び、神通力《じんずうりき》[28]を現して迷いの世界に入り、（人々を）教え導く」[29]と説いた。

（さらに）梁《りょう》の武帝《ぶてい》[30]は曇鸞大師《どんらんだいし》に向かって、常に曇鸞菩薩《どんらんぼさつ》と崇《あが》めた。[31]曇鸞大師《どんらんだいし》は三蔵法師《さんぞうほうし》[32]の菩《ぼ》提流支《だいるし》[33]に『観無量寿経《かんむりょうじゅきょう》』【浄教《じょうきょう》】を授けられ、神仙術《しんせんじゅつ》[34]の書を焼き捨てて浄土《じょうど》の教え【楽邦《らくほう》】に帰依した人である。（曇鸞大師《どんらんだいし》は）天親菩薩《てんじんぼさつ》の『浄土論《じょうどろん》』を注釈して「（この上なくすばらしい）浄土《じょうど》【報土《ほうど》】[35]が建立されたのは、（遠い過去に）阿弥陀如来《あみだにょらい》が（そういう浄土《じょうど》を建設したいとの）誓願《せいがん》（本願《ほんがん》）を建てて、とてつもなく長い期間、修行に励み、善行を積んだ結果、現実のものとなったのだ。そして、阿弥陀如来《あみだにょらい》の手引きによって浄土《じょうど》に往生《おうじょう》する（生まれる）ことも、その浄土《じょうど》から娑婆《しゃば》世界に帰って来て人々

遊《ゆう》《ゆ》煩《ぼん》悩《のう》林《りん》現《げん》神《じん》通《ずう》
入《にゅう》生《しょう》死《じ》園《おん》示《じ》応《おう》化《げ》
本《ほん》師《し》《じ》曇《どん》鸞《らん》梁《りょう》天《てん》子《し》
常《じょう》向《こう》鸞《らん》処《しょ》菩《ぼ》薩《さつ》《さ》礼《らい》
三《さん》蔵《ぞう》流《る》支《し》授《じゅ》浄《じょう》教《きょう》
焚《ぼん》焼《しょう》《じょう》仙《せん》経《ぎょう》帰《き》楽《らく》邦《ほう》
天《てん》親《じん》菩《ぼ》薩《さつ》《さ》論《ろん》註《ちゅう》解《げ》
報《ほう》土《ど》因《いん》果《が》顕《けん》誓《せい》願《がん》
往《おう》還《げん》回《え》《ね》向《こう》由《ゆ》他《た》力《りき》

を救うこと【往還《おうげん》】▼36も、すべては阿弥陀如来《あみだにょらい》の他力《たりき》によるのである。阿弥陀如来《あみだにょらい》の他力《たりき》を信じること【正定《しょうじょう》】だけが極楽浄土《ごくらくじょうど》に往生《おうじょう》するための正しい原因になるのだ。」と説いた。

また、（曇鸞大師《どんらんだいし》は）「煩悩《ぼんのう》に染まった人々【惑染凡夫《わくぜんぼんぷ》】▼37も阿弥陀如来《あみだにょらい》の本願《ほんがん》を一心に信じれば、この迷いの世界にありながら、即座に悟りの境地にいたることができ【生死即涅槃《しょうじそくねはん》】▼38、命が終われば、光明無量《こうみょうむりょう》の浄土《じょうど》（極楽浄土《ごくらくじょうど》）に生まれ（往生《おうじょう》し）、そこから再び娑婆《しゃば》世界に還《かえ》って来て人々を救う。」とも説いている。

正《しょう》定《じょう》之《し》因《いん》唯《ゆい》信《しん》心《じん》
惑《わく》染《ぜん》凡《ぼん》夫《ぶ》信《しん》心《じん》発《ぽっ》《ほ》
証《しょう》知《ち》生《しょう》死《じ》即《そく》涅《ね》槃《はん》
必《ひっ》至《し》無《む》量《りょう》光《こう》明《みょう》土《ど》
諸《しょ》有《う》衆《しゅ》生《じょう》皆《かい》普《ふ》化《け》
道《どう》綽《しゃく》決《けっ》聖《しょう》道《どう》難《なん》証《しょう》
唯《ゆい》明《みょう》浄《じょう》土《ど》可《か》通《つう》入《にゅう》
万《まん》善《ぜん》自《じ》力《りき》貶《へん》勤《ごん》修《しゅ》
円《えん》満《まん》徳《とく》号《ごう》勧《かん》専《せん》称《しょう》

（さらに、）道綽禅師《どうしゃくぜんじ》は、聖道門《しょうどうもん》の教えでは悟りに至ることができないことを覚り、浄土門《じょうどもん》▼[39]だけを実践して悟りに至ることができることを明らかにした。（道綽《どうしゃく》は）戒律を守って修行に励み、善行を積む修行【万善自力貶勤修《まんぜんじりきへんごんしゅ》】を退け、すべての善が完璧《かんぺき》に備わっている名号《みょうごう》（阿弥陀《あみだ》如来《にょらい》の名）【円満徳号《えんまんとくごう》】をもっぱら称えることを勧めた。（そして、）三つの正しい信心《しんじん》とそうではない（正しくない）信心《しんじん》【三不三心誨《さんぷさんしんけ》▼[40]】を詳細に説き、像法《ぞうぼう》、末法《まっぽう》、さらには滅法《めっぽう》▼[41]の時代

三《さん》不《ぷ》三《さん》信《しん》誨《け》慇《おん》懃《ごん》
像《ぞう》末《まつ》《ま》法《ほう》滅《めつ》《め》同《どう》悲《ひ》引《いん》
一《いっ》生《しょう》造《ぞう》悪《あく》値《ち》弘《ぐ》誓《ぜい》
至《し》安《あん》養《にょう》界《がい》《があい》証《しょう》妙《みょう》果《か》
善《ぜん》導《どう》独《どく》明《みょう》仏《ぶっ》正《しょう》意《い》
矜《こう》哀《あい》定《じょう》散《さん》与《よ》逆《ぎゃく》悪《あく》
光《こう》明《みょう》名《みょう》号《ごう》顕《けん》因《いん》縁《ねん》
開《かい》入《にゅう》本《ほん》願《がん》大《だい》智《ち》海《かい》
行《ぎょう》者《じゃ》正《しょう》受《じゅ》金《こん》剛《ごう》心《しん》

になっても（阿弥陀《あみだ》）如来《にょらい》は同じように偉大な慈悲をもってわたしたちを導く。（そして、）たとえ、一生涯、悪事を働いてきたものでも、阿《あ》弥陀《みだ》如来《にょらい》の本願《ほんがん》に出会えば、極楽浄土《ごくらくじょうど》【安養《あんにょう》界《かい》】に至って悟りを開くことができると説いたのだ。

（そして、）善導大師《ぜんどうだいし》はそれまでに行われてきた仏教の教理解釈を正し、釈迦《しゃか》の教えの真意を明らかにした。（そして、善導大師《ぜんどうだいし》は）心を集中して修行に専念する人、悪を避けて善行に専念する人【定散《じょうさん》】[42]、さらには極悪非道のもの【逆《ぎゃく》悪《あく》】にも阿弥陀《あみだ》如来《にょらい》は哀れみをもち、彼らを救うために名号《みょうごう》（を称えること）を因縁《いんねん》として救いの光明《こうみょう》を放つのである。

（だから、ひとたび）本願《ほんがん》の智慧《ちえ》の大海に踏み入れば、金剛石（ダイヤモンド）のように何も

慶《きよう》喜《き》一《いち》念《ねん》相《そう》応《おう》後《ご》
与《よ》韋《い》提《だい》等《とう》獲《ぎやく》三《さん》忍《にん》
即《そく》証《しよう》法《ほっ》性《しよう》之《し》常《じよう》楽《らく》
源《げん》信《しん》広《こう》開《かい》一《いち》代《だい》教《きよう》
偏《へん》帰《き》安《あん》養《によう》勧《かん》一《いっ》切《さい》
専《せん》雑《ぞう》執《しゅう》心《しん》判《はん》浅《せん》深《じん》
報《ほう》化《け》二《に》土《ど》正《しよう》弁《べん》立《りゅう》
極《ごく》重《じゅう》悪《あく》人《にん》唯《ゆい》称《しよう》仏《ぶつ》
我《が》亦《やく》在《ざい》彼《ひ》摂《せっ》取《しゅ》中《ちゅう》

のにも破壊されることのない盤石の信心《しんじん》（信仰心）を得ることができる【行者正受金剛心《ぎようじゃしようじゅこんごうしん》】▼43。この本願《ほんがん》に出会えたという喜びの心が起こり、韋《い》提《だい》希《け》夫人（173ページを参照）と同じく三忍《さんにん》を得て、常住安楽な悟りを得ると説いた。

また、源信《げんしん》は広く釈迦《しゃか》一代の教えをひもといて、安楽浄土《あんらくじようど》（極楽浄土《ごくらくじようど》）に生まれることをひたすら願うようにとすべての人に勧めた。信心《しんじん》の人を二つに分け、ひたすら他力《たりき》にすがる人を信心《しんじん》の深い人、自力《じりき》の行《ぎよう》をまじえる人を信《しん》心《じん》の浅い人とみなした。（そして、）浄土《じようど》についても報土《ほうど》と化土《けど》の二つに分けたのである【報化《ほうけ》二土《にど》】▼44。（また、源信《げんしん》は）極悪非道の悪人【極重《ごくじゅう》悪人《あくにん》】であっても、ひたすら念仏《ねんぶつ》を称《とな》えるべきである。自分も阿弥陀如来《あみだにょらい》の救い光明《こうみよう》の中【彼《ひ》摂取中《せっしゅちゅう》】にあるにもかかわらず、煩悩《ぼんのう》によって

煩《ぼん》悩《のう》鄣《しょう》眼《げん》雖《すい》不《ふ》見《けん》
大《だい》悲《ひ》無《む》倦《けん》常《じょう》照《しょう》我《が》
本《ほん》師《しじ》源《げん》空《くう》明《みょう》仏《ぶっ》教《きょう》
憐《れん》愍《みん》善《ぜん》悪《まく》凡《ぼん》夫《ぶ》人《にん》
真《しん》宗《しゅう》教《きょう》証《しょう》興《こう》片《へん》州《しゅう》
選《せん》択《じゃく》本《ほん》願《がん》弘《ぐ》悪《あく》世《せ》
還《げん》来《らい》生《しょう》死《じ》輪《りん》転《でん》家《げ》
決《けっ》以《ち》疑《ぎ》情《じょう》為《い》所《しょ》止《し》
速《そく》入《にゅう》寂《じゃく》静《じょう》無《む》為《い》楽《らく》

目を覆われ、その光明《こうみょう》を見ることができない。しかし、阿弥陀如来《あみだにょらい》の偉大な慈悲《じひ》はつねにわたしの身を照らしているのだ。（源信《げんしん》は）このように言った。

（さらに、）私の師、源空《げんくう》▼45は仏教を究め、善悪の凡夫《ぼんぶ》を憐《あわ》れんで【憐愍善悪凡夫人《れんみんぜんまくぼんぶにん》】▼46（阿弥陀《あみだ》如来の）本願《ほんがん》の教えと、その教えによって救われる道【真宗教証《しんしゅうきょうしょう》】を日本の国【片州《へんしゅう》】▼47に興し、阿弥陀如来《あみだにょらい》が選びとった本願《ほんがん》の念仏《ねんぶつ》（選択本願《せんじゃくほんがん》念仏《ねんぶつ》）をこの悪世《あくせ》（末法《まっぽう》の世）に広めた。

（そして、源空《げんくう》は）輪廻転生《りんねてんしょう》を繰り返すのは真実▼48（真理）に対する疑いの心があるからだ。速やかに極楽浄土《ごくらくじょうど》【寂静無為楽《じゃくじょうむいらく》】に生まれるためには（阿弥陀如来《あみだにょらい》の本願《ほんがん》を）絶対的に信じる【信心《しんじん》】による以外に手立てはない。（確固たる信心《しんじん》を持てば、疑いは霧消するのだ。）このよ

必以《ひっち》信心《しんじん》為能入《いのうにゅう》
弘経《ぐきょう》大士《だいじ》宗師等《しゅうしとう》
拯済《じょうさい》無辺《むへん》極濁悪《ごくじょくあく》
道俗《どうぞく》時衆《じしゅ》共同心《ぐどうしん》
唯可《ゆいか》信斯《しんし》高僧説《こうそうせっせ》

うに、源空《げんくう》は言った。

（このような）教えを広めた菩薩《ぼさつ》【大士《だいじ》】や（浄《じょう》土宗《どしゅう》などの宗派の）開祖【宗師《しゅうし》】たちは、この上なく極悪非道の人々【極濁悪《ごくじょくあく》】▼49を救っている。だから、出家も在家も心を同じくしてこれらの高僧の教えを信じるべきである。

▼1 名声《みょうしょう》　サンスクリット語のナーマ・デーヤの訳。主として仏・菩薩《ぼさつ》の名のことで、「尊号《そんごう》」「嘉号《かごう》」などともいう。名号《みょうごう》を聞いたり、称《とな》えたりすると大きな功徳《くどく》に与《あずか》るということから、阿弥陀仏《あみだぶつ》の名を称えること、つまり南無阿弥陀仏《なむあみだぶつ》が盛んになった。浄土教《じょうどきょう》では「南無阿弥陀仏《なむあみだぶつ》」の六文字を弥陀《みだ》の名号《みょうごう》とよび、これを墨書することも盛んに行われるようになった。

▼2 誓った　阿弥陀《あみだ》の四十八願《しじゅうはちがん》は阿弥陀如来《あみだにょらい》の救済の力を信じ、阿弥陀如来《あみだにょらい》に帰依《きえ》し

てその名を称えるもの、つまり、「南無阿弥陀仏《なむあみだぶつ》」と称えるものは悉《ことごと》く極楽浄土《ごくらくじょうど》に救い取ろうというものである。阿弥陀如来《あみだにょらい》は遠い過去にそのような誓いを立て、長いあいだ修行した結果、それを実現したというのである。

▼3 **智慧光《ちえこう》** 光明《こうみょう》とは物理的な光線のことではなく、真理（真実）を明らかにする仏の悟りの智慧《ちえ》のことだ。仏典には仏は光の中にいる。あるいは、光そのものであると説かれている。われわれ凡夫《ぼんぶ》（凡人）の無知を取り除く智慧《ちえ》の光だ。

▼4 **至心《ししん》・信楽《しんぎょう》の願《がん》** 『仏説無量寿経《ぶっせつむりょうじゅきょう》』にある四十八願《しじゅうはちがん》の第十八願《がん》に説かれている。「至心《ししん》」は心の底から誠の心（至誠心《しじょうしん》）をもって念仏《ねんぶつ》を称えること。「信楽《しんぎょう》」は阿弥陀仏《あみだぶつ》にすべて任せきって救われようと願う心である。

▼5 **必死滅度願《ひっしめつどがん》** 四十八願《しじゅうはちがん》のうち、第十一願《がん》で「私が仏になったとき、私の国の人たちが今生《こんじょう》で仏になることが約束され、必ず迷いを離れて滅土《めつど》に至ることができなければ、私は仏になるのを止めよう」というもの。

▼6 **本願海《ほんがんかい》** 「本願《ほんがん》」は阿弥陀如来《あみだにょらい》が修行時代に立てた、衆生《しゅじょう》（すべての人々）を極楽《ごくらく》往生《おうじょう》させようとの誓願《せいがん》（願《がん》）のことで、この願《がん》が海のように広大な力を持っているということから、「本願海《ほんがんかい》」といっている。

▼7 **煩悩《ぼんのう》を～悟り【涅槃】を開くことができるのだ** 悟りの境地に至るためには、煩悩《ぼんのう》（さまざまな欲望）を完全に断たなくてはならない。しかし、浄土《じょうど》信仰では阿弥陀如来《あみだにょらい》を無条件に信じ、念仏《ねんぶつ》を称えれば悟りを開くことができると説く。これが阿弥陀《あみだ》

信仰の真骨頂で、小乗《しょうじょう》仏教の時代、煩悩《ぼんのう》を断つことに専念した人たちは、それが極めて困難であることを痛感し、これでは誰も救われない（悟りを開くことができない）と感じた。その反省から大乗《だいじょう》仏教の運動が盛んになり、誰もが救われる多くの道を示した。阿弥陀《あみだ》の信仰はその代表格で、すでにインドで多くの人々に支持されていたのである。

▼8　**逆謗《ぎゃくほう》**　最も重い罪で、これを犯すといちばん過酷な無間地獄《むけんじごく》に落ちるとされている。一、父を殺す。二、母を殺す。三、阿羅漢《あらかん》を殺す。四、ブッダ（釈迦《しゃか》）の身体を傷つけて血を流させる。五、仏教の教団の和合一致《わごういっち》を破壊分裂させる。このうち、四は釈迦《しゃか》に激しい嫉妬《しっと》を抱いた従兄《いとこ》のダイバダッタが丘の上から岩を落とし、釈迦《しゃか》の足の指からわずかに血を流したという話があり、その後、悶絶《もんぜつ》して死んだという。極度の禁欲主義者だったといい、七世紀に玄奘三蔵《げんじょうさんぞう》がインドに行ったときにダイバダッタの末裔《まつえい》と称する禁欲主義者の一団がいたという。

また、ブッダの教えを謗《そし》ることも五逆罪《ごぎゃくざい》に匹敵する大罪である。なぜなら、ブッダは絶対的な真理を説くので、それを批判すること自体が完璧《かんぺき》な誤りで、悪と見なされるからである。

▼9　**貪愛《とんない》〜瞋憎《しんぞう》**　「貪愛《とんない》」は貪《むさぼ》るような欲望（煩悩《ぼんのう》）。「瞋憎《しんぞう》」は他者に対して怒りの心を抱くこと。これに根本的な智慧《ちえ》の欠如である「愚癡《ぐち》」を加えて「三毒《さんどく》」といい、煩悩《ぼんのう》の根元とされる。

▼10 **五悪趣**《ごあくしゅ》 「悪趣《あくしゅ》」とはわれわれが輪廻転生《りんねてんしょう》を繰り返す迷いの世界。地獄《じごく》・餓鬼《がき》・畜《ちく》生《しょう》を「三悪趣《さんあくしゅ》」、これに人《にん》と天《てん》（神々）を加えて「五悪趣《ごあくしゅ》」といい、さらに修羅《しゅら》を加えたものが六道《ろくどう》で、われわれの迷いの世界だ。人間や神に生まれても、来生は再び六道《ろくどう》のいずれかに生まれて苦しみ迷うのである。

▼11 **超截**《ちょうぜつ》 阿弥陀如来《あみだにょらい》の本願《ほんがん》の力によって迷いの世界を跳び越えて浄土《じょうど》に往生《おうじょう》すること。浄土真宗《じょうどしんしゅう》では他力浄土門《たりきじょうどもん》の中の絶対他力《ぜったいたりき》の教えと説く。

▼12 **大勝解者**《だいしょうげしゃ》 大いなる勝利をおさめたもの。つまり、悟りを開いたものという意味。

▼13 **分陀利華**《ふんだりけ》 サンスクリット語のプンダリーカの音写語で、白蓮華《びゃくれんげ》（白いハスの花）のこと。仏典には白蓮華、紅蓮華など数種類の蓮華が登場するが、中でも純白の花を咲かせる白蓮華は最も気高いとされる。浄土教《じょうどきょう》では念仏者《ねんぶつしゃ》を称賛して「人中《にんちゅう》の分《ふん》陀利華《だりけ》」と呼ぶ。

▼14 **日域**《じちいき》 日（太陽）の照らす地域。転じて天下の意味。聖徳太子《しょうとくたいし》の有名な言葉にある「日《ひ》出《いづ》る国」の意から日本の異称とされた。

▼15 **大聖**《だいしょう》 悟りを開いた人の尊称で、文字通り偉大なる聖人の意味。釈迦《しゃか》の異称として用いられるほか、菩薩《ぼさつ》にも使われる。

▼16 **楞伽山**《りょうがせん》 釈迦《しゃか》が説法をしたと伝えられるインドの山。

▼17 **龍樹菩薩**《りゅうじゅぼさつ》 紀元一五〇年から二五〇年ごろに実在したインドの学僧で、大乗《だいじょう》仏教の教理を確立したということから「八宗《はっしゅう》の祖《そ》」として敬われている。『中論《ちゅうろん》』とい

う哲学書を著し、この中でいわゆる「空《くう》」の思想を展開した。密教《みっきょう》の祖ともいわれ、真言宗《しんごんしゅう》では龍猛《りゅうみょう》と呼ぶ。

▼18 **摧破有無見《ざいはうむけん》**　龍樹《りゅうじゅ》は「有」や「無」などの対立する概念を打破し、ものごとの本質は「無自性《むじしょう》（空《くう》）」であることを主張した。この龍樹《りゅうじゅ》の思想は釈迦《しゃか》の説いた中道《ちゅうどう》を発展させたものだった。

▼19 **難行《なんぎょう》～易行《いぎょう》**　仏教では自力《じりき》で厳しい修行に励む「難行道《なんぎょうどう》」と他力《たりき》で楽な修行をする「易行道《いぎょうどう》」の二つがある。阿弥陀如来《あみだにょらい》の本願《ほんがん》を信じ、ひたすら念仏《ねんぶつ》を称える浄土《じょうど》信仰は易行道《いぎょうどう》の代表である。

▼20 **天親菩薩《てんじんぼさつ》**　世親《せしん》とも呼ばれるインドの学僧。はじめ、大乗《だいじょう》仏教を批判していたが、兄の無着《むじゃく》に勧められて大乗《だいじょう》を研究し、多くの注釈書などを著して、大乗《だいじょう》仏教の基盤を築いた。

▼21 **『浄土論《じょうどろん》』**　天親《てんじん》の主著の一つで、『無量寿経《むりょうじゅきょう》』にしたがって浄土《じょうど》の光景を讃嘆《さんたん》し、そこに往生《おうじょう》することを勧めたもの。浄土教《じょうどきょう》では「浄土三部経《じょうどさんぶきょう》」とともに「三経一《さんぎょういち》論《ろん》」と称して重んじている。

▼22 **無碍光如来《むげこうにょらい》**　何ものにも妨げられない光明《こうみょう》を放つ如来《にょらい》。阿弥陀如来《あみだにょらい》の別名。

▼23 **修多羅《しゅたら》**　サンスクリット語のスートラの音写で、経典の意味。ここでは『無量寿《むりょうじゅ》経《きょう》』をあらわす。

▼24 **横超《おうちょう》**　▼11の超截《ちょうぜつ》と同じ。

▼25 **回向《えこう》** 自分が修めた善行を他者に振り向けて、他者の功徳《くどく》になることを期待すること。阿弥陀如来《あみだにょらい》が過去に積んだ善行を人々に向けることによって、すべての人が極楽往生《ごくらくおうじょう》することである。日本では「追善回向《ついぜんえこう》」ということが仏事などの中心になっている。年忌法要などを営むことは施主などの善行とされ、その功徳《くどく》を死者に振り向けることによって亡き人の死後の安穏《あんのん》を期待する。また、浄土教《じょうどきょう》では仏事や念《ねん》仏《ぶつ》が往生《おうじょう》の因《いん》とされる。

▼26 **一心《いっしん》** 心を散乱させないで、集中すること。『阿弥陀経《あみだきょう》』では「一心不乱《いっしんふらん》」といい、一心《いっしん》に阿弥陀如来《あみだにょらい》を念ずることによって往生《おうじょう》を果たすことができると説く。

▼27 **蓮華蔵世界《れんげぞうせかい》** 一般には『華厳経《けごんきょう》』に説く毘盧遮那仏《びるしゃなぶつ》の世界という。浄土教《じょうどきょう》では阿《あ》弥陀如来《みだにょらい》が住む多くの蓮華に彩られた極楽浄土《ごくらくじょうど》を指す。

▼28 **神通力《じんずうりき》** 修行の結果、得られるという超人的な力。

▼29 **煩悩《ぼんのう》の林に遊び～教え導く** 阿弥陀如来《あみだにょらい》の本願《ほんがん》によってブッダとなった人が再び現世（迷いの世界。娑婆世界《しゃばせかい》）にやって来て、さまざまな神通力《じんずうりき》を駆使して人々を救い、教え導くという意味。

▼30 **梁《りょう》の武帝《ぶてい》** 六世紀前半（五〇二～五四九）、南北朝時代の中国の皇帝。仏教を深く理解し、保護したことで知られる。

▼31 **曇鸞菩薩《どんらんぼさつ》と崇《あが》めた** 菩薩《ぼさつ》の称号は大師号《だいしごう》などと同様に皇帝から高徳の僧に与えられたものだ。とくに菩薩号《ぼさつごう》を授かる高僧は、困民救済や社会事業など民衆のために

実践的な活動をした人に与えられた。日本でも朝廷から菩薩号《ぼさつごう》が与えられ、社会福祉事業に尽力した行基菩薩《ぎょうきぼさつ》などがその代表。

▼32 **三蔵法師《さんぞうほうし》** 仏典は経《きょう》・律《りつ》・論《ろん》の三つのジャンルから成り、これを納める蔵になぞらえて「三蔵《さんぞう》」という。「経《きょう》」は『法華経《ほけきょう》』や『阿弥陀経《あみだきょう》』などブッダの教え。「律《りつ》」は戒律の集成。「論《ろん》」は経《きょう》や律《りつ》の注釈書で、善導《ぜんどう》の『観無量寿経疏《かんむりょうじゅきょうしょ》』や天親《てんじん》の『浄土論《じょうどろん》』などがこれに当たる。三蔵法師《さんぞうほうし》は七世紀の玄奘三蔵《げんじょうさんぞう》の固有名詞のように思われている節があるが、「三蔵《さんぞう》」を読破して、これに精通している学僧の呼称で、皇帝から授けられる。中国には多くの三蔵法師《さんぞうほうし》がいる。

▼33 **菩提流支《ぼだいるし》** 六世紀の人で、北インドの出身。五〇八年、洛陽《らくよう》に来て『金剛般若《こんごうはんにゃ》経《きょう》』や『浄土論《じょうどろん》』など多数の経典を翻訳した。浄土教《じょうどきょう》では重要な人物である。

▼34 **神仙術《しんせんじゅつ》の書《しょ》** 不老不死や空中飛翔の術などを説く、道教の書。仙人になるための指南書である。

▼35 **報土《ほうど》** 菩薩《ぼさつ》が厳しい修行をし、善行を積んだ結果、出来上がった国土《こくど》。

▼36 **往還《おうげん》** 極楽浄土《ごくらくじょうど》と娑婆《しゃば》世界の往来には「往相《おうそう》」と「還相《げんそう》」がある。「往相《おうそう》」とは阿弥陀如来《あみだにょらい》の他力《たりき》によってこの世から極楽浄土《ごくらくじょうど》に生まれる（往生《おうじょう》する）こと。「還相《げんそう》」は極楽浄土《ごくらくじょうど》から娑婆《しゃば》世界に還《かえ》って来て人々を救済することである。

▼37 **惑染凡夫《わくぜんぼんぶ》** 「惑」は煩悩《ぼんのう》。つまり、煩悩《ぼんのう》に染まった（まみれた）凡夫《ぼんぶ》（凡人）のことで、娑婆《しゃば》世界に住んで迷い苦しむわれわれふつうの人間のことだ。

▼38 **生死即涅槃《しょうじそくねはん》** 「生死」は、われわれが迷いの世界で煩悩《ぼんのう》にまみれて生きている現実のこと。「涅槃《ねはん》」は悟りの境地。「煩悩即涅槃《ぼんのうそくねはん》」ともいわれ、大乗《だいじょう》仏教の性格を端的にあらわす言葉として知られている。

▼39 **聖道門《しょうどうもん》～浄土門《じょうどもん》** 自力《じりき》で戒律を護《まも》り、厳しい修行にたえて悟りを得ようとするのを「聖道門《しょうどうもん》」、阿弥陀如来《あみだにょらい》の本願《ほんがん》を信じ、念仏《ねんぶつ》を称《とな》えて悟りの境地に至ろう（往生《おうじょう》しよう）とするのが「浄土門《じょうどもん》」である。道綽《どうしゃく》が『観無量寿経《かんむりょうじゅきょう》』を注釈した『安楽《あんらく》集《しゅう》』の中ではじめて明らかにした。

▼40 **三不三心誨《さんぷさんしんけ》** 「三心《さんしん》」とは、浄土《じょうど》に生まれようとするものがそなえる三つの心のあり方で、「至誠心《しじょうしん》」「深心《じんしん》」「回向発願心《えこうほつがんしん》」の三つをいう。法然《ほうねん》は『無量寿経《むりょうじゅきょう》』の第十八願《がん》に説く「至心《ししん》」「信楽心《しんぎょうしん》」「欲生《よくしょう》」の三つを三心《さんしん》に当てた。（本項▼4も参照）

▼41 **像法《ぞうぼう》、末法《まっぽう》さらには滅法《めっぽう》** 仏滅《ぶつめつ》後、人間の信仰心や資質、能力などがしだいに低下し、仏教が衰退する過程を示した時代区分。経典によって諸説あるが、仏滅《ぶつめつ》後、五百年のあいだは「正法《しょうぼう》」という時代で、釈迦《しゃか》の教え（経典）があり、その教えに従って修行して悟りを開く人もいる。それから千年のあいだが「像法《ぞうぼう》」で、釈迦《しゃか》の教えに従って修行をする人はいるが、悟りを開く人がいなくなる時代。そして、像《ぞう》法《ぼう》が終わると「末法《まっぽう》」の時代になり、教えだけはあるが、修行する人も悟りを開く人もいなくなる闇黒《あんこく》の世の中だ。この末法《まっぽう》の世が一万年つづき、その後はすべてが破壊される「滅法《めっぽう》」の世になる。日本では平安時代の末の一〇五二年に末法《まっぽう》の時代

が到来するとされ、闇黒の時代にそなえて念仏《ねんぶつ》を称えれば極楽浄土《ごくらくじょうど》に往生《おうじょう》できるという浄土《じょうど》信仰が盛んになった。

▼42 **定散**《じょうさん》　浄土《じょうど》に生まれるための二つの善で、「定散二善《じょうさんにぜん》」という。心を集中して雑念を払い、修行に専念することを「定善《じょうぜん》」。悪行を避けて善行に専念することを「散《さん》善《ぜん》」という。絶対他力《ぜったいたりき》を説く親鸞《しんらん》は二善はともに自力《じりき》の行《ぎょう》として退けた。

▼43 **行者正受金剛心**《ぎょうじゃしょうじゅこんごうしん》　ここで「受」という表現は、信心《しんじん》（信仰心）は人の意志によって身に着けるのではなく、仏が授けてくれるという意味。

▼44 **報化二土**《ほうけにど》　「報土《ほうど》」は菩薩《ぼさつ》が誓願《せいがん》を建て、長い間、修行した結果、完成された国土《こくど》（浄土《じょうど》）のことで、修行や善行の報いとして実現したことからこのように呼ばれる。修行を積んできた菩薩《ぼさつ》はこの報土《ほうど》が完成すると、そこの主となり、如来《にょらい》（仏）となる。阿弥陀如来《あみだにょらい》がその典型で、遠い過去に法蔵菩薩《ほうぞうぼさつ》として、誓願《せいがん》（本願《ほんがん》）を建て、それを実現するために修行を積んだ。そして、その報いとして極楽浄土《ごくらくじょうど》が完成し、自らは如来《にょらい》となった。また、このようにして生まれた仏（如来《にょらい》）を「報身仏《ほうしんぶつ》」と呼ぶ。次に「化土《けど》」は仏が人々を教え諭すために仮にあらわした国土《こくど》（浄土《じょうど》）で、阿《あ》弥陀如来《みだにょらい》は真実の極楽浄土《ごくらくじょうど》を見る能力のないもののために、方便《ほうべん》をもって仮に浄土《じょうど》の光景をあらわしたという。これを方便化土《ほうべんけど》と呼んでいる。

▼45 **源空**《げんくう》　浄土宗《じょうどしゅう》の開祖、法然《ほうねん》のこと。

▼46 **憐愍善悪凡夫人**《れんみんぜんまくぼんぶにん》　仏・菩薩《ぼさつ》が衆生《しゅじょう》を救う原動力になるのが、「あわれみ」の情だと

いう。ブッダは親の大恩の一つに「憐愍《れんみん》の恩」を挙げている。いくつになっても親はわが子をあわれみの情をもって見守り、常に心配している。『維摩経《ゆいまきょう》』の主人公の維摩居士《ゆいまこじ》は娑婆《しゃば》世界で迷い苦しむ人々を、わが子をあわれむのと同じ気持ちで見守り、救いの手を差し伸べるために日夜、奮闘しているのだという旨のことを言っている。

▼47 片州《へんしゅう》 辺州とも書き、世界の果ての島（州）という意味だ。古くは中国が中心で西の端にインドがあり、東の端に日本があると考えられていたのである。

▼48 真実《しんじつ》 ここでは阿弥陀如来《あみだにょらい》の本願《ほんがん》を指す。

▼49 極濁悪《ごくじょくあく》 この上なく極悪非道の人々を救うというのは、『歎異抄《たんいしょう》』の「善人なおもて救われる。況《いわん》や悪人をや」という「悪人正機《あくにんしょうき》」の思想で、親鸞《しんらん》の教義の中心を成すものである。

和《わ》讃《さん》

浄土真宗《じょうどしんしゅう》では『正信念仏偈《しょうしんねんぶつげ》』に続いて念仏《ねんぶつ》を称《とな》えたのち、この『和讃《わさん》』が読まれる。そして、和讃《わさん》を称えた後に「願以此功徳《がんにしくどく》（阿弥陀如来《あみだにょらい》からこの身に与えられた功徳《くどく》を）平等施一切《びょうどうせいっさい》（一切の衆生《しゅじょう》に等しく施し）　同発菩提心《どうほつぼだいしん》（ともに往生《おうじょう》しようという心〈菩提《ぼだい》心《しん》〉を起こし）　往生安楽国《おうじょうあんらくこく》（極楽浄土《ごくらくじょうど》【安楽国】に往生《おうじょう》しよう）」という回向文《えこうもん》を称える。

「和讃《わさん》」とは文字通り、和語で仏・菩薩《ぼさつ》・祖師《そし》などの言動を讃歎《さんたん》したもので、キリスト教の讃美歌《さんびか》のような性格を持つ。七五調、四句を一章とし、数章から、長いものでは数十章を連ねたものもある。親鸞《しんらん》は晩年、浄土《じょうど》信仰を分かり易く示すために『三帖《さんじょう》和讃《わさん》』を著した。『三帖和讃《さんじょうわさん》』は浄土《じょうど》の様子を讃《たた》えた「浄土和讃《じょうどわさん》」百十八首、龍樹《りゅうじゅ》、天親《てんじん》、曇鸞《どんらん》、道綽《どうしゃく》、善導《ぜんどう》、源信《げんしん》、源空《げんくう》（法然《ほうねん》）の七人の高僧を讃えた「高僧和讃《こうそうわさん》」百十七首、正法《しょうぼう》、像法《ぞうぼう》、末法《まっぽう》の浄土《じょうど》について述べた「正像末和讃《しょうぞうまつわさん》」百八首からなるが、ここで取り上げているのは「浄土和讃《じょうどわさん》」のはじめの六首。真宗《しんしゅう》の信仰の世界を簡潔に、誰もが簡単に覚えて口ずさむことができるように配慮されている。

原文

弥陀成仏《みだじょうぶつ》のこのかたは
いまに十劫《じっこう》をへたまへり
法身《ほっしん》の光輪《こうりん》きはもなく
世《せ》の盲冥《もうみょう》をてらすなり

智慧《ちえ》の光明《こうみょう》はかりなし
有量《うりょう》の諸相《しょそう》ことごとく
光暁《こうきょう》かふらぬものはなし
真実明《しんじつみょう》に帰命《きみょう》せよ

現代語訳

阿弥陀如来《あみだにょらい》が悟りを開いてからこのかた、すでに十劫《じっこう》という長い長い年月が過ぎた。▼1 仏身《ぶっしん》（阿弥陀如来《あみだにょらい》の身体）から放たれる光明《こうみょう》【法身《ほっしん》の光輪《こうりん》】はすべての世界を照らし、至らぬところはない。（その光明《こうみょう》で）世の中の真実（真理）を見ることのできないわたしたち愚者【世《せ》の盲冥《もうみょう》】を照らし続けているのだ。

阿弥陀如来《あみだにょらい》が放ち続けている智慧《ちえ》の光明《こうみょう》は無尽蔵で、限りあるこの世のすべてのもの【有量《うりょう》の諸相《しょそう》】は、如来《にょらい》の光明《こうみょう》【光暁《こうきょう》】があたらない

解脱《げだつ》の光輪《こうりん》きはもなし
光触《こうそく》かふるものはみな
有無《うむ》をはなるとのべたまふ
平等覚《びょうどうかく》に帰命《きみょう》せよ
光雲《こううん》無碍《むげ》如虚空《にょこくう》
一切《いっさい》の有碍《うげ》にさはりなし
光沢《こうたく》かふらぬものぞなき
難思議《なんじぎ》を帰命《きみょう》せよ
清浄光明《しょうじょうこうみょう》ならびなし
遇斯光《ぐしこう》のゆへなれば

ものはないのだ【かふらぬものはなし】。（そのような）本当の智慧《ちえ》をもった【真実明《しんじつみょう》】阿弥陀《あみだ》如来《にょらい》を（全幅の信頼をもって）信じなさい【帰命《きみょう》】[2]。

阿弥陀《あみだ》如来《にょらい》の悟りの光明《こうみょう》【解脱《げだつ》の光輪《こうりん》】が及ばないところはない。この光明《こうみょう》に触れるものはみな、すべての執着から離れて完全に自由な境地に安住することができると説いている。完璧《かんぺき》な平等の精神【平等覚《びょうどうかく》】[3]をもった阿弥陀《あみだ》如来《にょらい》を全幅の信頼を寄せて信じなさい【帰命《きみょう》せよ】。

阿弥陀《あみだ》如来《にょらい》の光の雲【光雲《こううん》】は虚空《こくう》のようにまったく障害がなく【無碍如虚空《むげにょこくう》】[4]、煩悩《ぼんのう》に覆われているすべてのもの【一切《いっさい》の有碍《うげ》】を照らし続けている。（そして、この）光明《こうみょう》の恵みに

一切《いっさい》の業繋《ごつけ》《ごう》ものぞこりぬ
畢竟依《ひっきょうえ》を帰命《きみょう》せよ

仏光照曜最第一《ぶっこうしょうようさいだいいち》
光炎王仏《こうえんのうぶつ》となづけたり
三塗《さんず》の黒闇《こくあん》ひらくなり
大応供《だいおうぐ》を帰命《きみょう》せよ

与《あずか》らないものはないのである。思慮や言葉では表現することのできない（不可思議《ふかしぎ》な）【難思議《なんじぎ》】阿弥陀如来《あみだにょらい》を全幅の信頼を寄せて信じなさい。

阿弥陀如来《あみだにょらい》の光明《こうみょう》は限りなく清浄で、他に比べられるものがない。そのような素晴らしい光明《こうみょう》に出会ったなら【遇斯光《ぐしこう》】、自《おの》ずから阿弥陀《あみだ》如来《にょらい》の本願《ほんがん》を信じることになるから、[5]一切の煩悩《ぼんのう》のけがれ【一切《いっさい》の業繋《ごつけ》】も自ずから除かれてしまうのだ。そんな究極の拠《よ》り所《どころ》【畢竟依《ひっきょうえ》】となる阿弥陀如来《あみだにょらい》を全幅の信頼を寄せて信じなさい。

阿弥陀如来《あみだにょらい》の光明《こうみょう》の輝き【仏光照曜《ぶっこうしょうよう》】はすべての仏（諸仏《しょぶつ》）の中で一番、優れている。それで阿弥陀如来《あみだにょらい》はまたの名を光炎王仏《こうえんのうぶつ》▼6という。（その優れた光明《こうみょう》で）阿弥陀如来《あみだにょらい》は三悪道《さんまくどう》【三《さん》塗《ず》】▼7に落ちて苦しむものを闇黒《あんこく》の迷いの闇から救ってくれる。（そのような）供養《くよう》に値する如《にょ》来《らい》【大応供《だいおうぐ》】を全幅の信頼を寄せて信じなさい。

▼1 **十劫《じっこう》という長《なが》い長《なが》い年月《ねんげつ》が過《す》ぎた**　阿弥陀如来《あみだにょらい》は法蔵比丘《ほうぞうびく》となって修行し、どのような浄土《じょうど》をつくろうかと、五劫《ごこう》という長いあいだ熟考し、ついに悟りを開いた。そのときから、十劫《じっこう》というとてつもなく長い年月が過ぎたという。

▼2 **帰命《きみょう》**　サンスクリット語ではナマス。これを音写して「南無《なむ》」という。身命を投げ出して信心《しんじん》することで、いってみれば「命預けます」ということだ。また、仏の教命《きょうめい》（このようにして救われなさいという仏の命令）に絶対服従することである。浄《じょ》土真宗《うどしんしゅう》では人々の「安心」を示す。つまり、阿弥陀如来《あみだにょらい》に帰命《きみょう》して、何ごとにも畏《おそ》れを抱くことのない、平穏な境地という意味だ。

▼3 **平等覚《びょうどうかく》**　釈迦《しゃか》はインドのカースト制（階級制度）を批判し、すべての人々の平等を説いた。その精神は大乗《だいじょう》仏教の時代になって、さらに慈悲《じひ》の思想から発展した平等

観は仏教の最も重要なスタンスとなった。聖徳太子《しょうとくたいし》が「十七条の憲法」の冒頭で「和をもって貴しとなす」と述べたのも、仏教の平等の精神に基づいたものである。親鸞《しんらん》が出家でも在家でもない「非僧非俗《ひそうひぞく》」というユニークな立場を表明したのも、聖俗の差別なくすべての人々が平等に極楽往生《ごくらくおうじょう》できるという意味だった。そして、『歎異抄《たんにしょう》』の「善人なおもて往生《おうじょう》をとぐ、況《いわん》や悪人をや」という言葉も、平等観を強くアピールしたものだ。

▼4 **虚空《こくう》** 無限に広がる空間のことで、宇宙の果てまで何ものにも妨げられることなく広がっている。ここでは阿弥陀如来《あみだにょらい》の光明《こうみょう》を虚空に譬《たと》えている。

▼5 **自《おの》ずから阿弥陀如来《あみだにょらい》の本願《ほんがん》を信《しん》じることになる** 親鸞は阿弥陀如来《あみだにょらい》の本願《ほんがん》（衆生《しゅじょう》を往生《おうじょう》させようとする誓願《せいがん》）を信じること、つまり、「信」が最も重要であると説く。そして、その「信」は自分の意思ではなく、阿弥陀如来《あみだにょらい》の光明《こうみょう》に出会えば必ず、その人の意思に関わりなく信じるようになる。これが、親鸞《しんらん》の絶対他力《ぜったいたりき》の思想だ。

▼6 **光炎王仏《こうえんのうぶつ》** 阿弥陀如来《あみだにょらい》の別名で、その光明《こうみょう》の輝きがとくに優れていることから、このように呼ばれる。

▼7 **三途《さんず》** 三つの悪い道のことで、地獄《じごく》・餓鬼《がき》・畜生《ちくしょう》の三悪道《さんまくどう》（145ページ▼44参照）のこと。「三途《さんず》」というと、地獄に行くときに渡るとされる「三途《さんず》の川」を連想するが、こちらは生前の罪の軽重によって流れの速い川から緩やかな川の三本の川があることから、そのように呼ばれるもので、三途《さんず》とは意味が違う。

御文章《ごぶんしょう》（御文《おふみ》）――白骨《はっこつ》の章《しょう》

浄土真宗《じょうどしんしゅう》の本願寺《ほんがんじ》第八世、蓮如《れんにょ》（一四一五～一四九九）が門徒（浄土真宗《じょうどしんしゅう》の信者）たちに、真宗《しんしゅう》の教義を仮名交じりの平易な文章で書き与えたものである。西本願寺《にしほんがんじ》を総本山とする本願寺《ほんがんじ》派では『御文章《ごぶんしょう》』と呼び、東本願寺《ひがしほんがんじ》を総本山とする大谷《おおたに》派では『御《お》文《ふみ》』という。

ここで取り上げた「白骨《はっこつ》の章《しょう》」は『御文章《ごぶんしょう》』（『御文《おふみ》』）の中のひとつ。死を通じて、世の無常を悟り、その無常な世の中で念仏《ねんぶつ》がいかに大切かを説く。通夜のときなどによく読まれる。

原文

それ、人間《にんげん》の浮生《ふしょう》なる相《そう》をつ

現代語訳

さて、（水面に漂う）浮草のような人間とい

らつら観《かん》ずるに、おほよそはかなきものは、この世《よ》の始《し》中終《ちゅうじゅう》まぼろしのごとくなる一期《いちご》なり。されば いまだ万歳《まんざい》の人身《にんじん》を受《う》けたりといふ事《こと》をきかず。一生《いっしょう》すぎやすし。いまにいたりてたれか百年《ひゃくねん》の形《ぎょう》体《たい》をたもつべきや。われや先《さき》人《ひと》や先《さき》、今日《きょう》ともしらず、明《あ》日《す》ともしらず、おくれさきだつ人《ひと》はもとのしづく、すゑの露《つゆ》よりもしげしといへり。されば朝《あした》には紅顔《こうがん》ありて夕《ゆうべ》には

うものをよくよく観察してみると、この世に生まれてから死ぬまで【始中終《しちゅうじゅう》】の一生【一期《いちご》】▼1は、夢まぼろしのように儚《はかな》いものだ。だから、未《いま》だかつて人間が一万年も生き長らえた【万歳《まんざい》の人身《にんじん》を受《う》けたり】ということは聞いたことがない。人の一生はたちまちのうちに過ぎてしまうのだ。今、誰が百年のあいだ（若々しい）姿【百年《ひゃくねん》の形体《ぎょうたい》】を保つことができるだろうか。

　自分が先になるか（死ぬか）、他の人が先になるか。また、今日、死ぬのか、明日死ぬのかなど誰にも分からない。先に死ぬか、後に死ぬかは予測もつかない。だから、朝には紅をさしたような美しい顔をしていても、夕方には白骨▼2となる身（運命）なのである。無常の風に吹か

白骨《はっこつ》となれる身《み》なり。すでに無常《むじょう》の風《かぜ》きたりぬれば、すなはちふたつのまなこたちまちに閉《と》ぢ、ひとつの息《いき》ながくたえぬれば、紅顔《こうがん》むなしく変《へん》じて桃李《とうり》のよそほひを失《うしな》ひぬるときは、六親眷属《ろくしんけんぞく》あつまりてなげきかなしめども、さらにその甲斐《かい》あるべからず。さてしもあるべきことならねばとて、野外《やがい》におくりて、夜半《よわ》の煙《けむ》りとなしはてぬれば、ただ白骨《はっこつ》のみぞのこれり。あはれ

れれば二つの眼はたちまち閉じ、呼吸も絶えてしまうのだ【ひとつの息《いき》ながくたえぬれば】。美しい紅顔も変わり果て、桃や李《すもも》のような美しい姿態も失われてしまう。

そのときになって（人の死に際して）親戚縁《しんせきえん》者《じゃ》【六親眷属《ろくしんけんぞく》】[3]が集まって歎《なげ》き悲しんでも、もはやどうすることもできない【更にその甲斐《かい》あるべからず】。親戚縁者も悲しんでばかりもいられない（葬儀の準備をしなければならない）。（準備を整えて）野辺送りをし、夜には荼毘《だび》[4]に付す【煙《けむ》りとなしはてぬ】ことになる。すると、そこには白骨が残るのみだ。（ただ）「哀れ」という言葉では言い尽くすことができない【あはれといふもなかなかおろかなり】。

といふもなかなかおろかなり。されば人間《にんげん》のはかなきことは老少不定《ろうしょうふじょう》のさかひなれば、たれの人《ひと》もはやく後生《ごしょう》の一大《いちだい》事《じ》を心《こころ》にかけて、阿弥陀仏《あみだぶつ》をふかくたのみまゐらせて、念《ねん》仏申《ぶつもう》すべきものなり。あなかしこあなかしこ。

人間の儚さは、年老いた人が先に死に、若い人が後に死ぬ【老少不定《ろうしょうふじょう》】という定めすらないところにある。だから、老いも若きも死んだ後、どこに落ち着くかという最も大切なこと【後生《ごしょう》の一大事《いちだいじ》】を（常日頃から）しっかりと心に刻んで、阿弥陀仏《あみだぶつ》を深く信じ（信頼して）、念仏《ねんぶつ》を称《とな》えるべきである。

ああ！ 畏《おそ》れ多いことだ！ ああ！ 畏れ多いことだ！

▼1 一期《いちご》 生まれてから死ぬまでの一生涯のこと。ただし、仏教では修行の期間を区切るときにも用い、比叡山《ひえいざん》では十二年、高野山《こうやさん》では六年を一期《いちご》とした。

▼2 白骨《はっこつ》 この言葉があるので、「白骨《はっこつ》の章《しょう》」と呼ばれる。

▼3 六親眷属《ろくしんけんぞく》 「六親《ろくしん》」はすべての親戚縁者《しんせきえんじゃ》。本人から数えて六親等（又従兄弟《またいとこ》）とい

うこと。「眷属」も血のつながりのある者の意味である。

▼4 **荼毘《だび》** サンスクリット語とともに古代インドの聖典用語であるパーリ語のジャーペータの音写語で、「火葬」の意味。古来、日本では土葬か風葬（遺体を山中などの特定の場所に捨てる葬法）が行われていたが、仏教とともに火葬が伝えられた。

日本で最初に火葬されたのは奈良の元興寺《がんごうじ》の僧、道昭《どうしょう》。文武《もんむ》天皇の四年（七〇〇）、道昭の遺言により、荼毘《だび》に付された。ただし、その後も火葬はあまり普及せず、相変わらず土葬や風葬が行われ、庶民の間ではとくにあまり費用の掛からない風葬が主流だった。室町時代中期の蓮如《れんにょ》の時代も一般には風葬や土葬が中心で、火葬にするのは武士や公家《くげ》などの裕福な人々だった。しかし、ここで蓮如《れんにょ》は白骨を強調するために火葬（けふりとなし）を持ち出しているのである。

修証義《しゅしょうぎ》

曹洞宗《そうとうしゅう》の教えを仮名交じりで分かり易く簡潔にまとめたもので、明治二十三年に『曹洞《そうとう》教会修証義《きょうかいしゅしょうぎ》』と題し、曹洞宗《そうとうしゅう》が一丸となって編纂《へんさん》したものである。五章からなり、九十五巻の浩瀚《こうかん》の書、道元《どうげん》の『正法眼蔵《しょうぼうげんぞう》』から抜き出した教えを簡潔に記し、悟りへの道を示している。

道元《どうげん》は「修証一等《しゅしょういっとう》」ということを説いた。「修《しゅ》」は修行、「証《しょう》」は悟りの意味だ。そして、修行は「証上の修《しょうじょうのしゅ》」であると位置づけ、禅《ぜん》の悟りの境地に至っても、修行を続けてさらにレベルの高い悟り（証《しょう》）を目指すべきであると説いた。『修証義《しゅしょうぎ》』のタイトルはこの道元《どうげん》の中心思想である「修証一等《しゅしょういっとう》」にちなんでつけられたものである。通夜や葬儀、年忌法要、施餓鬼《せがき》などでもよく読まれる。

原文

第一章《だいいっしょう》　総序《そうじょ》

生《しょう》を明《あき》らめ死《し》を明《あき》らむるは仏家《ぶっけ》一大事《いちだいじ》の因縁《いんねん》なり、生死《しょうじ》の中《なか》に仏《ほとけ》あれば生死《しょうじ》なし、但《ただ》生死《しょうじ》即《すなわ》ち涅槃《ねはん》と心得《こころえ》て、生《しょう》死《じ》として厭《いと》うべきもなく、涅《ね》槃《はん》として欣《ねご》うべきもなし、是《この》時《とき》初《はじ》めて生死《しょうじ》を離《はな》るる分《ぶん》あり、唯一大事因縁《ただいちだいじいんねん》と究尽《ぐうじん》すべし。人身得《にんしんう》ること難《かた》し、仏法値《ぶっぽうお》う

現代語訳

第一章　総序

生きることと、死ぬことを見極めることは、仏教徒にとってもっとも重大なことである【仏《ぶっ》家《け》一大事《いちだいじ》の因縁《いんねん》なり】。生まれてから死ぬまでのあいだ【生死《しょうじ》】▼1に仏を見る▼2ことができれば、現実の世の中で生きることの苦しみ【生死《しょうじ》】は厭《いと》うべきものではなくなる。人の一生【生死《しょうじ》】を仏の命と心得るなら（苦しみや悩みに満ちた）一生も厭うべきものではなく、（いま、生きている現実の世界の）別のところに悟りの世界【涅槃《ねはん》】を求める必要もないのだ。（苦しみや悩みの多い現実世界の中で仏に会うことができた

こと希《ま》れなり、今我等《いまわれら》宿善《しゅくぜん》の助《たす》くるに依《よ》りて、已《すで》に受《う》け難《がた》き人身《にんしん》を受《う》けたるのみに非《あら》ず、遇《あ》い難《がた》き仏法《ぶっぽう》に値《あ》い奉《たてまつ》れり、生死《しょうじ》の中《なか》の善生《ぜんしょう》、最勝《さいしょう》の生《しょう》なるべし、最勝《さいしょう》の善身《ぜんしん》を徒《いたず》らにして露命《ろめい》を無常《むじょう》の風《かぜ》に任《まか》すること勿《なか》れ。無常《むじょう》憑《たの》み難《がた》し、知《し》らず露命《ろめい》いかなる道《みち》の草《くさ》にか落《お》ちん、身已《みすで》に私《わたくし》に非《あら》ず、命《いのち》は光陰《こういん》に移《うつ》されて暫《しばら》くも停《とど》め難《がた》し、紅顔《こうがん》いずくへか去《さ》りにし、尋《たず》ねんとするに蹤《しょう》

とき）【是時《このとき》】はじめて、苦しみと迷いの人生から離れることができる。人間にとって生死の問題は人生の一大事である、ということをシッカリと認識して、よくよく考えるべきである。

この世に人間として生まれて来ることは極めて難しく、稀《まれ》なことだ【人身得《にんしんう》ること難《かた》し】▼3。その上、仏の教えに出会うことは稀有《けう》なことである【仏法値《ぶっぽうお》うこと希《ま》れなり】▼4。私は過去に善いことをした報いによって【宿善《しゅくぜん》の助くるに依《よ》り】、生まれることが極めて難しい人間の世界に生まれることができた【生死《しょうじ》の中《なか》の善生《ぜんしょう》】ばかりか、仏の教えにも出会うことができた。これは苦しみと悩みの多い娑婆《しゃば》世界にあって、本当に幸で、最大の勝利【最勝《さいしょう》】ともいうべきことだ。このような恵まれた身の上を無駄にすることなく、儚《はかな》い命【露命《ろめい》】を無常の風に任せて

跡《せき》なし。熟観《つらつらかん》ずる所《ところ》に往事《おうじ》の再《ふたた》び逢《お》うべからざる多《おお》し、無常《むじょう》忽《たちま》ちに到《いた》るときは国王《こくおう》大臣親暱従僕妻子珍宝《だいじんしんじつじゅうぼくさいしちんぽう》たすくる無《な》し、唯独《ただひと》り黄泉《こうせん》に趣《おもむ》くのみなり、己《おの》れに随《したが》い行《ゆ》くは只是《ただこ》れ善悪業等《ぜんあくごっとう》のみなり。今《いま》の世《よ》に因果《いんが》を知《し》らず業報《ごっぽう》を明《あき》らめず、三世《さんぜ》を知《し》らず、善悪《ぜんあく》を弁《わき》まえざる邪見《じゃけん》の党侶《ともがら》には群《ぐん》すべからず、大凡因果《おおよそいんが》の道《どう》理歴然《りれきねん》として私《わたくし》なし、造悪《ぞうあく》の者《もの》は堕《お》ち修善《しゅぜん》の者《もの》は陞《のぼ》る、毫《ごう》

はならない。

この世の無常はいかんともすることができない。そして、どんな運命が待っているのかも分からない。自分だと思っている私という存在も、実は自分ではないのだ。命も時の流れに流され、その流れを（誰も）止めることはできない。若く美しい顔【紅顔《こうがん》】もいつの間にか消え失せ、かつての痕跡《こんせき》をたずねても跡形もなくなってしまっている。よくよく考えても、ふたたび往時【往事《おうじ》】に戻ることはあり得ない。

ひとたび無常の風が吹けば、国王も大臣も親《しん》戚縁者《せきえんじゃ》も従者も妻子も宝もすべて消え失せてしまう【たすくる無《な》し】。後はただ一人、死後の世界【黄泉《こうせん》】に行くだけである。ただ、（その人が前生および生前にした）善悪の行いがついていくだけなのだ【只是《ただこ》れ善悪業等《ぜんあくごっとう》のみなり】。

釐《り》も忒《たが》わざるなり、若《も》し因果《いんが》亡《ぼう》じて虚《むな》しからんが如《ごと》きは、諸仏《しょぶつ》の出世《しゅつせ》あるべからず、祖《そ》師《し》の西来《せいらい》あるべからず。善悪《ぜんあく》の報《ほう》に三時《さんじ》あり、一者順現《ひとつにはじゅんげん》報受《ほうじゅ》、二者順次生受《ふたつにはじゅんじしょうじゅ》、三者《みつには》順後次受《じゅんごじじゅ》、これを三時《さんじ》という、仏祖《ぶっそ》の道《どう》を修習《しゅじゅう》するには、其最初《そのさいしょ》より斯三時《このさんじ》の業報《ごっぽう》の理《り》を効《なら》い験《あき》らむるなり、爾《しか》あらざれば多《おお》く錯《あやま》りて邪見《じゃけん》に堕《お》つるなり、但邪見《ただじゃけん》に堕《お》つるのみに非《あら》ず、悪道《あくどう》に堕《お》ちて長時《ちょうじ》の

生きているあいだに【今《いま》の世《よ》に】、過去や現在の行いがどういう結果をもたらすかという理《ことわり》【因果《いんが》】▼5を知らず、そして、過去と現在の行いによって受ける報い【業報《ごっぽう》】▼6、過去・現在・未来の関係【三世《さんぜ》】、善悪などをわきまえないで、誤った考えを持つ者と仲間になってはならない【邪見《じゃけん》の党侶《ともがら》には群《ぐん》すべからず】▼7。

世の中が因果の道理で成り立っていることは歴然としている。悪をなした者【造悪《ぞうあく》の者《もの》】は（地獄に）落ち、善をなした者【修善《しゅぜん》の者《もの》】は（天上界に）上る。この理は紛れもない事実なのだ【毫釐《ごうり》も忒《たが》わざるなり】。もし、（いま、述べたような）因果の道理がこの世になかったなら、多くの仏がこの世に現れること【諸仏《しょぶつ》の出《しゅ》世《つせ》】はなかったし、開祖が西からやって来ることもなかった【祖師《そし》の西来《せいらい》あるべからず】▼8。

苦《く》を受《う》く。当《まさ》に知《し》るべし今生《こんじょう》の我身《わがみ》二《ふた》つ無《な》し、三《み》つ無《な》し、徒《いたず》らに邪見《じゃけん》に堕《お》ちて虚《むなし》く悪業《あくごう》を感得《かんとく》せん、惜《おし》からざらめや、悪《あく》を造《つく》りながら悪《あく》に非《あら》ずと思《おも》い、悪《あく》の報《ほう》あるべからずと邪思惟《じゃしゆい》するに依《よ》りて悪《あく》の報《ほう》を感得《かんとく》せざるには非《あら》ず。

第二章《だいにしょう》　懺悔滅罪《さんげめつざい》

仏祖《ぶっそ》憐《あわれ》みの余《あま》り広大《こうだい》の慈門《じもん》を開《ひら》き置《お》けり、是《こ》れ一切衆生《いっさいしゅじょう》を

善悪の報いには三種類【三時《さんじ》】ある。一つは現世の報いを現世で（生きている間に）受ける「順現報受《じゅんげんほうじゅ》」、二つ目は現世の報いを次に生まれ変わった世で受ける「順次生受《じゅんじしょうじゅ》」、そして、三つ目は現世の報いを来生で受ける「順後次受《じゅんごじじゅ》」である。釈迦《しゃか》と達磨大師《だるまだいし》【仏祖《ぶっそ》▼9】の道を実践する者は最初から、この三時《さんじ》の道理を習い、納得すべきである。そうでなければ、多くは誤って邪見《じゃけん》に落ちてしまう。しかも、ただ、邪見《じゃけん》に落ちるだけでなく、地獄《じごく》、餓鬼《がき》、畜生《ちくしょう》の悪道《あくどう》（171ページ▼6参照）に落ちて長いあいだ苦しみを受けることになるのだ。

まさに知るべきである。今生の我が身は二つある訳でもなく、三つあるわけでもないということを。だから、いたずらに邪見《じゃけん》に堕《お》ち、その結果、むなしく悪業《あくごう》を積み重ねるのは（いかに

証入《しようにゆう》せしめんが為《ため》なり、人天《にんでん》誰《たれ》か入《い》らざらん、彼《か》の三時《さんじ》の悪業報《あくごつぽう》必《かなら》ず感《かん》ずべしと雖《いえど》も、懺悔《さんげ》するが如《ごと》きは重《おも》きを転《てん》じて軽受《きようじゆ》せしむ、又滅罪清浄《まためつざいしようじよう》ならしむるなり。然《しか》あれば誠心《じようしん》を専《もつぱ》らにして前仏《ぜんぶつ》に懺悔《さんげ》すべし、恁麼《いんも》するとき前仏懺悔《ぜんぶつさんげ》の功徳力《くどくりき》我《われ》を拯《すく》いて清浄《しようじよう》ならしむ、此《この》功徳《くどく》能《よ》く無礙《むげ》の浄信精《じようしんしよう》進《じん》を生長《しようちよう》せしむるなり、浄信《じようしん》一現《いちげん》するとき、自佗《じた》同《おな》じく転《てん》ぜらるるなり、其利益《そのりやく》普《あま》ねく情《じよう》

も）もったいない話である。悪いことをしても罪悪感がなく、悪の報いなどないという誤った考え【邪思惟《じやしゆい》】をもっていても、必ず悪の報いは受けるのである。

第二章　罪を懺悔《さんげ》して滅する

釈迦《しやか》と達磨大師《だるまだいし》は人々を憐《あわ》れみ、偉大な慈悲《じひ》の門を開いてくれた。人々を悟りの世界に導き入れるための門である。人間や神々【人天《にんでん》】で誰がその門を潜らない者がいるだろうか（誰もが必ず潜るのだ）。先に述べた三時《さんじ》の悪業《あくごう》の報いを受けている身であっても、それをシッカリと反省【懺悔《さんげ》】▼10すれば重い罪も軽い罪に転じ、やがては滅して清らかな身になるのだ。

だから、誠の心をもって仏の前で懺悔すべき

非情《ひじょう》に蒙《こう》ぶらしむ。其大旨《そのだいし》は、願《ねが》わくは我《われ》設《たと》い過去《かこ》の悪業《あくごう》多《おお》く重《かさ》なりて障道《しょうどう》の因縁《いんねん》ありとも、仏道《ぶつどう》に因《よ》りて得道《とくどう》せりし諸仏諸祖《しょぶつしょそ》我《われ》を愍《あわれ》みて業累《ごうるい》を解《げ》脱《だつ》せしめ、学道《がくどう》障《さわ》り無《な》からしめ、其功徳法門《そのくどくほうもん》普《あま》ねく無尽法《むじんほっ》界《かい》に充満弥綸《じゅうまんみりん》せらん、哀《あわれ》みを我《われ》に分布《ぶんぷ》すべし、仏祖《ぶっそ》の往昔《おうしゃく》は吾等《われら》なり、吾等《われら》が当来《とうらい》は仏《ぶつ》祖《そ》ならん。我昔所造諸悪業《がしゃくしょぞうしょあくごう》、皆由無始貪瞋癡《かいゆうむしとんじんち》、従身口意之《じゅうしんくいし》所生《しょしょう》、一切我今皆懺悔《いっさいがこんかいさんげ》、是《かく》の

である。そのようにしたとき【恁麼《いんも》するとき】[11]仏前での懺悔の功徳《くどく》は私たちを救い、身心を清浄にするのだ。また、この功徳《くどく》はなんの障害もなく【無礙《むげ》】、純粋に仏を信じる心と精進《しょうじん》【浄《じょ》信《うしん》】を強く後押ししてくれるのだ。一度、純粋な信仰心が現れると【浄信一現《じょうしんいちげん》するとき】、その信仰心は他人にも行き渡り、その功徳《くどく》をすべての人々【情非情《じょうひじょう》】[12]にも向けられるのだ。

その最大の趣旨は、願わくは過去の多くの悪《あく》業《ごう》が積み重なり、障害のある因縁があったとしても、仏の教えに従って修行して悟りを開いた多くの仏や（達磨大師《だるまだいし》をはじめとする）開祖の限りない慈悲の精神によって、悪業《あくごう》の障害から解放され、仏の教えを学び、修行に支障がないようにしてくれるのだ。

そのような功徳《くどく》の法門《ほうもん》は全世界【無尽法界《むじんほっかい》】

如《ごと》く懺悔《さんげ》すれば必《かなら》ず仏祖《ぶっそ》の冥助《みょうじょ》あるなり、心念身儀発露《しんねんしんぎほつろ》白仏《びゃくぶつ》すべし、発露《ほつろ》の力《ちから》罪根《ざいこん》をして銷殞《しょういん》せしむるなり。

に遍《あまね》く満ちるであろう。私にもその慈悲《じひ》【哀《あわれ》み】を与えていただきたい。釈迦《しゃか》も達磨大師《だるまだいし》も昔はわれわれと同じふつうの人間（凡夫《ぼんぷ》）だった。（だから、私たちも善行を積み、修行に専念すれば、）将来は釈迦《しゃか》や達磨大師《だるまだいし》と同じ悟りを開くことができるのだ。

「私が昔、造ったさまざまな悪業《あくごう》は【我昔所造《がしゃくしょぞう》諸悪業《しょあくごう》】、みな遠い昔からの根本的な煩悩《ぼんのう》【貪《とん》瞋癡《じんち》】（70ページ▼2参照）に由来するもので【皆由無始貪瞋癡《かいゆうむしとんじんち》】、すべては身口意《しんくい》の三業《さんごう》▼13から生じたものだ【従身口意之所生《じゅうしんくいししょしょう》】。私たちはいま、一切の罪を懺悔しよう【一切我今皆懺悔《いっさいがこんかいさんげ》】！」

このように称《とな》えて懺悔すれば、必ず釈迦《しゃか》と達磨《だる》磨《ま》大師《だいし》の助けに与《あずか》るのだ【仏祖《ぶっそ》の冥助《みょうじょ》あるなり】。純粋な信仰心をおこし【心念《しんねん》】、全身で（仏に）敬いの姿をあらわし【身儀《しんぎ》】、口では（自らの）罪を暴いて仏に告白すべきである【発露白仏《ほつろびゃくぶつ》】。▼14（中でも）罪を暴きさらけ出す力【発露《ほつろ》の力《ちから》】は罪の根元を完全に根絶してしまうのである。▼15

▼1　**生死《しょうじ》**　母親の母胎に入ってから死ぬまでの一生のこと。215ページ▼38も参照。

▼2　**仏《ほとけ》を見《み》る**　ここで「仏」とは凡夫《ぼんぶ》（凡人）が持っているブッダになる可能性、資質を指す（107ページ▼11を参照）。道元《どうげん》は仏を見たら（会ったら）踵《きびす》を返して一目散に娑婆《しゃば》世界に逃げ帰って来いといっている。娑婆《しゃば》世界で再び修行に励み、もっとレベルの高い仏に会えるよう努力せよといっているのだ。仏に会った後の修行を「悟後《ごご》の修行」というが、道元《どうげん》は修行は螺旋階段《らせんかいだん》のようにどこまでも続いており、修行を続けることによってより高い位置で仏に会う（悟りの境地に至る）ことができるという。これを「行持道還《ぎょうじどうかん》」という。

▼3　**人身得《にんしんう》ること難《かた》し**　衆生《しゅじょう》は地獄《じごく》・餓鬼《がき》・畜生《ちくしょう》・修羅《しゅら》・人間《にんげん》・天《てん》の六道《ろくどう》のいずれかの世界への生まれ変わりを繰り返す（輪廻転生《りんねてんしょう》する）。その輪廻転生《りんねてんしょう》の中で人間に生まれることは極めて難しい。釈迦《しゃか》の肉声といわれる古い経典にも「人身《にんしん》は得難し」

という言葉がしばしば出てくる。

▼4 **仏法《ぶっぽう》に値《お》うこと希《ま》れなり** 人間に生まれて来ることも稀有《けう》のことであるが、人間世界に生まれて仏の教え（仏法《ぶっぽう》）に出会うことも希《まれ》なことである。人間として生まれ、仏法《ぶっぽう》に出会ったことは悟りに近づく千載一遇のチャンスである。だから、迷わず仏の教えに従って仏道《ぶつどう》に精進《しょうじん》せよということだ。このことは道元《どうげん》のみならず、すべての仏教者が強調している。

▼5 **因果《いんが》** 「善因善果《ぜんいんぜんか》、悪因苦果《あくいんくか》」、「因果応報《いんがおうほう》」というように、善いことをすれば善い結果を生じ、悪いことをすれば苦しみを受けるということ。この理法を知ることによって善行に勤め、人間としての倫理観を保つ役割を果たしていると考えられている。

▼6 **業報《ごっぽう》** 「業《ごう》」はサンスクリット語でカルマといい、「行為」「行い」の意味である。仏教ではある行為は将来的にさまざまな結果をもたらすことから、業《ごう》は潜在力として蓄積されると考えられている。業《ごう》が深いなどというのはその人が潜在力としての業《ごう》をどれほど蓄積しているかということをあらわしている。「業報《ごっぽう》」とは文字通り、業《ごう》のもたらす善悪の結果（報い）のことだ。

▼7 **邪見《じゃけん》の党侶《ともがら》には群《ぐん》すべからず** 釈迦《しゃか》の肉声が説かれているという『法句経《ほっくきょう》』というインドの古い経典に「愚かな者を道伴《みちづ》れとするな。独りで行くほうがよい。孤独で歩め」（『ブッダの真理のことば、感興のことば』中村元《なかむらはじめ》訳、岩波文庫）という有名

な言葉がある。間違った考えのものと付き合うなということは、すべての仏教者が共通して説いている。

▼8 **諸仏《しょぶつ》の出世《しゅつせ》〜祖師《そし》の西来《せいらい》あるべからず**　苦しみ迷う衆生《しゅじょう》を救うために諸仏《しょぶつ》が現れ、祖師《そし》（禅宗《ぜんしゅう》の祖である達磨大師《だるまだいし》）が西（インド）からやって来たのだという意味。

▼9 **仏祖《ぶっそ》**　ふつうは仏教の開祖釈迦《しゃか》を指すが、ここでは釈迦と禅《ぜん》の開祖である達磨大《だるまだい》師《し》。

▼10 **懺悔《さんげ》**　仏教では懺悔《さんげ》が非常に重要視される。過去の罪をしっかりと反省しないと、心が清浄にならない。心に曇りを抱えていると、悟りの境地に至ることができない。そして、本文にもあるように、懺悔することによって過去の罪業《ざいごう》は軽くなり、やがて消えると考えられている。

▼11 **恁麼《いんも》するとき**　「恁麼」は中国の俗語で、「かくの如く」「このように」という意味。中国の北宋《ほくそう》時代（一〇世紀ごろ）から禅《ぜん》の典籍で使われるようになった。「恁麼の時」はその時、「恁麼の人」はその人。

▼12 **情非情《じょうひじょう》**　一切の生きとし生けるもの。「情《じょう》」は感情を持つ者。「非情《ひじょう》」は感情を持たない者。

▼13 **身口意《しんくい》の三業《さんごう》**　「身《しん》」は身体による行為、「口《く》」は言葉による行為。「意《い》」は心が創り出す行為。それぞれの行為が業《ごう》（潜在的力）を造る。

▼14 **心念《しんねん》〜発露白仏《ほつろびゃくぶつ》**　ここでは身口意《しんくい》の三業《さんごう》の実践を述べている。具体的には純粋な

信心《しんじん》（意《い》）、全身で仏に対する敬いの姿をあらわす（身《しん》）、罪を仏に告白する（口《く》）の三業《さんごう》である。この三業《さんごう》を実践すれば善い結果が得られ、救われるのだ。

▼15 **罪《つみ》の根元《ねもと》を完全《かんぜん》に根絶《ねだや》してしまうのである**　罪を暴きだし告発すること。つまり、懺悔することが最も大切であるということを力説して締めくくっている。「銷殞」の「銷」は「とかす」、「殞」は「なくす」という意味。

破地獄偈《はじごくげ》

奈良の東大寺《とうだいじ》を総本山とする華厳宗《けごんしゅう》や天台宗《てんだいしゅう》などで盂蘭盆会《うらぼんえ》の棚経《たなぎょう》のときによく読まれる。

仏教では人は死後、地獄《じごく》・餓鬼《がき》・畜生《ちくしょう》・修羅《しゅら》・人間《にんげん》・天《てん》の六道《ろくどう》（六つの世界）のいずれかに生まれ変わると考えられている。これが「六道輪廻《ろくどうりんね》」で、中でも地獄《じごく》・餓鬼《がき》・畜生《ちくしょう》は「三悪道《さんまくどう》」と呼ばれる苦しみの世界だ。

この偈《げ》（詩文）は『華厳経《けごんきょう》』の「夜摩宮中偈讃品《やまぐちゅうげさんぼん》」の中に見られる偈《げ》で、「唯心偈《ゆいしんげ》」といわれている。『破地獄偈《はじごくげ》』の名は、むかし中国で地蔵菩薩《じぞうぼさつ》がこの偈《げ》を称《とな》えて地獄に落ちた人を救いだしたという故事に由来する。その故事にちなんで、この偈《げ》が餓鬼道《がきどう》や地獄道《じごくどう》に落ちた人を救いだす力を持っているといわれている。

釈迦《しゃか》が亡くなってから五十六億七千万年後に弥勒菩薩《みろくぼさつ》が悟りを開いてブッダ（弥勒《みろく》仏《ぶつ》）となるまで、われわれの住む娑婆《しゃば》世界にはブッダがいない。この時代を無仏《むぶつ》の時代というが、「お地蔵《じぞう》さん」の名で親しまれている地蔵菩薩《じぞうぼさつ》は、かつて釈迦《しゃか》にこの無仏の時代の衆生《しゅじょう》を全力で護《まも》るように厳命されたという。

とくに、地獄に落ちた衆生《しゅじょう》を救うことに尽力し、賽《さい》ノ河原《かわら》に立って三途《さんず》の河《かわ》を渡る人々を詳細に観察して、ときに閻魔大王《えんまだいおう》に情状酌量を願い出てくれるという。日本の『今昔物語集《こんじゃくものがたりしゅう》』などの説話にも地蔵菩薩《じぞうぼさつ》の計らいで地獄行きを免れたなどという話が収録されている。

このような地蔵菩薩《じぞうぼさつ》と地獄の関係は中国で形成され、時代とともに両者は深密になった。『華厳経《けごんきょう》』の「夜摩宮中偈讃品《やまぐちゅうげさんぼん》」は、夜摩天《やまてん》の宮殿に上った釈迦《しゃか》がその光景を讃歎《さんたん》するという内容。「夜摩《やま》」はサンスクリット語のヤマの音写で「閻魔《えんま》」とも訳す。もともと夜摩《やま》は夜摩天《やまてん》という天界の王だったが、やがて冥府《めいふ》（死後の世界）に下ってその支配者になった。この夜摩《やま》（閻魔《えんま》）が中国に伝えられると、古来の冥府思想と結びつき、冥府の大王、つまり、閻魔大王《えんまだいおう》となったのだ。

このようなことから、中国では「夜摩宮中偈讃品《やまぐちゅうげさんぼん》」が地獄と結び付けられ、この偈の最後の部分に地獄から救い出す力がそなわっていると考えたと思われる。

原文

若《にやく》人《にん》欲《よく》了《りよ》知《ち》
三《さん》世《ぜ》一《いっ》切《さい》仏《ぶ》
応《お》観《かん》法《ほ》界《かい》性《しょ》
一《いっ》切《さい》唯《ゆい》心《しん》造《ぞ》

現代語訳

もし、人が過去、現在、未来の三世に無数に出現したすべての仏のことを知りたいと思うなら、全宇宙の真実の姿【法界性《ほかいしょ》】▼1を観《かん》ずるべき▼2である。一切の仏はただ、心が創り出すものである【一切唯心造《いっさいゆいしんぞ》】▼3。

▼1　**法界性《ほっかいしょ》**　「法界《ほっかい》」はすべての存在、現象。広大無辺の全宇宙という意味。「性《しょう》」はその本質、真実という意味。

▼2　**観《かん》ずる**　われわれ人間がただ視覚で「見る」のではなく、坐禅《ざぜん》をして精神を集中して得られた正しい智慧《ちえ》によって直観的に「観《み》る」ことである。広大無辺の宇宙に展開する森羅万象は、凡人が持っている視覚機能ではとらえることができない。だ

から、直観的に「観る」ことが必要なのだ。

▼3 **一切唯心造《いっさいゆいしんぞ》** 「一切」は一切諸仏《いっさいしょぶつ》の意味。大乗仏教《だいじょうぶっきょう》では仏（ブッダ）はこの世の真実（真理。法）そのものと考えられるようになった。そして、その真理を体得するのは人間の心であり、精神を集中してこころを清浄に保てば、自《おの》ずから真実が観えてくる。それが仏で、実は仏は個々の人間の心の中にある。つまり、心が創り出しているのだ。

光明真言《こうみょうしんごん》

真言《しんごん》は陀羅尼《だらに》と同じ意味で、不可思議《ふかしぎ》な霊力を持った言葉で、真言宗《しんごんしゅう》や天台宗《てんだいしゅう》などの密教《みっきょう》で多用される。とりわけ、真言宗《しんごんしゅう》ではこの真言《しんごん》を重んじている。この「光明真言《こうみょうしんごん》」は『不空羂索毘盧遮那仏灌頂光真言《ふくうけんさくびるしゃなぶつかんじょうこうしんごん》』に説かれるものだ。

奈良の大仏で有名な毘盧遮那仏《びるしゃなぶつ》はサンスクリット語でヴァイローチャナといい、「太陽」の意味。つまり、太陽のように宇宙の中心にあってすべての世界を照らしているのが毘盧遮那仏《びるしゃなぶつ》だ。この毘盧遮那仏《びるしゃなぶつ》が、七世紀の半ばに大成された密教《みっきょう》で、さらにパワーアップされて摩訶毘盧遮那仏《まかびるしゃなぶつ》（サンスクリット語でマハー・ヴァイローチャナ）と呼ばれるようになった。摩訶《まか》（マハー）は偉大なという意味で、「（無限の光明《こうみょう》を放つ）偉大（大）な太陽（日）」、大日如来《だいにちにょらい》と意訳される。大日如来《だいにちにょらい》の光の届く範囲は毘盧遮那仏《びるしゃなぶつ》よりもさらに広く、宇宙の果ての果てまで無限に照らし続けるという。

「光明真言《こうみょうしんごん》」はそんな偉大な大日如来《だいにちにょらい》の真言《しんごん》で、その功徳《くどく》もまた無尽蔵である。三回、ないしは七回、この真言《しんごん》を称《とな》えると、過去の罪業《ざいごう》はすべて消え去る。また、土葬のとき、真言《しんごん》を称えた土を遺体にかけると死んだ人の罪業《ざいごう》が消滅し、無事に成仏《じょうぶつ》することができるといわれている。

原文

オン
アボキャ
ベイロシャノウ
マカボダラ
マニ
ハンドマ
ジンバラ

現代語訳

オーム。[1]
不空《ふくう》なる者【アボキャ】[2]。
毘盧《びる》遮那《しゃな》仏《ぶつ》【ベイロシャノウ】[3]よ！
大印《だいいん》を持つ者【マカボダラ】[4]よ！
摩尼《まに》【マニ】[5]と、
蓮華《れんげ》【ハンドマ】[6]よ！
光明《こうみょう》【ジンバラ】[7]を
放て【ハラバリタヤ】[8]！

ハラバリタヤ
ウン　　フーム。▼9

▼1 オーム　日本語の五十音はサンスクリット語のアルファベットから作られたものだ。従って、サンスクリット語もアイウエオから始まってウンで終わる。オームという言葉はアルファベットの最初の方の「ア（A）」と「ウ（U）」、そして最後の「ウン（M）」の三文字からなるとされ、仏教が起こる以前からインドでは「発生（ア）」「維持（ウ）」「終滅（ウン）」の意味でとらえられ、世界（宇宙）の創造から終わりまでをあらわす言葉として、極めて神秘的な意味づけがなされてきた。インドではヒンドゥー教の聖典のはじめに必ずオームが冠され、聖典を読誦《どくしょう》するときには先《ま》ず最初にオームと称《とな》える。これが密教《みっきょう》に取り入れられて、真言《しんごん》のはじめに冠されるようになった。

▼2 アボキャ　密教《みっきょう》では五智如来《ごちにょらい》（金剛界五仏《こんごうかいごぶつ》）といい、大日如来《だいにちにょらい》を中心に四方仏《しほうぶつ》がいて人々を救済し続けると説く。「アボキャ」はサンスクリット語でアモーガといい、五智如来《ごちにょらい》の一尊《いっそん》の不空成就如来《ふくうじょうじゅにょらい》のこと。

▼3 ベイロシャノウ　ここでは五智如来《ごちにょらい》の中心である大日如来《だいにちにょらい》のこと。

▼4　**マカボダラ**　サンスクリット語でマハー・ムドゥラー。マハーは「偉大な」、ムドゥラーは仏像の手の組み方のこと。仏像はさまざまな手つきをしているが、これを「印契《いんげい》」「印相《いんそう》」といい、仏が衆生《しゅじょう》を救済するために表わすサインである。マハー・ムドゥラーは「大印《だいいん》を持つ者」と意訳され、五智如来《ごちにょらい》の一尊《いっそん》の阿閦《あしゅく》の意味である。

▼5　**マニ**　サンスクリット語の「マニ」は宝石の意味だが、ここでは五智如来《ごちにょらい》の一尊《いっそん》である宝生如来《ほうしょうにょらい》の意味。宝生如来《ほうしょうにょらい》はサンスクリット語で「ラトナ・サンバヴァ」といい、「ラトナ」は「宝」「宝石」の意味、「サンバヴァ」は「生まれる」という意味である。つまり、「宝（宝石）から生まれたもの」という意味で、宝石を表わす「マニ」は宝生如来《ほうしょうにょらい》を表わすのである。

▼6　**ハンドマ**　サンスクリット語は「パッドマ」で、「蓮華《れんげ》（ハスの花）」の意味。ここでは五智如来《ごちにょらい》の一尊《いっそん》、阿弥陀如来《あみだにょらい》を表わす。

▼7　**ジンバラ**　サンスクリット語でジュヴァーラ。光明《こうみょう》のことである。

▼8　**ハラバリタヤ**　サンスクリット語で「プラヴァルタヤ」。「放つ」という語の命形。五智如来《ごちにょらい》に偉大な真言《しんごん》を放ってくれるようにと祈願しているのである。

▼9　**フーム**　真言《しんごん》の末尾に称える聖音で、阿吽《あうん》の「吽《うん》」に当たる。阿吽《あうん》はサンスクリット語のアルファベットの最初の「ア」と最後の「ウン」でものごとの始まりと終わり、とくに密教《みっきょう》では森羅万象を表わすと説かれる。ほとんどの真言《しんごん》は「オン」で始まり、「ウン」で締めくくる。

舎利《しゃり》礼文《らいもん》

仏舎利《ぶっしゃり》（釈迦《しゃか》の遺骨）とそれをまつる舎利《しゃり》塔《とう》を供養《くよう》するもので、日蓮宗《にちれんしゅう》と浄土真宗《じょうどしんしゅう》を除く各宗派で称《とな》えられる。納棺前の枕経《まくらきょう》や葬儀、火葬や埋骨の際に称えられる。とりわけ、曹洞宗《そうとうしゅう》では宗祖・道元《どうげん》禅師の火葬の際に称えられたことから、重要視される。釈迦は亡くなって荼毘《だび》に付され、ストゥーパという仏塔を建ててその遺骨（仏舎《ぶっしゃ》利《り》）を丁重にまつった。まもなく仏塔には多くの仏教徒がやって来て釈迦の遺徳を偲《しの》び、その教えに従って心の平安を求めた。この仏舎利《ぶっしゃり》に対する信仰は紀元前後に興った大乗仏教《だいじょうぶっきょう》の大きな原動力の一つになったといわれている。

インドのガンジス河の火葬のシーンはよく知られているが、ヒンドゥー教徒は荼毘《だび》に付した遺骨をすべて川に流してしまい、遺骨を大事に持ち帰ってまつるということはしない。しかし、仏教徒は仏舎利《ぶっしゃり》をことさらに大事にし、それがやがて舎利《しゃり》信仰に発展し、仏教が伝来してしばらくすると日本人もその風習に従うようになったのである。

『舎利礼文《しゃりらいもん》』は『般若心経《はんにゃしんぎょう》』よりも二百字近く短い七十二文字の経典だが、その中に大乗仏教《だいじょうぶっきょう》の奥義が示されているという。貴い仏舎利《ぶっしゃり》を礼拝《らいはい》し、敬って讃歎《さんたん》することによって、亡き人は釈迦《しゃか》と一体になって成仏《じょうぶつ》することができるという。

原文

一《いっ》心《しん》頂《ちょう》礼《らい》
万《まん》徳《とく》円《えん》満《まん》
釈《しゃ》迦《か》如《にょ》来《らい》
真《しん》身《じん》舎《しゃ》利《り》

現代語訳

すべての徳を余すところなく具《そな》えた【万徳円《まんとくえん》満《まん》】釈迦如来《しゃかにょらい》の生身の舎利《しゃり》【真身舎利《しんじんしゃり》▼1】、また釈迦《しゃか》如来《にょらい》の本地《ほんじ》▼2である法身仏《ほっしんぶつ》【本地《ほんじ》法身《ほっしん》】の世界をあらわす仏塔【法界塔婆《ほっかいとうば》▼3】、一心に礼拝《らいはい》する【一心頂礼《いっしんちょうらい》▼4】。

本《ほん》地《じ》法《ほっ》身《しん》
法《ほっ》界《かい》塔《とう》婆《ば》
我《が》等《とう》礼《らい》敬《きょう》
為《い》我《が》現《げん》身《しん》
入《にゅう》我《が》我《が》入《にゅう》
仏《ぶっ》加《が》持《じ》故《こ》
我《が》証《しょう》菩《ぼ》提《だい》
以《い》仏《ぶっ》神《じん》力《りき》
利《り》益《やく》衆《しゅ》生《じょう》

　このようにして礼拝《らいはい》すると、仏が私たちのために姿をあらわし【為我現身《いがげんしん》】、私たちの身体の中に（仏）が入って来て、仏と人とが一つになるのだ【入我我入《にゅうががにゅう》】。そして、私たちは、仏の加持《かじ》▼5の力によって悟り【菩提《ぼだい》】を開き、仏の不可思議《ふかしぎ》な力【仏神力《ぶつじんりき》】によって、人々を教え導き、救うのである【利益衆生《りやくしゅじょう》】▼6。

発《ほつ》菩《ぼ》提《だい》心《しん》
修《しゅ》菩《ぼ》薩《さつ》行《ぎょう》
同《どう》入《にゅう》円《えん》寂《じゃく》
平《びょう》等《どう》大《だい》智《ち》
今《こん》将《じょう》頂《ちょう》礼《らい》

すべての衆生《しゅじょう》は（釈迦《しゃか》と同じレベルの）悟りを求める心をおこし【発菩提心《ほつぼだいしん》】[7]、菩薩《ぼさつ》の修行をし、（釈迦《しゃか》と同じレベルの）悟りの境地に入るのだ【同入円寂《どうにゅうえんじゃく》】[8]。このような（誰もが）平等に悟りの境地に達することができることを実現してくれる【平等大智《びょうどうだいち》】[9]舎利《しゃり》に、今まさに私たちは五体を投げ打って（恭しく）礼拝《らいはい》しよう。

▼1 **真身舎利《しんじんしゃり》** 大乗仏教《だいじょうぶっきょう》では紀元前五世紀にこの世を去った釈迦《しゃか》は肉体はなくなったが、その教えは生き続けている。そこで、教え自身がブッダ（釈迦）の本体であると考えるようになった。このようなブッダを法身仏《ほっしんぶつ》といい、永遠に存在し続けてわれわれを救ってくれると考えたのである。だから、ブッダ（釈迦）の象徴としての仏舎利《ぶっしゃり》も単なる遺骨ではない。いま現に生きているということで「真身《しんじん》」という。

▼2 本地《ほんじ》　ブッダははるか過去から未来永劫《みらいえいごう》にわたって変わることのない永遠の真理を悟った存在である。歴史上、その真理を悟ってブッダとなったのは釈迦《しゃか》だけだが、時代が下ると、過去にも未来にも極めて優秀な人間が出現して釈迦と同じ修行をすれば、同じ悟りの世界に到達すると考えるようになった。そして、過去には釈迦の前に六人のブッダが出現したと考え、これに釈迦を加えて「過去七仏《かこしちぶつ》」と呼ぶようになった。さらに、遠い未来にも多くのブッダが現れると考えたのである。これを未来仏《みらいぶつ》といい、その代表が釈迦が亡くなった後、五十六億七千万年を経てこの娑婆《しゃば》世界で悟りを開くという弥勒菩薩《みろくぼさつ》（弥勒仏《みろくぶつ》）である。

　ブッダは真理を悟って、その内容を伝えて人々を正しい方向に導いてくれる。そのブッダが悟る真理を「本地《ほんじ》」という。釈迦をはじめとするすべてのブッダを成り立たせる究極の世界ということ。

▼3 法界塔婆《ほっかいとうば》　仏塔はサンスクリット語でストゥーパといい、これを音写して「卒塔《そと》婆《ば》」、略して「塔婆《とうば》」、さらに略して「塔《とう》」という。日本で見られる五重塔や三重塔などは釈迦《しゃか》の遺骨をまつったストゥーパ（仏塔）に起源を持つのだ。インドでは今も古代のストゥーパが現存しているが、その形態は円形の土の壇の上に饅頭型《まんじゅうがた》の構造物を載せ、その上に立てた支柱に三枚の円盤型の石を取り付ける。中国や日本では、このストゥーパのミニチュアを五重塔などの多重塔の上に載せるようになり、それらを「相輪《そうりん》」と呼んでいる。

▼4 **一心頂礼《いっしんちょうらい》** 「帰命」については222ページの▼2を参照。「頂礼《ちょうらい》」は五体を地に着けて礼拝《らいはい》することで、チベットやネパールでは、今も巡礼者などが盛んに行っており、これを「五体投地《ごたいとうち》」と呼んでいる。また、「帰命頂礼《きみょうちょうらい》」という言葉は経典にしばしば出てくる連語で、「御詠歌《ごえいか》」の冒頭の語としてもよく知られている。

▼5 **加持《かじ》** サンスクリット語のアディシターナの訳で、「所持《しょじ》」「護念《ごねん》」とも訳される。一般には神仏の加護の意味だが、密教《みっきょう》では仏の救済の力が衆生《しゅじょう》に加えられることを「加」、その働きを衆生《しゅじょう》が感じて受け止めることを「持《じ》」という。また、密教《みっきょう》では「三密加持《さんみつかじ》」ということが重んじられる。行者《ぎょうじゃ》が仏の救済のサインである印《いん》（身《しん》密《みつ》）を結び、口に真言《しんごん》（陀羅尼《だらに》）を称《とな》え（口密《くみつ》）、心に仏を念ずる（意密《いみつ》）ことを仏の三密《さんみつ》といい、仏がわれわれ衆生《しゅじょう》に行わせる秘密の行為だという。これを修《しゅう》するとき、仏は衆生《しゅじょう》と一体となり、人は即座に成仏《じょうぶつ》できるという。真言宗《しんごんしゅう》や天台宗《てんだいしゅう》などの密教《みっきょう》寺院では護摩供養《ごまくよう》のときにも行われ、「加持祈禱《かじきとう》」と併称して現世利益《げんせりやく》の修法《しゅほう》として広まった。

▼6 **利益衆生《りやくしゅじょう》** 大乗仏教《だいじょうぶっきょう》は「自利利他《じりりた》」を標榜《ひょうぼう》する。自分が（釈迦《しゃか》と同じレベルの）悟りを開き、その上で（釈迦《しゃか》と同じように）衆生《しゅじょう》（すべての生き物）を教え導く（利益《りやく》する）ことを理想とする。ただし、時代が下ると、悟りを開いてブッダとならずに菩薩《ぼさつ》の位に留《とど》まり、先《ま》ずは他者を救済するのが菩薩《ぼさつ》の理想とされるようになった。

▼7 **発菩提心《ほつぼだいしん》**　「菩提《ぼだい》」は「悟り」のこと。自分もやがては悟りを開いてブッダとなろうとの決意をすることが「発菩提心《ほつぼだいしん》」で、略して「発心《ほっしん》」という。仏教徒となる出発点で、発心《ほっしん》したその日から、それまでの生活を改め、仏の教えに従って戒律を守って悟りを目指す。

▼8 **同入円寂《どうにゅうえんじゃく》**　「円寂《えんじゃく》」は「円《まど》かな寂浄《じゃくじょう》」のことで、「涅槃《ねはん》（悟り）」の意味。「同入《どうにゅう》」は釈迦《しゃか》と同じレベルの悟りの境地に達することだ。

▼9 **平等大智《びょうどうだいち》**　密教《みっきょう》では大日如来《だいにちにょらい》は五つの偉大な智慧《ちえ》を持っているとされている。そのうちの一つが「平等性智《びょうどうしょうち》（宝生如来《ほうしょうにょらい》）」で、すべてのものの平等を実現する智慧《ちえ》である。そのほかの四つの智慧《ちえ》があり、先ず「法界体性智《ほっかいたいしょうち》」は「法界《ほっかい》」、つまり、偉大な大日如来《だいにちにょらい》の世界のありのままの姿を明らかにする智慧《ちえ》。「大円鏡智《だいえんきょうち》（阿閦如来《らい》）」は法界《ほっかい》の森羅万象をすべて明らかにする智慧《ちえ》。「妙観察智《みょうかんざっち》（阿弥陀如来《あみだにょらい》）」は法界《ほっかい》のすべての存在現象を正しく見る智慧《ちえ》。「成所作智《じょうしょさち》（不空成就如来《ふくうじょうじゅにょらい》）」は自分と他人がなすべきことをすべて成就させる智慧《ちえ》。五智《ごち》のうち、大日如来《だいにちにょらい》が担当する法界体性智《ほっかいたいしょうち》以外の四智《しち》を大日如来《だいにちにょらい》の化身である四尊《しそん》の如来《にょらい》が分担する。

舎利礼文

普回向《ふえこう》

「回向《えこう》」とは振り向けるという意味である。

経典の読誦《どくじゅ》には大きな功徳《くどく》があるとされているが、読経《どきょう》してその功徳《くどく》を他の人々に振り向けることである。回向《えこう》することによって仏道《ぶつどう》（仏教の修行）が全うされることを願う。

また、「追善回向《ついぜんえこう》」という言葉をよく耳にすると思うが、こちらは亡くなった人が無事、成仏《じょうぶつ》できるように一周忌や三回忌などの年忌法要などを行って、その功徳《くどく》を亡き人に振り向け、また、功徳《くどく》の一部は法要を営んだものにも振り向けられるのである。

この偈文《げもん》は『法華経《ほけきょう》』の「化城喩《けじょうゆ》」の中にあるもので、各宗派で称《とな》えられる。

原文

願《がん》以《に》此《し》功《く》徳《どく》
普《ふ》及《ぎゅう》於《お》一《いっ》切《さい》
我《が》等《とう》与《よ》衆《しゅ》生《じょう》
皆《かい》共《ぐ》成《じょう》仏《ぶっ》道《どう》

現代語訳

願うことなら、（読経《どきょう》などをすることによって生じた）この功徳《くどく》▼1を、広く【普《ふ》】すべての生きとし、生けるものたち【一切《いっさい》】に及ぼし、私たち【我等《がとう》】▼2と生きとし、生けるものたち【衆生《しゅじょう》】が、みなともに【皆共《かいぐ》】、（悟りを開くための）仏教の修行【仏道《ぶつどう》】▼3を完成させたいものだ。

▼1　功徳《くどく》　修行や善行を積んだ結果、得られる果報。在家の人間は年忌法要を営んだり、墓参をしたりすることによって得られると考えられている。
▼2　我等《がとう》　法要を営み、読経《どきょう》をしたりして功徳《くどく》を積んだ「私たち」という意味。
▼3　仏道《ぶつどう》　悟りを開くための修行だが、利他《りた》（他者を利するための修行）を掲げる大乗《だいじょう》仏教では、自分が悟りを開いて救われるよりも他人を救うことが最優先される。

第四章　宗派の特徴と拠り所とするお経

◆法相宗《ほっそうしゅう》

奈良時代から続く宗派の中で、法相宗《ほっそうしゅう》は「唯識論《ゆいしきろん》」という思想を研究する宗派である。唯識《ゆいしき》とは文字通り、ただ（唯）、識（心）だけが存在するという意味で、この世の中の存在はすべて心が創り出したものとする思想である。法相宗《ほっそうしゅう》の起源はインドにあり、七世紀に三蔵法師《さんぞうほうし》でお馴染《なじ》みの玄奘三蔵《げんじょうさんぞう》が中国に伝えた。玄奘《げんじょう》は当時、中国で唯識論《ゆいしきろん》の経典が不備だったため、これを求めて西域、インドの十七年間にわたる厳しい求法《ぐほう》の旅を敢行した。

玄奘《げんじょう》がもたらした唯識《ゆいしき》の経典に基づいて、その弟子の慈恩大師《じおんだいし》窺基《きき》が一宗派を大成した。法相宗《ほっそうしゅう》、あるいは唯識宗《ゆいしきしゅう》、慈恩宗《じおんしゅう》とも呼ばれる。日本には入唐して玄奘《げんじょう》や窺基《きき》に師事した道昭《どうしょう》という僧侶が、白雉《はくち》四年（六五三）に奈良の元興寺《がんごうじ》に伝えたのが最初である。

その後、奈良時代のはじめに入唐《にっとう》して唯識《ゆいしき》を学んだ玄昉《げんぼう》という学僧が、奈良の興福《こうふく》寺《じ》に伝えた。そして、法隆寺《ほうりゅうじ》や薬師寺《やくしじ》なども法相宗《ほっそうしゅう》に属し、南都《なんと》仏教（奈良仏教）の宗派の中で中心的な役割を果たした。

現在は興福寺《こうふくじ》と薬師寺《やくしじ》を大本山として、二十ヶ寺ほどの寺院がある。かつては法隆《ほうりゅう》寺《じ》も大本山の一つだったが、昭和二十五年（一九五〇）に独立して、聖徳太子《しょうとくたいし》にちなんで聖徳宗《しょうとくしゅう》と改名した。このとき、近くにあって法隆寺《ほうりゅうじ》に関わりの深い、法輪寺《ほうりんじ》や法《ほう》起《き》寺《じ》といった寺院も聖徳宗《しょうとくしゅう》と号するようになった。また、京都の清水寺《きよみずでら》は興福寺《こうふくじ》の傘下にあり、もともと法相宗《ほっそうしゅう》の系統だったが、戦後は独立して北法相宗《きたほっそうしゅう》を名乗るようになった。

法相宗《ほっそうしゅう》をはじめとする奈良時代から続く宗派の寺院のほとんどは檀家を持たない。そのため、法隆寺《ほうりゅうじ》や薬師寺《やくしじ》なども檀家制度が敷かれた江戸時代ごろには経済的に極度に逼迫《ひっぱく》した。檀家からの寄進などが見込めず、葬儀や法要を営んで布施を受けることもなかったからだ。そんな中、薬師寺《やくしじ》は戦後になって高田《たかだ》好胤《こういん》師の写経勧進《しゃきょうかんじん》により、金堂や講堂などの諸堂が再建されたことは先に述べた通りである。また、興福寺《こうふくじ》や法《ほう》隆寺《りゅうじ》（聖徳宗《しょうとくしゅう》と改名）なども飛鳥《あすか》、奈良時代の貴重な文化遺産が見直され、法相宗《ほっそうしゅう》の面目を保っている。

◆華厳宗《けごんしゅう》

唐代に中国で賢首大師《けんじゅだいし》法蔵《ほうぞう》（六四三～七一二）という高僧が開いた宗派である。『華厳経《けごんきょう》』という経典に基づき、毘盧遮那仏《びるしゃなぶつ》の蓮華《れんげ》蔵世界を観察し、その世界に赴くことを目的としている。蓮華蔵《れんげぞう》世界というのは世界の中心にいる毘盧遮那仏《びるしゃなぶつ》が、無数の釈迦を生み出して衆生《しゅじょう》（すべての人々）を救済し続けるという世界である。

日本には天平八年（七三六）に唐の道璿《どうせん》が『華厳経《けごんきょう》』を伝え、同一二年（七四〇）に法蔵《ほうぞう》の弟子だった審祥《しんじょう》がこの経典を講義して教理を伝えた。さらにこの教えを受けた良弁《ろうべん》を開基として、東大寺《とうだいじ》を拠点にその教えを広めた。華厳宗《けごんしゅう》の教理にしたがって、また毘盧遮那仏《びるしゃなぶつ》（大仏）を安置する東大寺《とうだいじ》を総国分寺《そうこくぶんじ》として各国に国分寺《こくぶんじ》が作られた。

国分寺《こくぶんじ》計画は『華厳経《けごんきょう》』に説く蓮華蔵《れんげぞう》世界を地上に再現しようとしたもので、世界の中心（東大寺《とうだいじ》）にいる毘盧遮那《びるしゃな》如来《にょらい》が生み出した釈迦《しゃか》如来《にょらい》を各国の国分寺《こくぶんじ》に安置し、その威光によってすべての人々を救おうと考えた。国分寺《こくぶんじ》計画を進めたのは聖武《しょうむ》天皇だが、この計画を立案したのは良弁《ろうべん》を中心とする華厳宗《けごんしゅう》の僧侶たちだったと考えられる。

奈良時代の末から、平安時代の前半にかけてしばらく衰退していたが、天暦《てんりゃく》九年（九五五）には、光智《こうち》という僧侶（東大寺《とうだいじ》中興の祖といわれる）が東大寺に尊勝院《そんしょういん》と称する華厳宗《けごんしゅう》の専門道場を建て、再び盛んになった。その後は鎌倉時代から江戸時代まで数々の学僧を輩出した。

明治の初年には一時、浄土宗《じょうどしゅう》に所属することになったが、同十九年（一八八六）には独立して再び華厳宗《けごんしゅう》に戻った。現在は東大寺《とうだいじ》を大本山に五十ヶ寺ほどの寺院が本宗に所属する。

◆律《りつ》宗《しゅう》

中国で戒律《かいりつ》（僧侶が守るべき規律）の研究に基づいて成立した一派。戒律《かいりつ》の研究を厳格に守って修行生活をすることによって、悟りを開くことを理想とする。

日本には、天平勝宝《てんぴょうしょうほう》六年（七五四）、中国の鑑真《がんじん》が苦難の旅の末に来朝して伝えた。井上靖《いのうえやすし》の小説『天平の甍《てんぴょういらか》』で有名な鑑真《がんじん》は五回も渡来に失敗したが、六回目の挑戦でやっと日本にたどり着くことができた。その間に十一年の歳月が過ぎ、当初の同志はすでに渡日を諦《あきら》めたり亡くなったりしていた。

鑑真《がんじん》自身も海賊に襲われたり、嵐で難破したりし、海に投げ出されたおりに潮で目を痛めてついに失明した。それでも決して諦めることなく、ついに初志を貫いて念願の来日を果たしたのである。時に六十七歳になっていた。

来朝した鑑真《がんじん》は、東大寺《とうだいじ》に戒壇《かいだん》を設けた。戒壇《かいだん》は僧侶に正式に戒律《かいりつ》を授ける施設で、これによって日本国内で戒律《かいりつ》を受けることができるようになり、多くの僧侶がここで受戒したのである。これは日本の仏教史上、画期的な出来事だった。

鑑真《がんじん》は大和上《だいわじょう》の号を賜り、大僧正《だいそうじょう》に任ぜられた。さらに後には聖武天皇の勅願《ちょくがん》によって唐招提寺《とうしょうだいじ》が建立され、鑑真《がんじん》が住持《じゅうじ》（住職）となり、天平宝字《てんぴょうほうじ》七年（七六三）に七十七歳の生涯を閉じた。

鑑真《がんじん》没後も唐招提寺《とうしょうだいじ》は戒律《かいりつ》研究の根本道場として栄えたが、平安時代以降、都が京都に移るとしだいに衰えた。とくに、平安時代のはじめに伝教大師最澄《でんぎょうだいしさいちょう》が比叡山《ひえいざん》に大《だい》乗戒壇《じょうかいだん》を創設すると、衰退の一途を辿《たど》ることになった。

鎌倉時代になると実範《じっぱん》、覚盛《かくじょう》らの尽力によって復興を見たが、室町時代には守護大名などに寺領を奪われて再び衰退した。ただし、幸いにも兵火にまみれることなく、伽《が》藍《らん》や仏像などは残され、唐招提寺《とうしょうだいじ》は現在も律宗《りっしゅう》の総本山として二十四の末寺を擁し多くの参拝者を集めている。寺内に納められている鑑真和上《がんじんわじょう》像（国宝）は天平時代の作であるが、その人柄を今に伝える名作として有名である。

◆天台宗《てんだいしゅう》

六世紀に中国の天台大師智顗《てんだいだいしちぎ》（五三八〜五九七）が大成した宗派で、『法華経《ほけきょう》』を最高の教えと位置付け、その教えによって悟りを得ようとする。中国の聖山、天台山《てんだいさん》を拠点としたことから、天台宗と言われる。

日本には平安時代初期に伝教大師最澄《でんぎょうだいしさいちょう》が伝えた。最澄《さいちょう》は『法華経《ほけきょう》』の教えを中心として戒律《かいりつ》、禅《ぜん》、密教《みっきょう》、浄土教《じょうどきょう》などを融合した仏教を目指し、これを体系化した。ここに日本独自の天台宗《てんだいしゅう》が誕生したのである。最澄《さいちょう》の没後は慈覚大師円仁《じかくだいしえんにん》（第三代天台座主《てんだいざす》）や智証大師円珍《ちしょうだいしえんちん》（第五代天台座主《てんだいざす》）などの活躍により、隆盛を迎えた。円仁《えんにん》、円珍《えんちん》の二人はともに唐（中国）に十年ほど留学して、とくに密教《みっきょう》を深く学んで来た。その結果、天台密教《てんだいみっきょう》が栄え、真言密教《しんごんみっきょう》を凌《しの》ぐ勢いになったのである。

しかし、円仁《えんにん》と円珍《えんちん》は教理面で解釈を異にし、密教《みっきょう》の作法などについても異なる点が多々あった。当然、二人の弟子筋の間には確執が生じ、しだいに激しく争うようになった。そして、正暦四年（九九三）、ついに円珍《えんちん》門下は比叡山《ひえいざん》を下り、滋賀県の園《おん》城寺《じょうじ》（三井寺《みいでら》）を拠点とする。以来、山門派《さんもんは》と寺門派《じもんは》の二流派に分かれることになる。

天台宗《てんだいしゅう》の教えは仏教のあらゆる教えを融合しようとするものである。したがって、最澄《さいちょう》の時代から特定の宗派に拘《かか》わらず、多岐にわたる経典が比叡山《ひえいざん》に集められた。比《ひ》叡山《えいざん》に行けば『法華経《ほけきょう》』はもとより、その他の多くの経典を閲覧することができ、また、それぞれの分野に良き指導者もいた。そこで、平安時代の中ごろからは多くの優秀な学徒が集まり、比叡山《ひえいざん》はさながら仏教の総合大学の様相を呈した。浄土宗《じょうどしゅう》の法然《ほうねん》や曹洞宗《そうとうしゅう》の道元《どうげん》、日蓮宗《にちれんしゅう》の日蓮《にちれん》など鎌倉時代に新たな宗派を開いた祖師《そし》たちの多くも比叡山《ひえいざん》で学んでいる。天台宗《てんだいしゅう》はまさに日本の仏教の根元としての役割を果たしたと言っても過言ではない。

比叡山延暦寺《ひえいざんえんりゃくじ》を総本山とし、現在、八千あまりの寺院が所属する。

◆真言宗《しんごんしゅう》

七世紀ごろにインドで成立した密教《みっきょう》が、中国で整備されて真言宗《しんごんしゅう》という宗派になった。平安時代のはじめに弘法大師《こうぼうだいし》空海《くうかい》が中国に留学し、真言宗《しんごんしゅう》をわが国にもたらし、独自の体系にまとめ上げた。

空海《くうかい》は帰朝後、高野山《こうやさん》を創建して密教《みっきょう》の根本道場とし、さらには官寺《かんじ》（国家で運営する寺院）として創建された東寺《とうじ》（教王護国寺《きょうおうごこくじ》）を朝廷から賜って密教《みっきょう》寺院にした。空海《くうかい》の密教《みっきょう》は当時の皇族や貴族の間で絶大な支持を受け、瞬く間に普及する。平安時代の末には高野山座主《こうやさんざす》になった覚鑁《かくばん》という高僧が、空海《くうかい》以来の教義に異論をとなえた。結局、その門下が高野山《こうやさん》の保守派と袂《たもと》を分ち、鎌倉時代には紀州《きしゅう》（和歌山県）の根来寺《ねごろじ》を根拠地として新たな流派を作る。これが、新義真言宗《しんぎしんごんしゅう》と呼ばれるもので、以来、それまでの高野山《こうやさん》の系統は古義真言宗《こぎしんごんしゅう》と呼ばれるようになった。

鎌倉時代以降、庶民の間に仏教が広まると、弘法大師《こうぼうだいし》伝説とともに庶民の間にも不動信仰などの密教《みっきょう》信仰が普及し、古義、新義ともに真言宗《しんごんしゅう》は大いに盛況に向かった。今も成田山新勝寺《なりたさんしんしょうじ》などは、正月には数百万人が押し寄せ、他の真言宗《しんごんしゅう》寺院も多くの信徒が参詣する。また、真言宗《しんごんしゅう》寺院では厄除けなどの護摩供《ごまく》養《よう》が行われ、これも多くの人々に支持されている。

真言《しんごん》十六派と呼ばれるように時代とともに多くの流派に枝分かれした。古義真言宗《こぎしんごんしゅう》には高野山真言宗《こうやさんしんごんしゅう》（大本山・高野山《こうやさん》）、真言宗山階派《しんごんしゅうやましなは》（大本山・勧修寺《かんじゅじ》）、真言宗醍醐派《しんごんしゅうだいご》（総本山・醍醐寺《だいごじ》）、真言宗御室派《しんごんしゅうおむろは》（大本山・仁和寺《にんなじ》）、東寺真言宗《とうじしんごんしゅう》（総本山・東寺）、真《しん》言宗《ごんしゅう》泉涌寺派《せんにゅうじは》（大本山・泉涌寺《せんにゅうじ》）などがあり、新義真言宗《しんぎしんごんしゅう》には豊山派《ぶざんは》（総本山・長谷《はせ》寺《でら》）と智山派《ちさんは》（総本山・智積院《ちしやくいん》）、新義真言宗《しんぎしんごんしゅう》（根来寺《ねごろじ》）がある。

真言宗《しんごんしゅう》では「南無大師遍照金剛《なむだいしへんじようこんごう》」と称《とな》える。「大師《だいし》」とは弘法大師《こうぼうだいし》のことで、宗祖弘法大師《こうぼうだいし》に崇敬の念を抱き、それを称えることによってその加護に授かろうとするのである。

◆浄土宗《じようどしゅう》

阿弥陀如来《あみだにょらい》の極楽浄土に往生しようとする浄土信仰は、早い時代にインドで起こり、中国では熱狂的な信仰となった。この信仰が日本にも伝えられ、平安時代の中期になると、しだいに盛んになってくる。平安時代の後半には宇治平等院鳳凰堂《うじびようどういんほうおうどう》など、極楽浄土を地上に再現した浄土建築や浄土庭園が作られるようになった。

そして、平安末期からは浄土信仰は破竹の勢いで全国に広がりを見せるようになり、多くの人々が極楽往生を願って念仏を称えるようになった。そんな時代的背景の中、法然《ほうねん》（源空《げんくう》とも呼ばれる）が、浄土信仰を中心に開いたのが浄土宗《じようどしゅう》である。

法然《ほうねん》ははじめ、比叡山《ひえいざん》で修行したが、承安五年（一一七五）に山を下り、吉水《よしみず》（今の知恩院《ちおんいん》のところ）に草庵《そうあん》を結び、専修《せんじゅ》念仏（念仏に専念すること）の道場とした。この道場には老若男女貴賤《きせん》を問わず多くの人々が雲集し、法然《ほうねん》の念仏は絶大な支持を受けたという。

法然《ほうねん》は『選択本願念仏集《せんちやくほんがんねんぶつしゅう》』という書を著し、これが実質的な浄土宗《じょうどしゅう》の開宗宣言になった。しかし、念仏が余りの勢いで広まったことに警戒感を強めた天台宗《てんだいしゅう》などの既成宗派や政府の手によって念仏は弾圧され、法然《ほうねん》も一度は四国に流罪《るざい》になった。法然《ほうねん》の没後、弟子たちによって、知恩院《ちおんいん》を拠点に浄土宗《じょうどしゅう》の基盤が固まる。

阿弥陀《あみだ》如来《にょらい》の来歴や念仏の功徳《くどく》などを説く「浄土三部経《じょうどさんぶきょう》」（『仏説阿弥陀経《ぶっせつあみだきょう》』『仏説無《ぶっせつむ》量寿経《りょうじゅきょう》』『仏説観無量寿経《ぶっせつかんむりょうじゅきょう》』）を拠り所とし、ひたすら念仏を称えれば極楽往生を果たすという、他力の思想を展開する。

その後、西山派《せいざんは》と鎮西派《ちんぜいは》に大きく分かれ、知恩院《ちおんいん》を総本山に増上寺《ぞうじょうじ》（東京芝）、金《こん》戒光明寺《かいこうみょうじ》（京都）、光明寺《こうみょうじ》（神奈川）、善導寺《ぜんどうじ》（福岡）の五大本山を中心に、末寺は合わせて七千ヶ寺を超える。

また、法然《ほうねん》の弟子に親鸞《しんらん》があり、後に他力《たりき》念仏をさらに推し進めて浄土真宗《じょうどしんしゅう》の基をつくった。

◆浄土真宗《じょうどしんしゅう》

鎌倉時代に法然上人《ほうねんしょうにん》の弟子の親鸞《しんらん》（一一七三～一二六二）がその基をつくった。親《しん》鸞《らん》は妻帯して子どもも多くもうけ、非僧非俗《ひそうひぞく》（僧にあらず、俗にあらず）という独自の立場を主張した。法然《ほうねん》の浄土宗《じょうどしゅう》と同じく他力本願《たりきほんがん》を説くが、「南無阿弥陀仏《なむあみだぶつ》」を称えなくても救われるという絶対他力《ぜったいたりき》を説くのが特徴である。

また、親鸞《しんらん》の言行録である『歎異抄《たんにしょう》』には、「善人なおもて往生をとぐ。況《いわん》や悪人をや」という言葉があるように、悪人こそ救われるという「悪人正機説《あくにんしょうきせつ》」を説くところに特徴がある。

親鸞《しんらん》は一宗を開くつもりはなく、死後その遺骸《いがい》は鴨川《かもがわ》に投げ入れて魚の餌にしろという遺言を残して、九十歳の生涯を閉じた。しかし、遺骸は今の知恩院《ちおんいん》の境内の隅に葬られ、十年後には娘や弟子の手によって盛大な法要が営まれて、浄土真宗《じょうどしんしゅう》の基盤が確立。親鸞《しんらん》の曾孫《そうそん》の覚如《かくにょ》のときにはじめて本願寺《ほんがんじ》を名乗った。

親鸞《しんらん》以来、妻帯してその長男が世襲したが、第八世蓮如《れんにょ》のときに教線を拡大して北陸に及び、全国的にも絶大な支持を受けた。蓮如《れんにょ》は和讃《わさん》を作るなどして浄土真宗《じょうどしんしゅう》の教えを平易に説き、民衆の圧倒的な支持を得た。しかし、教線を拡大したがゆえに、天台宗《てんだいしゅう》など既成の宗派との間に争いが絶えず、本願寺《ほんがんじ》も各地を転々とすることになる。また、浄土真宗《じょうどしんしゅう》は一向一揆《いっこういっき》の主役となり、織田信長《おだのぶなが》や豊臣秀吉《とよとみひでよし》はその制圧に苦慮した。このため、江戸時代前夜には徳川家康《とくがわいえやす》がその勢力の分割を図り、慶長《けいちょう》七年（一六〇二）に東本願寺《ひがしほんがんじ》と西本願寺《にしほんがんじ》に勢力が二分されることになった。

現在、西本願寺《にしほんがんじ》を中心とする本願寺派《ほんがんじは》と、東本願寺《ひがしほんがんじ》を中心とする大谷派《おおたには》をはじめ、親鸞《しんらん》の弟子の真仏《しんぶつ》を祖とする高田派《たかだは》、仏光寺派《ぶっこうじは》、木辺派《きべは》、出雲路派《いずもじは》、興正派《こうしょうは》、山元派《やまもとは》、誠照寺派《じょうしょうじは》、三門徒派《さんもんとは》などがあり、真宗十派と称している。合わせて約二万ヶ寺の末寺を有する最大の宗派である。

◆時宗《じしゅう》

時宗《じしゅう》の基を作った一遍《いっぺん》は、伊予《いよ》（愛媛県）の豪族の子に生まれ、若くして出家したが、後に家督を相続するために還俗して妻を娶《めと》り子どももうけた。しかし、一遍を亡き者にしてまで家督を奪おうとする親族のみにくい争いに絶望し、再び出家して一所不住《しょふじゅう》の遊行《ゆぎょう》の旅に上った。一遍《いっぺん》は終生、遊行《ゆぎょう》生活を続けたので、遊行上人《ゆぎょうしょうにん》と呼ばれている。

彼は全国を巡り歩いて「南無阿弥陀仏《なむあみだぶつ》」と書かれた札を配って人々に往生を約束した。そして、念仏を称える喜びのうちに信者とともに踊り、それが後世に伝えられる「踊念仏《おどりねんぶつ》」となり、さらには「盆踊り」の起源ともなったと言われている。

また、一遍《いっぺん》はあらゆるものを投げ捨てて「南無阿弥陀仏《なむあみだぶつ》」を称えることを説き、自らも最後にはわずかに持ち歩いていた経典や自分の著作を「一代の聖教みなつきて、南無阿弥陀仏になりはてぬ」といって焼き捨ててしまったという。このことから彼はまた「捨《す》て聖《ひじり》」とも呼ばれている。

時宗《じしゅう》の本来の意味は「時衆《じしゅ》」で、ある場所に縁を得て参集した人々が念仏をとなえることによって往生が約束される。そして、その場所を離れた後は皆が往生することを約束されているから、参集して念仏をとなえたり、修行をしたりするための道場や寺院は必要ない、というのが一遍《いっぺん》の考えだった。したがって、一遍《いっぺん》は文字通り一所不住《いっしょふじゅう》の遊行《ゆぎょう》生活をして、寺院を建立したり、宗規を定めたりすることはなかったのである。

しかし一遍《いっぺん》の没後、彼の弟子たちが徐々に教団を整備し、第二世の他阿上人《たあしょうにん》のときには宗規（宗派の規律）を確立し、第五世安国《あんこく》にいたって藤沢の清浄光寺《しょうじょうこうじ》（遊行寺《ゆぎょうじ》）

を本山と定めて今日にいたっている。現在、四百余りの寺院があり、浄土宗《じょうどしゅう》、浄土真《じょうどしん》宗《しゅう》と並ぶ浄土系宗派の一大勢力となっている。

◆融通念仏宗《ゆうづうねんぶつしゅう》

平安時代末に念仏を信仰していた良忍《りょうにん》という人物が創始した。良忍《りょうにん》は比叡山《ひえいざん》で出家し、その後、京都の仁和寺《にんなじ》で密教《みっきょう》の秘法を授かった。後に大原《おおはら》に隠棲《いんせい》して念仏を広め、さらに経《きょう》に節をつけて歌い上げる声明《しょうみょう》に巧みで、大原の地を声明《しょうみょう》の根拠地とした。良忍《りょうにん》は大原の里で念仏三昧《ざんまい》に専念するうちに、あるとき阿弥陀如来《あみだにょらい》から速疾往生《そくしつおうじょう》(阿弥陀如来《あみだにょらい》から誰もが速やかに仏の道に至る方法)の偈文《げもん》である「一人一切人《ひとりいっさいにん》、一《いっ》切人一人《さいにんひとり》、一行一切行《いちぎょういっさいぎょう》、一切行一行　一人一切人　一切人一人　一行一切行　一切行一行　十界一念《じっかいいちねん》　融通念仏《ゆうづうねんぶつ》　億百万遍　功徳《くどく》円満」という言葉を授かったという。

一人の念仏がすべての人に行き渡るということ。つまり、一人が念仏を称えれば、それはすべての人の功徳《くどく》となり、また、すべての人の念仏は自分の功徳《くどく》ともなるということだ。そして、自他の念仏の功徳《くどく》によって浄土に往生しようとするものである。

毎朝、西方に向かって良忍《りょうにん》の説いた十界一念《じっかいいちねん》・自他融通の浄土往生を期する念仏

（融通念仏《ゆうづうねんぶつ》）を十唱することなどを日課とする。

良忍《りょうにん》の融通念仏《ゆうづうねんぶつ》は専修念仏《せんじゅねんぶつ》の先駆であり、その後、確立した法然《ほうねん》の浄土宗《じょうどしゅう》や親鸞《しんらん》の浄土真宗《じょうどしんしゅう》の先駆的形態と内容を持つともいえる。ただ、良忍《りょうにん》の時代の融通念仏《ゆうづうねんぶつ》は勧進《かんじん》行脚《あんぎゃ》が主で、仏教宗派としての組織を持たず、時宗《じしゅう》のように人々が集まって念仏を称え、その念仏が融通し合うということに重きが置かれた。

また、大阪平野《ひらの》の大念仏寺《だいねんぶつじ》をはじめ、京都の清凉寺《せいりょうじ》や壬生寺《みぶでら》などで融通念仏《ゆうづうねんぶつ》が盛んになり、今も壬生寺《みぶでら》などには融通念仏《ゆうづうねんぶつ》の中興者である円覚上人《えんがくしょうにん》による大念仏狂言が伝えられている。

しかし、拠点になる特定の寺もなかったことから、良忍《りょうにん》の没後は衰退し、その法系はしばしば途絶えることもあったが、細々と命脈を保ってきた。融通念仏《ゆうづうねんぶつ》の寺も他宗派の寺院となり衰退の一途を辿《たど》った。

元禄年間《げんろく》（一六八八〜一七〇四）に、融通念仏《ゆうづうねんぶつ》再興の祖とされる大念仏寺《だいねんぶつじ》第四十六世の大通《だいつう》が融通念仏《ゆうづうねんぶつ》の復興に努め、「融通円門章《ゆうづうえんもんしょう》」等により教義を明らかにし、一宗としての体裁を整えた。現在は、大阪の大念仏寺《だいねんぶつじ》が大本山になっている。

◆臨済宗《りんざいしゅう》

九世紀に中国で臨済義玄《りんざいぎげん》（？〜八六七）という禅僧が創始した禅宗の一派で、その門下に優れた弟子を輩出して大いに栄えた。日本には栄西《えいさい》（一一四一〜一二一五）が入宋して臨済宗《りんざいしゅう》の教えを受け、建久《けんきゅう》二年（一一九一）に帰朝して伝えた。

この時代、日本では天台宗《てんだいしゅう》などの既成に宗派の勢力が強く、禅宗《ぜんしゅう》のような新しい宗派が受け入れられるには時期尚早だった。そこで、栄西《えいさい》は京都に建仁寺《けんにんじ》を創建したが、そこを禅宗の専門道場とはせずに、密教《みっきょう》・天台《てんだい》・禅《ぜん》の三宗兼学道場として、天台宗《てんだいしゅう》などからの批判をかわした。

一方で鎌倉時代になると禅は武士たちの間で人気を集めた。栄西《えいさい》は源頼朝《みなもとのよりとも》の妻・北条政子《ほうじょうまさこ》の招きで鎌倉に赴き、ここで頼朝の菩提《ぼだい》を弔うために寿福寺《じゅふくじ》を創建した。これが、最初の禅宗専門の寺院である。その後、建長《けんちょう》五年（一二五三）には建長寺《けんちょうじ》が建立されたのをはじめとして、北条氏の保護もあって臨済宗《りんざいしゅう》は鎌倉を中心に栄え、鎌倉《かまくら》五山《ござん》も整備された。

室町時代になると足利氏《あしかがし》が臨済宗《りんざいしゅう》を厚く保護し、天龍寺《てんりゅうじ》、相国寺《しょうこくじ》を創建して五山《ござん》の筆頭に据え、臨済宗《りんざいしゅう》は室町時代を通じて大いに栄えた。江戸時代になって徳川幕府は各宗派を比較的平等に扱ったが、やはり、武士に好まれる禅宗は各藩でも人気があり、禅宗寺院は総じて栄えた。

禅宗のもう一つの宗派である曹洞宗《そうとうしゅう》が参禅修行（実践）に重きを置くのに対し、臨《りん》済宗《ざいしゅう》は座禅とともに公案《こうあん》（仏教について考えるきっかけとなる課題）を重んじ、参禅と公案《こうあん》の解読を繰り返すことによって、悟りに至ることを目指す。

多くの分派が生じ、現在は鎌倉の建長寺派《けんちょうじは》や円覚寺派《えんかくじは》、京都の南禅寺派《なんぜんじは》や妙心寺派《みょうしんじは》など十四派に分かれ、それぞれの派で大本山を立てて活動してる。

◆曹洞宗《そうとうしゅう》

禅宗は達磨大師《だるまだいし》からはじまるが、第六祖に慧能《えのう》という禅僧が出て、曹渓《そうけい》という山に住んで今日の禅宗の基礎を築いた。そして、慧能《えのう》の弟子に良价《りょうかい》（八〇七～八六九）という禅僧が輩出し、洞山《とうざん》という山に住んで禅風を広めた。

師の慧能《えのう》が住んだ曹渓《そうけい》と、弟子の良价《りょうかい》が住んだ洞山《とうざん》をとって曹洞宗《そうとうしゅう》を名付けられた。唐代（九世紀）ごろからは、臨済宗《りんざいしゅう》とともに中国の禅宗の二大流派として栄える。道《どう》元（一二〇〇〜一二五三）が入宋して、洞山第一三世、天童如浄に教えを受け、足掛け五年に及ぶ留学生活を終えて日本に帰国し、曹洞禅《そうとうぜん》を広めた。

道元《どうげん》は越前《えちぜん》(福井)に永平寺《えいへいじ》を開き、禅風を広め、日本の曹洞宗《そうとうしゅう》の基盤を確立した。

道元《どうげん》の禅は只管打坐《しかんたざ》といい、文字通りひたすら坐禅に専念することを旨とした。しかも、その座禅とはただ座って瞑想《めいそう》することではなく、掃除や炊事など日常の雑務、あるいは、洗面や入浴、トイレに行くなど日常の行住坐臥《ぎようじゆうざが》すべてを坐禅ととらえ、それらの行動に専念することで悟りの境地に至ると考えたのである。道元《どうげん》の後には『正法《しようぼう》眼蔵随聞記《げんぞうずいもんき》』を筆録した永平寺《えいへいじ》第二世孤雲懐奘《こうんえじよう》が輩出して、道元禅《どうげんぜん》の普及を図った。

しかし、第三世徹通義介《てつつうぎかい》の弟子に瑩山紹瑾《けいざんじようきん》が輩出し、彼は道元禅《どうげんぜん》の改革を図り、後に能登《のと》に総持寺《そうじじ》を開いて永平寺《えいへいじ》とは一線を画した。ここに、曹洞宗《そうとうしゆう》は永平寺《えいへいじ》と総持寺《そうじじ》の系統に分かれることになったのである。

以降、両者の間には確執が生じ、一時は闘争もあった。しかし、江戸時代になると、徳川幕府の配慮で永平寺《えいへいじ》と総持寺《そうじじ》を同格の大本山と定め、その後は両山の住持が交替で曹洞宗《そうとうしゆう》の最高権威である管長を務めることになった。現在、曹洞宗《そうとうしゆう》は末寺約一万六千ヶ寺を擁し、浄土真宗《じようどしんしゆう》に次ぐわが国最大級の宗派を形成している。

ちなみに、能登総持寺《そうじじ》は明治三十一年(一八九八)に火災に遭い、これを契機として明治四十四年（一九一一）に横浜の鶴見に移転した。ただし、能登の総持寺《そうじ》はその後、再興され、今も総持寺祖院《そうじじそいん》と呼ばれて多くの信者を集めている。

◆黄檗宗《おうばくしゅう》

九世紀、中国福建省《ふっけん》の黄檗山《おうばくさん》という聖山を拠点に、希運《きうん》という禅僧が開いた一派。この山は染料や薬用にする黄檗（キハダ）という樹木が多いことから黄檗山《おうばくさん》の名で呼ばれた。希運《きうん》の門下に臨済義玄《りんざいぎげん》があり、臨済宗《りんざいしゅう》の祖となったことは周知の通りである。

日本には江戸時代のはじめに、長崎の華僑《かきょう》の人たちが超然《ちょうねん》という中国の禅僧を招いて崇福寺《そうふくじ》を建立したのが黄檗宗《おうばくしゅう》の初伝である。その後、承応三年（一六五四）、インゲン豆を伝えたことで知られる隠元隆琦《いんげんりゅうき》（一五九二〜一六七三）が、崇福寺《そうふくじ》の逸然《いつねん》らの懇願により、長崎にやって来て伝えた。

六十三歳で来日した隠元《いんげん》は長崎の諸寺に留《とど》まり、後に江戸に招かれ徳川家綱《とくがわいえつな》に謁見して信任を得た。家綱は隠元《いんげん》の学徳を高く評価し、山城《やましろ》国宇治《うじ》に寺領を賜り、ここに黄檗宗《おうばくしゅう》の大本山を創建するよう命じた。

以降、隠元《いんげん》の采配《さいはい》のもと八年の歳月をかけて寛文八年（一六六八）に伽藍《がらん》の竣工《しゅんこう》を見た。隠元《いんげん》の後も江戸時代の後半まで万福寺《まんぷくじ》の住職は中国僧がつとめ、純中国式禅風を根付かせた。

その宗風は臨済宗《りんざいしゅう》に近いが、明代の念仏禅を加味した浄土信仰と禅との融合を説くところに特徴がある。読経《どきよう》は中国南部の福建語の発音で行うため、他宗の読経《どきよう》とは異なる独特の響きがある。

また、建物などは中国式の独特のもので、屋根の上に鬼瓦《おにがわら》の代わりにマカラという空想上の魚が乗る。さらに、行事や法要も他宗に見られない独特なものが少なくない。十月には普度勝会《ふどしようえ》という中国式のお盆が行われるほか、海上交通の守護神として信仰されている媽祖《まそ》を本尊とする媽祖祭、関帝祭《かんていさい》や元宵節《げんしようせつ》などの中国の行事が行われる。

現在は宇治万福寺《うじまんぷくじ》を大本山として、全国に四百ヶ寺ほどの末寺がある。

◆日蓮宗《にちれんしゆう》

開祖の日蓮《にちれん》（一二二二〜一二八二）は安房《あわ》（千葉県）に生まれ、十二歳のとき、近くの清澄寺《せいちようじ》という天台宗《てんだいしゆう》の寺で出家した。しかし、ここで修行するうちに天台《てんだい》や浄土《じようど》の教えに疑問を抱き、さらなる道を求めて比叡山《ひえいざん》に上った。

十一年間にわたって比叡山《ひえいざん》で修行と勉学に励み、ついに『法華経《ほけきょう》』こそ唯一最高の教えであることを覚《さと》ったという。比叡山《ひえいざん》を下りた日蓮《にちれん》は大坂の四天王寺《してんのうじ》や高野山《こうやさん》などを巡歴したのち、故郷に帰って僅《わず》かな知人や帰依《きえ》者を集め、「妙法蓮華経《みょうほうれんげきょう》（法華経《ほけきょう》）」の五文字の題目に釈迦一代の教えが凝縮されていることを説いた。これが日蓮宗《にちれんしゅう》の開宗宣言になった。

その後、鎌倉に出て辻説法《つじせっぽう》をして信者を獲得したが、同時に他宗を激しく攻撃したため迫害されることにもなった。日蓮《にちれん》の論調は熾烈《しれつ》を極め、『法華経《ほけきょう》』を信じなければ、天変地異が起きたり外敵の侵略を受けると公言して憚《はばか》らなかった。そして、『立正安国論《りっしょうあんこくろん》』を著して幕府を批判したことから、佐渡《さど》に流された。赦免されて佐渡から帰った後は身延《みのぶ》（山梨県）に草庵《そうあん》を結び、弟子の育成と著作に専念した。

晩年は体力も衰えて病気がちだった。六十歳の秋、厳しい身延の冬を避けて常陸《ひたち》（茨城県）へ湯治に向かう途中、今の池上本門寺《いけがみほんもんじ》の地で最期を遂げた。

日蓮《にちれん》は生前、日昭《にっしょう》、日朗《にちろう》、日興《にっこう》、日向《にこう》、日頂《にっちょう》、日持《にちじ》の六人を本弟子（六老僧《ろくろうそう》）と定め、日蓮《にちれん》亡き後のことを託した。六老僧のうち、日向《にこう》と日興《にっこう》との間に確執が生じ、結局、日興《にっこう》は富士《ふじ》に拠点を設けて分派を生じた。この日興《にっこう》の分派が日蓮正宗《にちれんしょうしゅう》である。

現在、身延山久遠寺《みのぶさんくおんじ》を総本山とする日蓮宗《にちれんしゅう》のほか、富士の大石寺《たいせきじ》を本山とする日蓮《にちれん》正宗《しょうしゅう》、法華宗《ほっけしゅう》、本門宗《ほんもんしゅう》、本門仏立宗《ほんもんぶつりゅうしゅう》、日蓮宗不受不施派《にちれんしゅうふじゅふせは》など多くの分派があり、それぞれ独自の活動を展開している。また、在家信仰団体として立正佼成会《りっしょうこうせいかい》、霊友会《れいゆうかい》、創価学会《そうかがっかい》などがある。

参考文献

『法華経』上中下（坂本幸男、岩本裕訳注、岩波文庫）
『般若心経・金剛般若経』（中村元、紀野一義訳注、岩波文庫）
『知っておきたい般若心経』（瓜生中著、角川ソフィア文庫）
『よくわかるお経の本』（由木義文著、講談社ことばの新書）
『浄土宗信徒日常勤行式』（浄土宗総合研究所監修）
『浄土真宗聖典』（浄土真宗聖典編纂委員会編纂）
『曹洞宗日課勤行聖典』（田中亮三編、曹洞宗宗務庁）
『浄土三部経』上下（中村元、早島鏡正、紀野一義訳注、岩波文庫）
『インド　中国　日本　仏教通史』（平川彰著、春秋社）
『新・佛教辞典』（中村元監修、誠信書房）
『大乗仏典』（長尾雅人編、中央公論社）
『曹洞宗聖典』（昭和新纂国訳大蔵経、名著普及会）
『最澄のことば』（田村晃祐著、雄山閣出版）
『最澄・空海』（「日本の仏教思想」渡辺照宏編、筑摩書房）

『法然全集』（大橋俊雄訳、春秋社）
『親鸞全集』（石田瑞麿訳、春秋社）
『日蓮文集』（兜木正亨校注、岩波文庫）
『仏教・インド思想辞典』（早島鏡正監修、春秋社）
ほか

本書は書き下ろしです。

よくわかるお経読本《きょうどくほん》

瓜生《うりゅう》 中《なか》

平成26年 9月25日 初版発行

発行者●郡司 聡

発行所●株式会社KADOKAWA
〒102-8177 東京都千代田区富士見2-13-3
電話 03-5215-7836（営業）
http://www.kadokawa.co.jp/

編集●角川学芸出版
〒102-0071 東京都千代田区富士見2-13-3
電話 03-5215-7815（編集部）

角川文庫 18782

印刷所●株式会社暁印刷 製本所●株式会社ビルディング・ブックセンター

表紙画●和田三造

ISBN978-4-04-408910-8 C0115

角川文庫発刊に際して

角川源義

第二次世界大戦の敗北は、軍事力の敗北であった以上に、私たちの若い文化力の敗退であった。私たちの文化が戦争に対して如何に無力であり、単なるあだ花に過ぎなかったかを、私たちは身を以て体験し痛感した。西洋近代文化の摂取にとって、明治以後八十年の歳月は決して短かすぎたとは言えない。にもかかわらず、近代文化の伝統を確立し、自由な批判と柔軟な良識に富む文化層として自らを形成することに私たちは失敗して来た。そしてこれは、各層への文化の普及滲透を任務とする出版人の責任でもあった。

一九四五年以来、私たちは再び振出しに戻り、第一歩から踏み出すことを余儀なくされた。これは大きな不幸ではあるが、反面、これまでの混沌・未熟・歪曲の中にあった我が国の文化に秩序と確たる基礎を齎らすためには絶好の機会でもある。角川書店は、このような祖国の文化的危機にあたり、微力をも顧みず再建の礎石たるべき抱負と決意とをもって出発したが、ここに創立以来の念願を果すべく角川文庫を発刊する。これまで刊行されたあらゆる全集叢書文庫類の長所と短所とを検討し、古今東西の不朽の典籍を、良心的編集のもとに、廉価に、そして書架にふさわしい美本として、多くのひとびとに提供しようとする。しかし私たちは徒らに百科全書的な知識のジレッタントを作ることを目的とせず、あくまで祖国の文化に秩序と再建への道を示し、この文庫を角川書店の栄ある事業として、今後永久に継続発展せしめ、学芸と教養との殿堂として大成せんことを期したい。多くの読書子の愛情ある忠言と支持とによって、この希望と抱負とを完遂せしめられんことを願う。

一九四九年五月三日

角川ソフィア文庫ベストセラー

知っておきたい日本の名僧
瓜生 中

最澄、空海、法然、親鸞、日蓮、一遍、栄西、一休、道元。日本人なら誰もが知っている名僧たち。独自の教義へ辿りつくまでの道筋とその教えをコンパクトに解説。名僧たちを通して仏教の理解が深まる！

ブッダの言葉
生き方が変わる101のヒント
瓜生 中

「すべてのものは滅び行くものである」（釈迦）、「本来無一物」（慧能）、「善人なおもて往生をとぐ、いわんや悪人をや」（親鸞）――。自分に自信がなくなったり、対人関係がぎくしゃくする時に効く人生の案内書。

新版 禅とは何か
鈴木大拙

宗教とは何か。仏教とは何か。そして禅とは何か。自身の経験を通して読者を禅に向き合わせながら、この究極の問いを解きほぐす名著。初心者、修行者を問わず、人々を本格的な禅の世界へと誘う最良の入門書。

般若心経講義
高神覚昇

『心経』に込められた仏教根本思想『空』の認識を、その否定面「色即是空」と肯定面「空即是色」の二面から捉え、思想の本質を明らかにする。日本人の精神文化へと誘う、『般若心経』の味わい深い入門書。

真釈 般若心経
宮坂宥洪

『般若心経』とは、心の内面の問題を解いたものではなく、具体的な修行方法が説かれたものだった！ 経典成立当時の古代インドの言語、サンスクリット語研究が導き出した新解釈で、経典の真実を明らかにする。